ヘンリー五世

万人に愛された王か、冷酷な侵略者か

世界歴史叢書

石原孝哉

明石書店

プロローグ

ランカスター王家の二代目の国王ヘンリー五世（在位1413～22）は、宿敵フランスを打ち破った武勇の誉れ高き理想の王として、今でもイギリス人の間で人気が高い。若いころはハルの愛称で呼ばれ、無頼の仲間と交流するなど放蕩の限りを尽くしたが、父の後を継いで王となるや、善政を敷き、フランスに侵攻して、アジンコートの戦いで大勝利し、自らをフランス王シャルル六世（在位1380～1422）の後継者として認めさせた。その人間的な魅力と華々しい武功ゆえに、ヘンリー五世は「万人に愛された国王」の別名を持つに至る。イギリスが外国の脅威にさらされると、人々は吸い寄せられるようにその墓に詣で、『ヘンリー五世』を上演する劇場は人々で埋め尽くされる。ヘンリー五世はイギリス人にとって愛国心と同義語なのである。

これは大多数のイギリス人が思い描いているヘンリー五世像であるが、このイメージは歴史上のヘンリー五世の実像とはかなりかけ離れたものである。このようなイメージが確立した背景には、シェイクスピア劇に登場するヘンリー五世の影響を無視することはできない。

文学作品の登場人物は虚構であるが、歴史劇の登場人物には実在のモデルがいるという点で喜劇や悲劇とは異なる。つまり歴史劇の登場人物は、文学作品の登場人物の顔と、実在の歴史的人物の顔という二つの顔を持つ。歴史劇を見る観客は、この事実を十分認識しつつも、劇場で得られたイメージをいつしか実在の人物に投影してしまう。つまり、ストーリーがいつの間にかヒストリーに転化してしまうのである。特にシェイクスピア（1564～1616）の場合、その影響力の大きさゆえに、歴史家や歴史学者さえ巻き込んで、「定説」ないし「歴史の常識」を作り上げることすら珍しくない。俗に「シェイクスピア症候群」などと呼ばれるこの現象は、没後400年が過ぎた今日でも健在である。

シェイクスピアはイギリス史劇を扱った作品を11本残しているが、その中で、『ジョン王』と『ヘンリー八世』を除いた9本が、百年戦争からバラ戦争に至るイギリス中世に集中している。最近シェイクスピアの作と認定された『エドワード三世』から始まり、『リチャード三世』に至る一連の劇は、その後のイギリス人の歴史観に多大な影響を与えている。もちろんそれは、シェイクスピア個人の歴史観ではなく、シェイクスピアが生きたテューダー王朝時代の歴史観を色濃く反映したもので、なればこそ、この見方は広く国民に受け入れられ、時代を超えて長く人々に伝承されてきたのである。

シェイクスピアが登場人物を歴史の枠から連れ出して自由に描いた典型としてはリチャード三世が有名である。彼は、稀代の悪王に描かれているが、これとは対照的にシェイクスピアによって理想的な英雄として描かれているヘンリー五世はどうなのであろうか。

本書では、イギリス人の愛国心の頂点を描いた『ヘンリー五世』を中心に、侵略されたフランス側の資料も適宜参考にしつつ、歴史と文学の狭間で揺れ動くヘンリー五世とはどのような人物であったのか、その実像に迫ってみたい。

ヘンリー五世——万人に愛された王か、冷酷な侵略者か◉目次

【ヘンリー五世関連地図（15世紀頃のイングランド周辺）】

出所：ロイル、トレヴァー／陶山昇平訳『薔薇戦争新史』（彩流社、2014年）を基に筆者作成。

第1章　少年時代と放蕩息子伝説

シェイクスピアの描くヘンリー五世

まず初めにシェイクスピアの作品でヘンリー五世がどのように描かれているかを、簡単に整理しておきたい。シェイクスピアは、『ヘンリー四世・第1部』、『ヘンリー四世・第2部』および『ヘンリー五世』の三つの作品でヘンリー五世を登場させている。さらに『リチャード二世』にも若干の言及があるのでそこを見てみよう。そこでは、父のヘンリー四世はまだ王位に就いておらず、ボリンブルックと呼ばれていたが、息子の放蕩に頭を痛めている。

ボリンブルック　誰か、私の放蕩息子の近況を知らぬか？
あれの顔を見なくなって、かれこれ三月にもなる。
我が一家に降りかかる災難があるとすれば、あの息子だ。
頼む、諸卿、何とかあれを見つけ出してもらえまいか、
ロンドン中の酒場をかたっぱしから当たってみれば
捜し出せるはずだ、毎日入りびたっているという噂だから。
いっしょに飲み歩く仲間というのは、どうやら
狭い路地にたむろし、夜警の役人をなぐったり、
通行人から金を奪ったりする無頼の輩らしい、

そういう放埒な仲間を贔屓にしてやるのが、
あの気まぐれでわがままな若僧めは、騎士たるものの
名誉とでも心得ておるようだ。（『リチャード二世』5幕3場1－12）

『リチャード二世』は1595年ころの執筆とされ、『ヘンリー四世』2部作より2年ほど早いが、この時点で既にシェイクスピアが、酒場に入り浸り、役人に暴行を加え、通行人から金品を奪う無頼の輩と交友する「放蕩王子」としてのイメージを固めていたことがわかる。

主要な3作品では『リチャード二世』で要約されたヘンリー王子が主要な登場人物として、明確な性格を与えられて具体的に描かれている。『ヘンリー四世・第1部』では、青年時代のヘンリーが、無頼の仲間と親しく交友し、ハルと呼ばれて人気者である（以下皇太子時代の彼はハルと表記する）。しかし、父親のヘンリー四世にとっては、王国を担うはずの長男がこのように放蕩を重ねているのは、看過できない事態であり、頭痛の種である。王はノーサンバーランド伯の息子ヘンリー・パーシーと対比して我が子の不甲斐なさを嘆く。同名ながらこちらのヘンリーは勇猛果敢で、その激しい戦いぶりからホットスパー、すなわち「熱い拍車」と渾名《あだな》される戦士で、騎士道の模範である。それに比べてハルは、不良老年のフォールスタッフ等と謀って、多額の奉納金を持ってカンタベリー大聖堂へ向かう巡礼や、商売のために大金を持ってロンドンに向かう商人たちを襲って、金を巻き上げるなど無頼な生活に明け暮れている。王はハルの行状の一部始終を把握しているわけではないが、放蕩が目に余ることは家来からの報告で掌握している。

もっともハルは悪事に加担しながらも、追いはぎ等の無法な仕事はちゃっかりフォールスタッフたちにやらせて、彼らが獲物を手に入れたところで、それを横取りするという風に、本当に悪事を働いているわけではなく、悪友の裏をかいてその鼻を明かすことに主眼が置かれている。劇的な見どころは、まんまと獲物をさらわれたフォールスタッフが、大勢を相手に大奮戦したと大言壮語し、ほら話が最大に盛り上がったところでハルに化けの皮を剝がされる場面である。この場面の、ハルとフォールスタッフの軽妙洒脱な機知の応酬は、シェイクスピアの喜劇的場面の中でも特筆に値する見せ場となっている。その一方ハルは、独白で、現在の放蕩は決して本心ではなく、来るべき栄光の日のための下準備であると本心を明かす。王はハルを呼び出し、ホットスパーがヨークの大司教やウェールズの反乱軍と呼応して反旗を翻したことを伝える。

王は自分の経験を伝え、ホットスパーが今のハルよりもはるかに王にふさわしいと述べて息子の放蕩を諫めると、ハルは自分の手でホットスパーを倒して名誉挽回することを誓う。いよいよシュルーズベリーの戦いになり、ハルは誓いどおり生まれ変わったように働き、王の危急を救う。やがてホットスパーと巡り合ったハルは、一対一の激しい戦いを繰り広げ、ついにハルが強敵を倒す。放蕩息子のハルは見事に英雄に変身したのである。

ここまでで主筋は終わるが、演劇的にはこの後のフォールスタッフの悪事が面白い。死んだふりをして危うく命拾いをしたフォールスタッフは、ハルが倒したホットスパーの死体を見つけると、それを陣屋に持ち帰り、自分が倒したと偽って名誉を横取りするが、ハルは目をつむってこれを見逃す。王はハルの勇敢な働きを称賛するが、ハルは戦功を弟ジョンに譲り、次なる難敵グレンダワーを倒すためにウエールズに向かう。ここで第1部は終わる。

この部分を文学の視点から整理してみよう。『ヘンリー四世・第1部』は放蕩無頼の皇太子ハルが、父が武人の鏡と讃えたホットスパーを倒して、理想的な王位継承者へと再生してゆくプロセスを主筋として展開する。それを左右から支えているのが、名誉を何よりも尊ぶ中世的騎士の原型としてのホットスパーと、名誉など何の役にも立たないとうそぶく放埒なフォールスタッフである。ハルは最初フォールスタッフに象徴される堕落の世界に身を置き、やがて騎士道の鏡として父が理想とするホットスパーに挑戦し、それを打倒することによってホットスパーの世界を継承してゆく。これは自己疎外から自己回復への道を構造とする聖書の放蕩息子の寓話と重なる。この寓話の骨格は、天国に身を置いた者が、地獄に落ち、葛藤のあげくに贖罪に至るというもので、シェイクスピアはこの構造を巧みに取り込んで、理想の君主としてのヘンリー五世像を描いている。

次に『ヘンリー四世・第2部』のハルを追ってみよう。冒頭では、ノーサンバーランド伯が傷心のうちに息子のホットスパーの復讐を誓うのとは対照的に、シュルーズベリーでの大勝で鼻高々のフォールスタッフが怪気炎を上げている。調子に乗ったフォールスタッフは、借金を踏み倒したり、ハルの悪口を言ったり無頼の限りを尽くすが、ハルにこっぴどくとっちめられる。一方、王は王位を簒奪したことを悔やむ毎日を過ごしている。王のもとに王子ジョンの活躍や、ヨークの長官の手でノーサンバーランド伯が討ち取られたとの吉報が届くが、王は病の発作で倒れる。ここで、王が死んだと思ったハルが、死後の安らぎを願って王冠を持ち去るという有名な場面が来る。目を覚ました王はこれを責め、ハルは心から謝って父の誤解を解く。それからほどなくして王は死に、ハルは弟たちと協力を誓い、かつて自分を罰した司法長官とも心から和解する。王となったハルにフォールスタッフが、まさにこの世の春の到来とばかりに馴れ馴れしく呼びかけるが、ヘンリー五世となったハルは彼を追放処分にする。ジョンは兄の決断を讃え、フランス侵攻の時が来たと告げる。ここで第2部が終わる。

文学としてみると、第2部には第1部のようなはつらつとした陽気さがない。これに代わって、劇を支配するのは大人の無常観のような重い雰囲気である。王は従兄のリチャード二世を殺して王位に就いた罪の意識にさいなまれている。ハルを誤解し、親子の間にも葛藤が生まれる。やがて二人は親と子の真摯な話をすることによって、和解に至るが、ほどなく王は死を迎える。ハルは王位を継承するが、その背景に、フォールスタッフが無秩序の代表として切り捨てられる脇筋が展開する。第1部では、シェイクスピアが想像力の翼を広げて青年時代のハルを自由に描いているのに対して、第2部では歴史劇という枠の中に主人公を引き戻さねばならなかった。第2部でも、放蕩王子の再生というテーマは大筋では守っているものの、第1部では潜在していた要素に内部から光が当てられている。その結果、王位簒奪の罪、親子間の誤解、葛藤、和解、さらには王の死などに主眼が移る。脇筋でも、他の老人、例えばノーサンバーランド伯、シャローなどを通じて、老齢、病気、死、贖罪といったテーマが繰り返し語られる。第2部の主筋では、王の死がハルの再生の契機となっている。副筋では、当意即妙なユーモアと縦横無尽な機知で舞台の関心を一手に集めていたフォールスタッフも、次第に厚顔無恥で欲の皮が厚い悪党へとなり下がり、次第に観客の共感を失ってゆく。フォールスタッフの追放は、主筋における王の死と同様に、再生の証となっている。文学的にはフォールスタッフは贖罪の山羊の役割を果たしている。ハルと同じく、フォールスタッフもまた実在のモデルがいる歴史の枠の中に引き戻されねばならなかった。これは歴史劇の宿命と言えよう。

『ヘンリー五世』では、冒頭で王となったヘンリー五世が、カンタベリー大司教等から、フランスにおけるイングランドの主権や法的根拠の説明を受けている。そこに、テニス・ボールを持ったフランス王太子からの使者が現れ、放蕩息子にはテニス・ボールがお似合いだと侮辱する。これに怒った王はフランス侵攻を宣言する。テニス・ボール事件が英仏開戦の引き金を引いたのである。出航間際のサウサンプトンで、3人の廷臣が王によって糾弾される。彼らはフランスと結託して、王を殺害する陰謀を企てていたのである。この間にフォールスタッフは死に、バードルフなど無頼仲間はフランス戦に参加することになる。イングランド軍はアルフルールを包囲し、これを陥落させる。フランス王は使者モントジョイを送って宣戦布告し、両軍がアジンコートで決戦を迎える。いよいよ明日は決戦という前夜、王は変装して陣屋をめぐり、自分とは考えの違う兵士の話を聞くという有名な場面がある。王の人間的な内面が吐露され、英雄の心の中が見事に描かれた名場面である。

いよいよ戦闘が開始されると、激しい戦いが展開され、結果はイングランド軍の圧勝で終わる。王はフランス王と講和を結び、フランス王女キャサリンと婚約してヘンリー王がフランスの王位継承者であることを宣言する。

『ヘンリー五世』は、高揚期にあるイギリスの時代主潮を反映したような愛国劇で、偉大な征服者、国民的な英雄としてのヘンリーを讃えた一大叙事詩となっている。フランスに侵攻する前に、その法律的な根拠まで確かめる慎重な彼が、一旦戦場に立つと一騎当千の武将に変身する。信仰心にも篤く、アジンコートの勝利も神の加護の賜物と考えるような理想の君主として描かれている。その一方で、決戦前夜に身分を隠して、部下たちと話をする部分では、権力者としての王ではなく、一人の人間としてその内面的な弱さをさらけ出すなど、シェイクスピア独特の卓抜な筆致がみられる。

シェイクスピアが三つの作品を通して描いているのは、放蕩息子として無頼の生活を送っていたハルが、国難に直面するや父の諫めを忠実に守り、艱難辛苦の末に神の加護を得て理想の君主に成長してゆく姿である。

歴史が伝える少年時代のハル

以上はシェイクスピアが描くヘンリー五世であるが、歴史上のヘンリー五世は別人である。今度は歴史上の実像を追ってみよう。

ハルの父、ヘンリー四世（在位1399〜1413）はリンカンシャーのボリンブルック城で生まれたためにヘンリー・オヴ・ボリンブルックと呼ばれていた。その父は、ランカスター公ジョン・オヴ・ゴーント（1340〜99）で、エドワード三世（在位1327〜77）の三男である。国王リチャード二世（在位1377〜99）は、エドワード三世の長男の黒太子エドワード（1330〜76）の長男であるから、ボリンブルックとリチャード二世は従兄同士ということになる。

ハルの母親のメアリー・ド・ブーン（c.1368〜94）は名門ブーン家の出である。ブーン家はウィリアム征服王とともにノルマンディーからやってきた由緒ある家柄で、父はヘレフォード伯のほかノーサンプトン伯、エセックス伯なども兼ねる有力者であった。ブーン家はプランタジネット家とも

ヘンリー・オヴ・ボリンブルック（ヘンリー四世）

縁組みを重ねたために、メアリーはエドワード一世（在位1272〜1307）の子孫でもある。当時ブーン家は男子の相続人がおらず、二人の姉妹が後を継いだ。共同相続人である姉エリナー・ド・ブーン（c.1366〜99）は、ランカスター公の弟のウッドストックのトマス、つまりグロスター公（1355〜97）に嫁いだ。彼は夫のボリンブルックの叔父にあたる。

姉妹が叔父、甥に嫁ぐという関係は複雑な問題から派生したものなので、かいつまんでその顛末を述べる。

母メアリーの波乱万丈

メアリーの姉エリナーはエドワード三世の末息子グロスター公に嫁いだが、グロスター公は妻の幼い妹のメアリーを出家させて尼僧院に入れた。これは信仰心からではなく、体のいい監禁でブーン家の莫大な財産を独り占めしようとの魂胆であった。今日から見ればきわめて理不尽だが、中世のイングランドでは貴族や王族の結婚は、領地と爵位をめぐる政治問題で、愛やロマンスとは関係ない。このように肉親を巻き込んで領地をめぐって争うことはイギリスでは珍しくなかった。

さて、尼僧院に閉じ込められた幼いメアリーの身を一番案じていたのは、母のヘレフォード伯夫人ジョーン・フィッツアラン（1347〜1419）であった。しかし相手は、王弟のグロスター公であり、うかつに口をはさむことはできなかった。そこでジョーンは、グロスター公の兄で野心家のランカスター公に目を付けた。広大なブーン家の所領と王位につながる血筋はランカスター公にとっても魅力的なはずであった。ジョーンの要請を受けたランカスター公は、彼女の思惑以上の協力をしてくれた。彼は、グロスター公に反対の口実を与えないために、自分の長男であるボリンブルックとメアリーを結婚させるという思い切った手段を選んだ。ランカスター公の目には、王家に連なるブーン家を取り込んでその遺産の半分を確保し、子供のいないリチャード二世の後をボリンブルックに継承させるという未来が描かれていたものと思われる。ボリンブルックとメアリーの結婚は1380年7月27日、アランデル城で行われた(1)。

この結婚によってメアリーはウエールズを中心とするブーン領を相続し、ボリンブルックもメアリーの父が継承していたヘレフォード伯を叙爵する道が開けることになるのだが、結婚式を挙げた当時、ボリンブルックはまだ14歳、メアリーは12歳であった。このために、ランカスター公は結婚した後も、「メアリーが16歳になるまでは決して床入りをしてはならぬ」と、二人に固く命じていたという。しかしながら、若い二人にはこの命令は過酷なものであったらしく、間もなくメアリーは妊娠していることがわかった。1382年4月、メアリー14歳の春に、長男エドワードが誕生した。しかし、この妊娠は母体に過度な負担を強いたためか、長男は間もなく夭折したばかりか、その後長い間メアリーは懐妊の兆しを見せなかった。

それから5年という月日が流れ、1387年9月のこと、ヘンリー・ボリンブルックはウィンザーから馬を飛ばして、ウエールズのモンマス城を目指していた。妻のメアリーの出産が間近いとの知らせを受けたためである。ウォルフォード近くの船着き場からワイ河を渡ろうとしたとき、船の渡し守が「奥様は男の子をお産みになりました」といち早く吉報を知らせてくれた。これを聞いたボリンブルックは小躍りして、この渡し守に「渡船料」の徴収権を与えるという約束をしたという。フォードと呼ばれる浅瀬は軍事上の要衝で、ここを通過する船や、橋を渡る者は通行料金を徴収された。ボリンブルックは、自分の収入の一部である渡船徴収権をとっさにこの渡し守に与えたのであった。この一事をもってしても、彼がいかに息子の誕生を喜んだかがわかる。

別の資料によれば、これは1386年のことで、生まれたのは双子の男の子で、一人はすぐに死亡し、生き残ったのがハルであったという説や、長男とハルの間に夭折した次男がいたとの説もある。これとは逆に、メアリーが最初に産んだのがハルで、夭折した兄などいなかったとする説[2]もあって真相はわからない。このような混乱が生じるのは、メアリーの生年が不明であるうえ、ヘンリー四世の生年も不確かであるためである。日本の資料でも、例えば森護氏などは最初の出産について、「メアリーが11歳で結婚し、12歳で出産した」[3]と書いている。

ともあれ、1387年9月16日、夫婦は待望の世継ぎを得た。この男の子は父と同じくヘンリーと名付けられた。モンマス城のゲイト・ハウスで生まれたところからモンマスのヘンリーと呼ばれた。ランカスター公ジョン・オヴ・ゴーントの孫にあたるばかりか、母方からもエドワード一世、ヘンリー

メアリーが埋葬されたセント・メアリー・ド・カストロ教会

三世（在位1216～72）につながる名門の後継者である。生まれたときは非常に小さかったというから双子伝説は真実かもしれない。幼少時は華奢であったというが、すくすくと成長した。祖父のランカスター公はこの孫をかわいがった。ランカスター公の居城は、ウォーリックシャーのケニルワース城で、モンマスからさほど遠くはなかったことも二人の関係を密にした。それにもましてハルをかわいがったのは母方の祖母のジョーンであった。

しかしこのような幸せな日々は長くは続かなかった。最愛の母メアリーが死んだのである。一番上のハルが7歳で、その下には6歳のトマス、5歳のジョン、4歳のハンフリーの3人の弟が年子で並び、さらに2歳のブランシェと生まれたばかりのフィリッパの2人の娘もいた。メアリーの死はフィリッパの出産が原因で、産褥で死んだのであった。享年26歳、14年間の結婚生活で双子伝説が正しいなら8人の子供を産んだことになるが、長男が生まれた後に5年の空白があるから、18歳以降はほとんど休みなくおなかに子供を宿していたことになる。まさに〈男は戦場で命をかけ、女は家庭に命をかける〉を地で行ったような壮絶な人生であった。

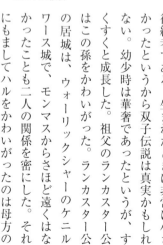

彼女の遺骸は、死亡したピーターバラ城の近くの、レスターにあるセント・メアリー・ド・カストロ教会に埋葬された。ここはランカスター家とゆかりが深く、1426年にヘンリー六世はここで騎士に叙爵された。詩人ジェフリー・チョーサー（c.1343~1400）はここで妻フィリッパと結婚式を挙げた。ちなみに、フィリッパはジョン・オヴ・ゴーントの3人目の妻キャサリン・スインフォード（1350~1403）の妹である。

文武両道を仕込まれた少年時代

母を失ったハルに前にもまして熱い愛情を注いだのは祖母のジョーンであった。ハルの数少ない直筆の中に、二度にわたって〈もっとも愛すべきおばあ様〉の文字が見えることからも、ジョーンがいかに孫をかわいがっていたかがわかる。幼少のころハルは3人の弟とともに一つの子供部屋で育てられたが、やがて男の子にはそれぞれの乳母がつけられ、貴族に相応しいしつけが行われた。一人の乳母は特にハルのお気に入りだったようで、1413年にハルが王位に就くと、この乳母に過分な年金が与えられている。

ハルは少年時代に一度だけ命にかかわるような病気にかかった。それはハルが8歳のときで、病状は重篤で、発作を起こしたといわれている。これを除けば、1390年代の少年時代はおおむね健康で、イングランド人の両親を持つ子供らしく、魚釣り、鷹狩り、狩猟などを楽しみ、ときには馬で、ときには徒歩で、イングランドの田園地帯を駆け回った。1390年代半ばに、刀の鞘を購入したとの記録から、少年時から剣術の修業をしていたことがわかる。

ハルは言語、文学、音楽を幼いときから学んでいたが、これは父がこの分野に高い教養を持っていたことと無縁ではない。実際ハルは7歳のときにロンドンで数冊のラテン語の本を買い与えられている。成人するころには、ラテン語、フランス語、英語を読み書きすることができた。彼が法律や神学の本を読みふけっていたとの証言が示すように、知的な好奇心も旺盛であった。伝説によれば、オクスフォード大学のクイーンズ・コレッジで、叔父のヘンリー・ボーフォート（1375～1447）の指導を受けていたという。叔父は1397年から98年当時、オクスフォード大学の総長であった。当時は、少年がオクスフォード大学で学ぶことは決して珍しいことではなかった。例えば、ヘンリー八世の大法官を務め、『ユートピア』で名高いトマス・モア（1478～1535）は14歳でオクスフォードに学んだ。

クイーンズ・コレッジ

ハルがオクスフォード大学で学んだことは多くの書物に紹介され、伝説になっている。ハルと叔父ヘンリー・ボーフォートのその後の関係から推し測っても、ハルがこの叔父から訓育を受けたことは確かであろう。しかし、年齢からいえばハルは10歳で、学寮に彼が住んでいたとの記録は残っていない。こう考えると、ハルは叔父の下で暮らしてその薫陶を受けてはいたが、正式にオクスフォードの学生であったわけではなさそうである。

ここから見えてくるハルの姿は、シェイクスピアの描くハル王子のような放蕩無頼とは無縁の、まじめな優等生である。

試練のとき

1398年、突然の災難が12歳のハルの身に降りかかる。父のヘンリー・ボリンブルックが国外追放の処分を受けたのである。

その経緯はシェイクスピアの『リチャード二世』で詳しく扱われている。そこではボリンブルックがノーフォーク公トマス・モーブレーを、王金を勝手に私用し、叔父グロスター公暗殺に手を貸した廉で告発し、これに反駁するモーブレーは、讒言《ざんげん》であると怒って決闘によって決着をつけたいと王の裁可を仰ぐ。王は一旦は決闘を認めたものの、前言を翻して突然中止を命じ、モーブレーを終身の国外追放、ボリンブルックには10年（後に6年に減刑）の同じく国外追放という処分を下した。

幼いハルは事実上の人質としてリチャード二世の宮廷に暮らすことになった。この間に、祖父のランカスター公ジョン・オヴ・ゴーントが死亡すると、リチャード二世はボリンブルックの追放を終身とし、ランカスター公領の相続権を事実上剝奪してしまった。リチャード二世という王は王権神授説を信奉し、王の言葉が法律であるとばかりに、強引かつ身勝手な政治を行った。

この措置を講じてから、リチャード二世はアイルランド遠征に出発した。子供のいないリチャード二世は、それまで彼を育ててきたランカスター公を毛嫌いし、第4代マーチ伯ロジャー・モティマーを後継者と考えていた。ところが、このマーチ伯がアイルランドにおいて殺害されるという事件が勃発した。このためにリチャード二世は、自ら敵《かたき》を討つと言い出して、アイルランド遠征が決まったのである。

幼いハルは王とともにアイルランドに同行することになった。王はハルをかわいがり、騎士の称号を与えた。しかし、アイルランドに不吉なニュースが伝えられた。父のボリンブルックが、〈リチャード二世の措置は、追放中であっても遺産相続権を保障するとの以前の約束を破るものである〉と主張して、イングランド東北部のレイヴンスパーに上陸したのである。ボリンブルックはわずか十数人の家来を伴っていたにすぎなかったが、背後にフランスの反イギリス派の貴族オルレアン公がいた。これを知った王は、少年ハルを呼び出し、激しく詰問した。年代記作者トマス・オッターバーンによれば、「かわいいハル、お前の父の私に対する仕打ちを見るがいい。彼は我が国土を侵略し、我が臣民を情け容赦なく殺している。この不幸な行為ゆえに、たぶんそなたも相続権を失うことになろう(4)」。これに対してハルは年に似合わぬ立派な態度で、次のように答えたという。「仁愛あふれる国王陛下、この件につきまして私も大変心を痛めております。しかし、陛下は、私がこのたびの父の所業に対して全く無実であることをご理解いただいているものと信じております(5)」。この立派な態度にリチャード二世は、ハルを許したという。

この間に、ボリンブルックのもとには、ランカスター公領から家臣がそれぞれの部隊を伴って続々と結集し、これを見たパーシー、ネヴィルといった北部の大貴族までがこれに加わるに及んで、イングランド中部のレスターに着いたときには兵力は10万になんなんとしたという。王の叔父で摂政のヨーク公は軍隊を集め、対決の構えを見せたが、小規模な抵抗を一度試みたのち対決をあきらめた。アイルランドにいた王は、すぐに引き返そうとしたが、大軍を乗せる船が調達できず、一部の兵を率いてウエールズの北部に上陸した。しかし、そこは既にボリンブルック配下の兵が支配しており、軍事的対決を挑めるような状況ではなかった。王はカンタベリー大司教らの説得を受けてボリンブルックに面会することになった。

この間ハルはどうしていたのであろうか。トマス・ウォルシンガムの『イギリス史』などでは、リチャード二世はハルをアイルランドのトリム城に監禁してイングランドに渡ったと記載されている[6]。9月の初めごろ、ボリンブルックはハルを連れ戻すためにヘンリー・ドライハーストという船長を迎えにやり、ハルはイングランドに戻ったといわれている[7]。ところが、ハルは父の命令に従わず、チェスターのリチャード二世のもとに行ってしまった。せっかく人質から解放されたのに、自分から命を預けるような真似をしたのは13歳の少年の判断力では仕方がなかったと解釈する研究者もいるが[8]、筆者はハルの純粋な正義感であったと解釈したい。リチャード二世は、彼を騎士に抜擢するなど厚遇し、自分のイングランド帰還の際もハルをトリム城に残した。本当の人質なら、最後まで同行させたはずである。ともあれ、チェスターに着いたハルは王に面会することになる。ハルのもとには、父から直ちに王のもとを去るようにとの密命があったが、ハルはそれに従わなかった。ハルに会ったリチャード二世は次のように言ったと伝えられている。「よき息子ハル、お前が父の命令に従うことを許す。我に仇をなすヘンリーがいることは存じているが、あのヘンリーはお前とは違うようだな。余は、そなたが我が友でいることを祈っておる。というのも余はこれからの成り行きがわかっておるからな」(9)。

このように名付け親のリチャード二世に正式な許可を得た翌日、ハルは父のもとに向かった。

ボリンブルックに面会に行ったリチャード二世はそのまま囚われの身となり、その後ポンテクラフト城で、おそらくヘンリー四世となったボリンブルックの命令で暗殺された。

幼いハルがこの事件をどのように見ていたかはわからない。しかし、名付け親とはいえ、一時はともに暮らしたハルが、この悲劇の王に対して、父親よりは深い愛情を持っていたことは確かである。ヘンリー五世として王座に就いたハルが、リチャード二世の遺骨を王自らの手で、ウエストミンスター寺院に再埋葬したという事実はその裏付けとなろう。

コラム1◉音楽家ヘンリー

ヘンリー五世のチャプレンの一人トマス・エルマム（1364～c.1427）が『韻文ヘンリー五世伝』において、子供のころのことを語った文章の中に、彼の「怠惰な習慣」について触れている部分がある。謹厳で知られるヘンリーに怠惰な面もあったのかと、興味を持って読み進むと、夢中になって兵士としての武術の鍛錬に励みながらも、その合間には「怠惰な習慣」に身をやつした。その中で彼が多くの時間を割いたのが楽器であったと書いてある。つまり、彼は楽器を弾いたり、音楽に時間を費やしたりしたことを「怠惰な習慣」と指摘されているのである。当時の貴族は、男子ならば親元を離れて他家（多くは親戚）に預けられて、ヘンチマンと呼ばれる養育係から、馬術、弓術、剣術、格闘などをみっちりと仕込まれた。ラテン語、フランス語などの語学、哲学や歴史などの教養、貴族らしい言葉遣いやマナーに至るまで徹底的にたたき込まれた。

1397年の購入記録には「ハル殿下のハープの弦」の項目があり、8シリングの支出が記録されているから、ハープがお気に入りの楽器の一つであったことがわかる。さらに、ギターンという、今日のギターのような楽器を気に入っていたこともわかっている。さらに彼は楽器の収集にも関心があったようで、フルート78、レコーダー76、トランペット14、バグパイプ5などという数字が見える。これらの楽器は単なる収蔵品ではなく、実際に使っていたのかもしれない。とすれば相当な時間を音楽に費やしていたわけで、エルマムが「怠惰な習慣」と眉をひそめるのもうなずける。

アジンコートの戦いに勝ち、広大なフランス領を獲得したヘンリー五世は、シェイクスピアが一連の作品で描き、今日まで継承されている「戦好きの《ウォー・ライク》」「武王《ウォリアー・キング》」としてのイメージが強烈だが、彼が音楽を愛する文人であったことはあまり知られていない。例えば、『オールド・ホール写本』という中世の音楽について記載した写本が大英図書館にあるが、その中に「ロイ・ヘンリー」作とされる作品がある。ちなみに、Royはroi（王）と混用されていたから、「キング・ヘンリー」の意味で、今日ではヘンリー王と解説されている。

『オールド・ホール写本』

実は、「ロイ・ヘンリー」作とされる曲は二つあり、多くの音楽学者はこれがヘンリー五世によって書かれたものだと考えてきた。しかし最近、『オクスフォード西洋音楽史』を書いた音楽学者リチャード・タラスキン（1945〜）が、この二つの作品のスタイルが全く違っていることから、一方はもう一人のキング・ヘンリー、すなわち父のヘンリー四世によって書かれたものであろうと主張して注目を集めている。しかし、ヘンリー四世は晩年病状が悪化しており、とても作曲の余裕はなかったはずであるとする意見もあって、結論には至っていない。

写真はロイ・ヘンリー作とされるオールド・ホールの写本のうちの栄光の聖歌《グロリア》であるが、実際の音楽版がCDとして販売されており、その一部はインターネット上でも試聴できる。音楽は門外漢の筆者だが、その荘重な音色は聴く者の心を洗う。それもそのはずで、この当時のイングランドの音楽はヨーロッパでも最高峰の質を誇っていた。アジンコートの戦いで、ヘンリー五世が勝利を収め、フランスにイングランドの覇権が及ぶとともに、優れたイングランドの音楽もヨーロッパ大陸に紹介され、音楽家や作曲家から圧倒的な高い評価を得たという。もう一つの曲は、三聖唱《サンクトゥス》で、今日ではまだ作者の論争に決着はついていないが、少なくとも一つはヘンリー五世の作品であることは確かである。

余談になるが、暴君として悪名高きヘンリー八世は、音楽愛好家としても著名で、今日でも大英図書館には彼が所蔵していた楽譜が保存されている。多くは賛美歌のたぐいだが、この中の100曲は世俗のもので、33曲はヘンリー八世自ら作曲したものとされる。

第2章　皇太子となったハル

13歳のハル、父の代理として前線に

さて、父親がヘンリー四世として王位に就くと、ハルの生活は一変した。皇太子、コーンウォール公、チェスター伯、アキテーヌ公、ランカスター公など彼の肩書きは一挙に増えた。リチャード二世は議会の承認を経て廃位され、新たにヘンリーが王位に就くことが承認された。しかしこれはあくまでも建て前であって、事実上の王位簒奪には違いなく、王位は決して安泰ではなかった。各地で不穏な動きが続き、先王リチャードの復位を狙う陰謀も多発した。1400年早々に、ソールズベリー伯、元グロスター伯、元エクセター公、元サリー公など、かつてのリチャード二世の臣下がヘンリー四世を放逐する陰謀を企てたが、蜂起する前に露見して全員が処刑された。こうした中で、ヘンリー四世は、リチャード二世が生きている限りこの種の陰謀が続くと考えて、先王を暗殺することを決意したといわれている。暗殺説と餓死説があり、自ら食事を絶ったとする説のほか、食事が一切与えられなかったためにリチャード二世は自らの腕を食いちぎって食べたとの風聞がまことしやかに囁かれた。方法はいずれにせよ、1400年2月17日以前には死亡していたはずで、死体は2日間、セント・ポール大聖堂で一般公開された。顔だけが公開されたが、先王の死を明らかにすることにより、復位を目指した反乱の芽を摘むためであった。

このような措置にもかかわらず、ウエールズを筆頭に次々と反乱が続いた。ウエールズではオウエン・グレンダワー（c.1359〜c.1415）が、1400年9月16日、ウエールズ大公の称号であるプ

リンスを名乗って反乱を起こし、シュロップシャーにまで押し寄せてきた。彼はロンドンの法学院の一つインズ・オヴ・コートで学んだ法律家で、フランス語、英語に通じたインテリであった。9月の反乱はひとまず収束したが、10月初旬、王はハルを伴ってウエールズに遠征した。この遠征は示威的なもので、実際の戦闘はなかったが、王はウエールズに睨みをきかせるために、北の要衝チェスターにハルを駐在させることにした。ハルは弱冠13歳、行政を担うには経験不足であったために、実務はノーサンバーランド伯の長男でホットスパーの異名を持つヘンリー・パーシー（c.1364〜1403）に委ねた。一旦は身を隠したグレンダワーであったが、彼のもとには愛国的なウエールズ人が続々と集まっていた。下は職人から、上はオクスフォード大学の学生に至るまで、様々なウエールズ人が長弓《ロングボウ》や剣を持って集まった。長弓はウエールズ人が得意とする伝統的な武器で、射程が長く強力であったために、エドワード一世以降はイングランド軍にも取り入れられて、主要な武器となっていた。1401年2月の議会の記録は、ウエールズの大規模反乱に言及している。ケルトの伝統を担ったウエールズの吟遊詩人はこぞってグレンダワーを激賞し、彼の登場はアーサー王伝説の魔法使いマーリンによって予言されていたものだと、津々浦々にまで謡って歩いた。ついに1401年4月、聖金曜日に北の堅城コンウィ城がグレンダワーの手に落ちた。ハルはホットスパーとともに出陣し、コンウィ城を攻めたが、エドワード一世がウエールズ攻略の拠点とした名城ゆえに、守りは堅く落城したのは5月の末であった。9人のウエールズ兵が見せしめのために公開処刑された。絞首台から仮死状態で降ろされ、性器や内臓が摘出され、火に投じられた。罪人はもうろうとする意識の中でそれを見せつけられ、群衆はあざけりと憎悪の言葉を投げつけた。最後に心臓が摘出され、断首、四つ裂きのむごたらしい処刑が行われた。14歳のハルはその一部始終をホットスパーから学んだ。

1401年の11月には、カナーヴォン城の城壁に、白地に金の龍《ドラゴン》の旗が翻るという事件があった。この城は、初代プリンス・オヴ・ウエールズのエドワード二世が誕生したウエールズの本丸ともいえる特別な城であった。龍はウエールズの象徴で、グレンダワーの戦旗であったから、彼がウエールズの本丸を押さえたとの強烈な示威行為であった。この旗はすぐに撤去されたが、ウエールズ全土がグレンダワーの支配地域化していった。

白地に金の龍のグレンダワーの戦旗

グレンダワーは外交にも力を入れ、スコットランドとフランスを味方につけた。1402年8月になると、グレンダワーの呼びかけに応じてスコットランド軍が南下した。しかし、これをホミルドン・ヒルで迎撃したパーシー一族を中心とするイングランド軍は、ホットスパーの長弓隊の大活躍で、敵を完膚なきまでに打ちのめした。粗末な鎧しかないスコットランド兵は弓の攻撃に弱かった。このとき、ダグラス伯アーチボルト・ダグラス（1372～1424）を含めて5人の伯爵が捕虜になった。中世の戦争は、単なる殺し合いではなく、捕虜をとって身代金を請求する資金稼ぎという側面も持っていた。王はダグラス伯の身柄を差し出すように命じたが、ホットスパーはこれを拒否した。彼があえて王命に逆らった背景には複雑な事情があった。一つは、王命でウエールズ鎮圧に当たったにもかかわらず、いまだに王から賃金が支払われておらず、すべてを自前で賄っていた。そこに加えて、ダグラス伯の身柄引き渡し命令が出された。これはホットスパーにとっては、せっかく命がけで手に入れた金蔓を横からさらわれるようなものであった。もう一つの理由も金銭がらみの問題であった。実は、ホットスパーは王に対して、グレンダワーの捕虜になっているエドマンド・モティマー（1376～1409）の身代金を支払うように要請していた。しかし王はこの要請を拒否したのである。エドマンドは王族の血を引く有力貴族第5代マーチ伯の叔父で、7月22日のピレスの戦いでグレンダワー軍に大敗し、捕虜になっていたのである。エドマンドはホットスパーの妻エリザベスの弟であるから、彼にとっては義理の弟にあたり、なんとしても奪還したい身内であった。パーシー一族からすれば、ボリンブルックが王となったのはひとえにパーシー一族やネヴィル一族の助力があったからで、その大恩を忘れての王の仕打ちはあまりにも冷たいものであった。

シェイクスピアと史実の違い

シェイクスピアの『ヘンリー四世・第1部』では、このあたりの事情が詳しく述べられている。王は、ノーサンバーランド伯と息子のホットスパーに改めてダグラス伯らの引き渡しを求めるが、ホットスパーは交換に義弟のエドマンドの釈放を求めている。王はこれを拒否して次のように答える。

王　聞けば、最近、モティマーはグレンダワーの娘と

結婚さえしたそうではないか。国庫を空にしてまで
そのような謀反人を引き取らねばならないというのか？
裏切り者を買い戻せというのか？　おのれを捨て
敵の手に売り渡した卑怯者と取引しろと？（『ヘンリー四世・第1部』1幕3場84－88）

ここからわかるように、王はエドマンドが敵のグレンダワーの娘と結婚したから身代金を拒否するといっている。しかしながら、これは間違いである。すなわち、エドマンドが捕虜になったのは7月22日のことで、この場面はホミルドン・ヒルの戦いにおける捕虜の扱いについて話す場面であるから9月14日以後間もない時期と思われる。確かにエドマンドは、グレンダワーの娘キャサリンと結婚するが、それは11月30日のことである。

このように史実は逆で、王が身代金の支払いを拒んだために、それを怒ったエドマンドがグレンダワーの娘と結婚したのである。王の支払い拒否によってエドマンドは釈放の夢を絶たれ、一転、敵に身を投じたというのが真相である。エドマンドにしてみれば、王家の血を引く身でありながら、リチャード二世に反旗を翻してまで、ボリンブルックの王位簒奪に協力したにもかかわらず、これほどの仕打ちを受けるとはという思いがある。そこをグレンダワーに見透かされて、敵の敵は味方とばかりに、グレンダワーと盟約を結び、その証にキャサリンとの結婚を決めたのである。もちろんそこには、ゆくゆくは第5代マーチ伯を押し立てて、王位簒奪をするという遠大な計画があった。

ところで、この王位継承権のあるマーチ伯について、シェイクスピアは大きな間違いをしている。

シェイクスピアでは、ホットスパーが妻の弟のエドマンド・モティマーのために身代金を出してくれるように王に要求すると、王はモティマーの名を聞いただけでぶるぶると震えだしたと述べると、それを聞いたウスター伯トマス・パーシーが、モティマーはリチャード二世の在世中に王位継承者として指名された者だからだと説明する。

ホットスパー　ちょっと待ってください。するとリチャード王は、
私の義弟エドマンド・モティマーを王位継承者に指名したのですか？
ノーサンバーランド　そうだ、この耳で聞いておる。（『ヘンリー四世・第１部』１幕３場１６５－１６７）

確かに、エドマンド・モティマーは王位継承者とみなされてはいたが、これは全くの同名異人である。リチャード二世には子供がいなかったために、その後継者をめぐって様々な思惑があったことは既に述べた。一つの系列は、エドワード三世の三男、クラレンス公ライオネル（1338～68）の家系である。娘のフィリッパは第3代マーチ伯エドマンド・モティマー（1352～81）と結婚して、ここからマーチ伯家が王位継承権を有するようになる。その息子で第4代マーチ伯ロジャー・モティマー（1374～98）はリチャード二世の信任厚く、王位継承者とみなされていた。ロジャーがアイルランドで死亡したとき、その権利は息子の第5代マーチ伯エドマンド・モティマー（1391～1425）に継承された。エドマンド・モティマーはエドワード三世の三男から生まれた家系であり、四男のランカスター公から生まれたヘンリー四世よりも王位継承順位が高いことになる。混乱の初めは、第3

代マーチ伯エドマンド・モティマーが、上の息子にロジャーという名を付け、下の息子に自分の名前エドマンドという名を付けたことにある。マーチ伯位は当然ながらロジャーが継承し、自分の息子に父の名前であるエドマンド・モティマーを付けた。ところが、エドマンド・モティマーは実の弟の名前でもあり、ここに二人のエドマンド・モティマーが共存する事態が生じた。それを区別するために、実弟の方はサー・エドマンド・モティマーと呼ばれていた。その姉がエリザベスで、彼女がホットスパーの妻である。すなわち、ウエールズで捕虜になってグレンダワーの娘キャサリンと結婚したのはサー・エドマンド・モティマーで、王位継承者に擬せられた第5代マーチ伯の叔父にあたる人物ということになる。

なお、この間違いはシェイクスピアがホリンシェッドの記述をそのまま使ったために起こったもので、そこでマーチ伯がグレンダワーの捕虜になっていると書かれている[1]。ついでながら、シェイクスピアではホットスパーの妻はケートすなわちキャサリンとなっているが、史実では彼女はエリザベスで、祖父はクラレンス公ライオネルである。詳しくは、次頁の系図で確認してほしい。

シェイクスピアの登場人物で実像と全くかけ離れてしまったのが、フォールスタッフとグレンダワーである。シェイクスピアの描くグレンダワーは神秘的な力を持つ予言者として描かれている。

グレンダワー　もう一度言おう、おれが生まれたとき、
　大空一面は炎を噴く星におおわれ、山羊の群れは

ランカスター家系図

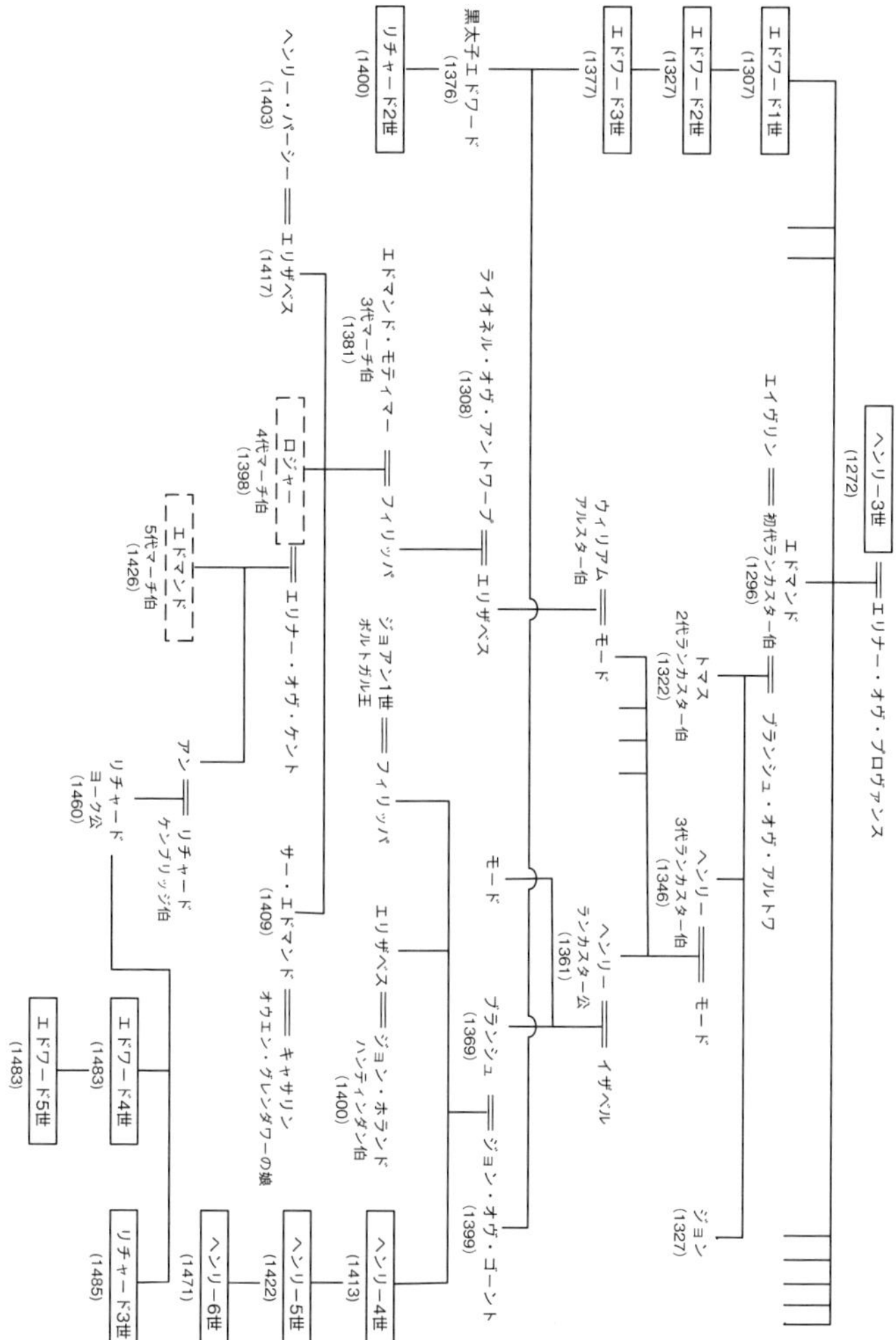

ヘンリー3世 (1272)
エリナー・オヴ・プロヴァンス
エドワード1世 (1307)
エドワード2世 (1327)
エドワード3世 (1377)
黒太子エドワード (1376)
リチャード2世 (1400)
エイヴリン
エドマンド 初代ランカスター伯 (1296)
ブランシュ・オヴ・アルトワ
トマス 2代ランカスター伯 (1322)
ヘンリー 3代ランカスター伯 (1346)
モード
ジョン (1327)
ウィリアム アルスター伯
モード
ヘンリー ランカスター公 (1361)
イザベル
ライオネル・オヴ・アントワープ (1308)
エリザベス
モード
ブランシュ (1369)
ジョン・オヴ・ゴーント (1399)
エドマンド・モティマー 3代マーチ伯 (1381)
フィリッパ
ジョアン1世 ポルトガル王
フィリッパ
エリザベス
ジョン・ホランド ハンティンダン伯 (1400)
ヘンリー・パーシー (1403)
エリザベス (1417)
ロジャー 4代マーチ伯 (1398)
エリナー・オヴ・ケント
サー・エドマンド (1409)
キャサリン オウエン・グレンダワーの娘
エドマンド 5代マーチ伯 (1426)
アン
リチャード ケンブリッジ伯
リチャード ヨーク公 (1460)
ヘンリー4世 (1413)
ヘンリー5世 (1422)
ヘンリー6世 (1471)
エドワード4世 (1483)
エドワード5世 (1483)
リチャード3世 (1485)

山から一目散に逃げ去り、家畜どもはけたたましく
おびえる田畑に向かって異様な鳴き声を上げたという。（『ヘンリー四世・第1部』3幕1場36－39）

この部分は、1402年の3月に大彗星が現れるという天変地異があり、それをシェイクスピアはグレンダワーの誕生と結びつけて、予言者、魔術師という劇中人物像を作り上げたのである。もちろん、グレンダワーが生まれたのは1359年ごろとされるので、その意味ではこじつけであるが、彼がこの天体ショーを最大限利用したのは事実である。グレンダワーは隣の領主グレイ・ド・ルシン卿（c.1362～1440）と領土問題をめぐって対立していたが、彼を保護していたリチャード二世が失脚してヘンリー四世の時代になると、グレイ卿が王の側近であったために彼の主張はことごとく退けられるようになった。これが契機となり、彼は反乱へと進むのであるが、その転機が1402年のグレイ卿との対決であった。ホリンシェッドによれば、3月に北の空と東の空に彗星が現れたが、これは北のノーサンバーランドと東のウエールズで流血事件が起きることを示したものであるとされた。この予兆を利用してグレンダワーはグレイ卿を襲い、彼を捕虜にして多くの部下を殺害した。この大勝利は、ウエールズ人を励まし、彼らの愛国心に火をつけたために、グレンダワーのもとには続々と支援者が集まるようになった。鎮圧に向かったサー・エドマンド・モティマーは6月に捕虜になり、巨額の身代金が要求された。こうした事態に、ついに国王自身が大軍を率いて乗り込んだ。チェスター、シュルーズベリー、ヘレフォードに集結した軍勢の総数は10万といわれたが、彼らが侵攻すると町も村ももぬけの殻であった。ウエールズ人のいつもの戦略で、彼らは正規軍との正面対決など絶対にし

なかったのである。王は持久戦に入ったが、9月8日、大嵐が襲い、王のテントが風にあおられて吹き飛ばされ、そのはずみに掛けておいた槍が落ちて危うく王に突き刺さりそうになるという事件があった。王は鎧を着たまま休んでいたので難を免れたが、この事件を契機に王はロンドンに撤退した。ホリンシェッドは、「彼（グレンダワー）は魔法を用いて、かつて見たことのないほどの風、嵐、雨、雪、霰《あられ》の悪天候を起こして王軍を悩ませた。その結果、王は部下に命じて多くの地域を荒らし、焼き払って撤退せざるを得なかった」と記している。(2) グレンダワーが超人的な能力を持つ魔術師であるとの認識はウエールズでは広く受け入れられていたことがわかる。

ところで、ホリンシェッドはウエールズの反乱についてかなり詳しく述べているが、シェイクスピアはホリンシェッドをそのまま使わずに細部を自由に脚色している。例えば、グレンダワーが王とセヴァーン河の近くで戦った話や、サー・エドマンド・モティマーが妻のキャサリンと全く言葉が通じない話、領土分割の詳細の話など細かい点を挙げればきりがない。シェイクスピアの描くグレンダワーは予言、悪霊、悪魔、地獄などの言葉が示すように神秘的な人物で、一方そのようなものの一切を迷信として信じず、詩や音楽まで否定する実際的、合理的なホットスパーと対極をなしている。シェイクスピアは演劇的な効果を上げるためには大胆な脚色も厭わなかったが、歴史劇の枠を飛び出しての活躍を示すフォールスタッフに比べれば、グレンダワーの方がいくぶん実像に近い。

次にホットスパーを見てみよう。シェイクスピアでは、「今のパーシーは、この王笏と我が魂にかけて言うが、はるかに立派な王座への資格をそなえておるぞ」(3) と王が言うように、彼は英雄的武将であり騎士道の鏡である。

ところが、そのホットスパーが王に反旗を翻すという王国にとって最大の危機が訪れようとしていた。王がハルに手本にせよと讃えたホットスパーは、今や王座すら脅かそうとしているのだ。

三度まで彼ホットスパーは、襁褓《むつき》の取れぬ軍神マルスは、
幼顔の荒武者は、猛将ダグラスと剣を交えて
これを打ち破り、まずは捕虜にして、次いで釈放し、
ついには味方に引き入れることに成功した、そして
そのおのれに向けられた飽くなき挑戦の叫びを転じて、
我が王座の安泰を揺るがす嵐にしようというのだ。（『ヘンリー四世・第1部』3幕2場112－117）

さらに王は、反乱には当面の敵であるウエールズのオウエン・グレンダワーとモティマーのみならず、ノーサンバーランド伯とその弟のウスター伯トマス・パーシー、ホットスパーおよびスコットランドのダグラス伯、さらに高潔をもって聞こえたヨーク大司教までが反乱に加わっている、と告げる。

そなたはどう思う？　パーシー、ノーサンバーランド、
ヨークの大司教、ダグラス、モティマーの面々が、
このわしを討つべく盟約を結び、兵をあげたのだぞ。
（『ヘンリー四世・第1部』3幕2場118－120）

ここではヨーク大司教のリチャード・スクループがこの蜂起に加担しているように書かれているが、ヨーク大司教の反乱は1405年の事件で、少なくともこの時点では彼は無関係であった。シェイクスピアは2年後の事件をここに引き寄せることによって、王国が存亡の危機にあるという状況を作り出しているのである。

この未曽有の王国の危機に直面すると、ハルも今までのような放蕩息子の仮面を脱ぎ捨て、今度の戦いでホットスパーを倒して汚名を返上すると誓う。

この曇った世評を晴らすためにも、私はみごと
パーシーの首をあげてごらんにいれます。そして
栄えある勝利の一日が閉じようとするとき、胸を張り、
父上に申しあげましょう。私はあなたの息子であると。

（『ヘンリー四世・第1部』3幕2場131－134）

一方ホットスパーも、ウスター伯からハルが一騎打ちを望んでいることを聞くと、彼は喜んでハルと戦場で向き合う覚悟を述べ、「今にこの剣を真っ赤に染めてやる、生死をかけた今日の一戦でおれの前に現れる最高の敵の血でもってな」[4]と自らハルを倒す決意を述べる。このようにシェイクスピアでは、武人の鏡であるホットスパーと改心した放蕩王子のハルが戦場で雌雄を決するというクライマックスに向かうための布石が着々と進行している。

ホットスパーは、父ノーサンバーランド伯が急病で参戦できず、オウエン・グレンダワーの軍も間に合わないと知っても、その勇気に陰りは見えない。また、王軍の兵力が3万という報告を聞いてもわずかな手勢でも決戦を挑むといきり立つ。これも直情径行なホットスパーの性格を際立たせるためのシェイクスピアの創作である。実際の兵力は両者ほぼ互角であった。もっとも、兵力は5000人規模ではなく、双方1万4000人といった資料や、王軍がわずかに多い資料などがみられるが、シェイクスピアの3万は明らかに誇張である。

シェイクスピアでは、王はできることなら騎士道の鏡と謳われた有能な武将ホットスパーとの戦いを避けたいと、王の旗手であるウォルター・ブラントを使者として派遣し、ホットスパーを説得しようとする。(5) 王はぎりぎりまで戦いを避ける努力をして交渉を続けたが、史実では交渉役を担ったのはブラントではなく、シュルーズベリーの修道院長のトマス・プレストベリー（?〜1426）であった。『ホリンシェッドの年代記』などでは彼はダグラスに倒される一介の旗手にすぎないが、シェイクスピアは後に王の身代わりになるブラントを王の側近として重要人物に仕立て上げている。史実では、王の命令を受けた修道院長プレストベリーは精力的に説得工作を続け、ホットスパーはほぼ同意したものの、ウスター伯がこれを受け入れなかったために和平には至らなかった。

シェイクスピアでは、王の寛大な条件をウスター伯が自分の一存でホットスパーには伝えずに、王は「われわれを反徒、逆賊呼ばわりした」(6) とホットスパーに嘘を言って彼を煽り立て、開戦へと事を運んでゆく。王がホットスパーにある種の敬意すら持っていることを知っているウスター伯は、和平となれば悪事のすべてが彼と兄のノーサンバーランド伯の責任とされることを恐れたからである。このあたりも史実とは食い違っており、ウスター伯が最後までこだわったのは身代金など金銭問題であった。仔細はともかく、王がウスター伯とぎりぎりまで交渉を続けたことは事実で、王はパーシー一族とグレンダワーの同盟を破棄させるために、屈辱的とも思えるほどの条件すら提示したとされる。しかし、ウスター伯が最終的に述べた言葉は、あなたは正統な王位継承者ではない、という冷たい返事で、これによって交渉は完全に決裂した。戦闘が開始されたのは陽も西に傾くころであったとされるので、交渉がいかに長かったかがわかる。

戦場ではダグラス伯が王の紋章を付けた武者を倒すが、王の影武者だったことがわかる。このあたりはシェイクスピアと史実はほぼ一致するが、これに続く場面は史実ではない。つまり、本物の王と巡り合ったダグラス伯が王を追い詰め、そこに負傷をものともせず戦いを続けるハルが飛び込んできて王の危急を救うという場面である。この働きを見て王は、ハルが王位を狙っているとの汚名を返上して見事に名声を取り戻したことを認める。もちろん、これは〈改心した放蕩息子〉像を完成させるためのシェイクスピアの布石である。

シェイクスピアでは、クリフトンを救援するために王と別れたハルが再び前線に戻り、そこで二人のヘンリーがいよいよ会いまみえる。二人の一騎打ちの場面を見てみよう。

ホットスパー　この目に狂いがなければ、ハリー・モンマスか。
王子　おれが自分の名を偽るとでも思うような口ぶりだな。
ホットスパー　おれの名はハリー・パーシーだ。

王子　ではおれは
もっとも勇敢な名を持つ謀反人に会えたわけだ。
おれは王子ハリーだ。いいか、パーシー、今後は
おれと名誉を分かち合えるなどと夢にも思うなよ。（『ヘンリー四世・第1部』5幕4場59－65）

激しい戦いの後、ハルの剣がホットスパーを倒す。彼は「おお、ハリー、お前は俺の青春を奪いおった！」(7)との有名なセリフを残して死ぬ。シェイクスピアではハルとホットスパーが初対面のような雰囲気でやり取りが続くが、二人は長年ウエールズでともに戦った旧知の間柄であったことは既に見てきたとおりである。ハルが戦場を去ったあと、ホットスパーを見つけたフォールスタッフが死体を引きずって陣屋に戻り、恩賞を横取りするというエピソードももちろん史実ではない。

騎士道の華、それとも恥ずべき卑怯者？

シュルーズベリーの戦いは王軍の勝利に終わり、ウスター伯とダグラス伯は捕虜になる。王はウスター伯が自らの言葉をホットスパーに伝えなかったことを責め、死刑を宣告する。一方、ダグラス伯の処遇についてはハルに一任する。

王子　では、ランカスター、弟であるおまえに

この名誉ある恩赦をほどこす役を頼みたい。
ダグラスのもとへ行き、その縛《いましめ》を解いて、
身代金なしでただちに自由の身にしてやってくれ。
今日彼が我々との戦いで示した勇気には、
おおいに教えられたのだ、たとえ敵であっても
あっぱれ武人の働きには敬意を示さなければならぬと。（『ヘンリー四世・第1部』5幕5場25－31）

もちろん、これは騎士道精神を尊ぶハルを強調するための劇的な創作である。すなわち、ハルは旗手ブラントや、スタッフォード伯を倒した武人の鏡であるダグラス伯をこのように名誉ある処遇をすることによって、自らの器量の大きさを示しているのである。

史実では、ダグラス伯はヘンリー四世の捕虜となり、新たな人質を差し出して、王に従う誓言をしたうえでやっと助命された。もちろん身代金が免除されることはなかった。その後ダグラス伯は、一族や領地などの個人的な業務を果たすためとの理由で一時的に領地に帰ることを願い出て、王はこれを許可した。しかし、再びイングランドに戻るという約束の日に彼は姿を見せなかった。これを怒った王はスコットランドに抗議文を送ったが、そこには〈はなはだ騎士らしからぬ振る舞い〉という屈辱的な文面が入っていた。以後、彼はイングランドでは〈騎士の風上にもおけぬ恥ずべき輩〉との烙印が押された。人質は、危うく処刑を免れたものの、解放されたのはヘンリー五世の時代になってからで、銀貨700マークという身代金が支払われたからであった。ダグラス伯は武人としては優れて

いたが、シェイクスピアが描くような騎士道の華ではなかったのである。

なお、シェイクスピアでは、ホットスパーはハルと対比するために二人が同年齢に描かれているが、実際はホットスパーの方が23歳も年上で、彼は父のヘンリー四世と同年配であった。このようにシェイクスピアでは、英雄、騎士道精神の華としてのハルの性格を劇的に際立たせるために、グレンダワー、ホットスパー、ダグラス伯などをそれぞれ個性豊かな脇役に仕立て上げている。文学から見ればこれは〈歴史劇としての枠組みを逸脱しない範囲の変更〉であるとはいえ、歴史劇がそのまま史実でないことは常に銘記しておくべきである。

倒れたホットスパーを守るダグラス伯（左端）

史実は戯曲よりも奇なり

シェイクスピア劇は文学作品であり、必ずしも史実どおり描く必要はないが、その影響力の大きさから多くの人々が歴史と混同していることは過去の事実が示している。再び史実にそってシュルーズベリーの戦いに目を向けてみよう。

1403年3月、ハルは国王からウエールズ辺境地域における国王代理に任命された。年齢も16歳になっていた。既に13歳のころから、ハルはホットスパーとともにウエールズの反乱鎮圧に参加し、オウエン・グレンダワーの反乱軍からコンウィ城を奪還するなど戦闘経験を積んでいた。グレンダワーはウエールズの大公の称号であるプリンスを名乗り、吟遊詩人によって、マーリンの予言にある英雄であると吹聴され、その旗下には、あらゆる階層のウエールズ人が集まった。彼らは幼いころから長弓の扱いに慣れており、優秀な兵士の素質を持っていた。

既に述べたように、サー・エドマンド・モティマーは、王が身代金を拒否したことに憤慨し、グレンダワーの婿となって反旗を翻した。この裏には、グレンダワーによる巧みな外交戦略があった。その作戦とは――グレンダワーのケルト人脈を通じて、スコットランド、アイルランド、フランスなどを味方につけてランカスター王家を孤立させる／リチャード二世はまだ生きていると宣伝して、先王に心酔するチェシャーやシュロップシャーなどの兵を募り、王を王位簒奪者であると糾弾して反旗を翻す／ウスター伯がひそかに軍を率いて北上し、南下してきたホットスパーと合流して、グレンダワーのウエールズ軍と合体する／王を敗った後には、王に勝る王位継承権を持つ第5代マーチ伯エドマンド・モティマーを推戴して国王とする――という壮大なものであった。

グレンダワーの領土3分割という戦略に乗ったホットスパーは早速行動を開始し、精鋭を率いてシュルーズベリーを目指した。そこで、国王代理とはいえ16歳のハルを敗り、グレンダワーの部隊と合流するためであった。英雄ホットスパーの挙兵を知って、かつて彼のもとで戦ったことのあるハル

オウエン・グレンダワーの彫像（カーディフ、シティホール）

の部下や一部の家臣さえ、彼のもとに走るなど、ハルを取り囲む状況は最悪であった。

一方国王は、５０００の兵力を率いてロンドンを出立した。北部でスコットランド軍と戦うホットスパーを支援するためであった。シェイクスピアでは、国王もハルもロンドンにいてパーシー一族の反乱の報告を受けるが、史実ではパーシー一族の謀反の情報が飛び込んで来たのは遠征の途上であった。自分が救援するはずのホットスパーが反旗を翻すという事態を王はなかなか受け入れられなかったが、7月12日、ノッティンガムを過ぎたあたりでやっと反乱の詳細を把握した。事の重大さに驚愕した王は、とっさにハルの窮地を理解し、救援のために全速力でシュルーズベリーに向かった。約１００キロを3日で駆け抜けたというから、当時の軍隊の移動にしては驚異的な速さであった。迫りくる軍馬と砂塵の中に国王旗の翻るのを見たハルの安堵はいかばかりであったろうか。しかし、これにもっと驚いたのはホットスパーであった。ハルを一気に踏み潰すつもりで7月20日にシュルーズベリーに着くと、なんとそこに国王旗が翻っていたからである。この迅速な行動により、ハルが少人数でホットスパーと戦うことが避けられたばかりでなく、ホットスパーの軍がグレンダワーの軍と合流することも阻止することができた。時が経てばこれにノーサンバーランドの軍も合流し、ランカスター王家の存続さえ脅かす大軍になっていたはずである。

このようにして、ハルは一旦危機を脱したが、百戦錬磨のホットスパーはすぐに態勢を整えて、シュルーズベリー近郊のヘイトリー・フィールドという丘の中腹に陣を構えた。右翼はセヴァーン河に守られ、背後に急勾配の丘、前には畑と小さな池があった。ホットスパーの軍は前夜、近くのベリックという寒村で一夜を過ごした。伝説によれば、戦いの朝彼が〈剣を持て〉と従者に命じると、剣をベリックに置き忘れたとの返答が返ってきた。不安に襲われたホットスパーは、〈これが最期か。故郷の予言者がわしはベリックで死ぬと言っていたからな〉と口走ったという。

シュルーズベリーの戦いは、イングランド人同士が初めて長弓で戦った戦闘であるとされる。王軍の先鋒を担ったのはスタッフォード伯（1378〜1403）であったが、丘の上に陣取ったチェシャーの長弓隊は、リチャード二世に忠誠を誓うことを示すために、先王愛用の白鹿のバッジを身につけ、丘の上から雨のごとく矢を降らせた。この攻撃の中でスタッフォード伯はダグラス伯によって倒され、王軍の一部は命からがら敗走した。

右翼を担っていたハルの部隊にも矢玉の雨が降り注いだ。当時の戦いは矢戦で始まり、矢が尽きると白兵戦になるのだが、騎兵のように完全武装していない歩兵は、矢戦の間はひたすら盾で身を守るというのが鉄則であった。雨なら傘でしのげるが、横殴りの雨には傘も役に立たないように、盾も万全とは言えなかった。不幸なことにその中の一本がハルの右頬に突き刺さった。倒れたハルを側近が助け、撤退を進言したが16歳の少年は、退却によって武名を傷つけてはいけないとこれを聞き入れなかった。『英語初版ヘンリー五世伝』[8]によれば、「王の息子である王子が、恐れをなして退却したら、

シュルーズベリーの古戦場

我が兵たちはどんな勇気を持って戦えるというのか? だから私を、怪我をしてはいるが、我が軍の最前線に連れて行け。私は言葉だけではなく、実行によって皆に我が勇気を示したいのだ。なんとなればそれこそ王子にふさわしい行為だからだ」[9]といって、ハルが前線に行くと、味方は前にもまして多くの敵を倒した。似たような記述は『偽エルマムヘンリー五世伝』[10]にもあり、キース・ドックレーは「ハルは顔に矢を受けたにもかかわらず、戦いによって得た戦士としての名声を失うくらいなら死んだほうがましだといって撤退を拒否した」という一文を紹介している[11]。

この間に、ホットスパーは目覚ましい働きを示した。これを凌ぐ働きをしたのがダグラス伯で、彼は国王の旗手を倒し、国王旗が地面に落ちた。国王旗の傍らにいた騎士も倒された。彼は王の陣羽織を着ていた。これを見た反乱軍から「王は死んだ!」との歓声が上がり、兵士たちは「ヘンリー・パーシー国王」と叫んだ。これでホットスパーの勝利が見えたかに思えた。だが、王もまた知略をめぐらしていた。戦いに臨んで王は、二人の騎士に命じて王と同じ鎧を身につけさせ、国王旗の旗手を伴わせていたのである。二人の影武者は倒されたが、この作戦は図に当たり、反乱軍の歓喜はぬか喜びに終わった。この間に負傷しながらも戦場にとどまったハルの右翼部隊がホットスパーの側面を突き、王軍と挟み撃ちにする形になって形勢が逆転した。ハルの軍勢に後ろを絶たれ、前から王軍の攻撃にさらされたホットスパー軍は、たちまち総崩れとなった。結果的に、ハルの勇気が王軍に勝利をもたらしたことになる。

伝承によれば、ホットスパーはプレートアーマーと呼ばれる全身を金属板で覆う甲冑に身を固めていた。この鎧は全身に装甲を張り巡らした気密性の高い鎧で、防御には万全と言われていた。その分重量があり、戦闘では体力を消耗するし、戦闘中には気密性の高いヘルメットの内部は息苦しくなるという欠点がある。シュルーズベリーの戦いで、ホットスパーは、息苦しさからヘルメットのバイザー（頬当）を上げて新鮮な空気を吸おうとした。顔が現れた瞬間、一本の流れ矢がホットスパーの口付近に命中した。上の図では矢が頭に当たっているが、口元に当たったというのが真相で、これが致命傷となって無敵の英雄はあっけない最期を遂げた。プレートアーマーは矢などことごとく跳ね返す完璧な鎧のはずであったが、たまたまバイザーを上げた瞬間に悪魔に魅入られたのである。(12)

ホットスパーの死（19世紀に描かれた想像図）

何者かが、「ホットスパーは死んだ」と叫んだ。

仲間たちは彼の死を声高に否定したが、やがて彼の戦死が事実であることが明らかになると、あれほど精強を誇った北部の軍もたちまち総崩れとなって戦場から逃走していった。稀代の英雄は戦場の露と消え、部下のうち1600名が戦死、3000名が負傷した。この数字から、戦いがいかに激しかったかがわかる。

ウスター伯は捕虜となり、翌22日にシュルーズベリーで公開処刑された。貴族でありながら断首刑ではなく絞首刑となり、四つ裂きにされて首はロンドン塔に晒された。同名のヘンリーではあったが、同じように顔に矢を受けながら、ホットスパーは死に、皇太子は生き残った。事実は小説、いや戯曲よりも奇なりである。

数奇な運命

同じように流れ矢に当たったホットスパーであったが、彼にも数奇な運命が待ち構えていた。遺体はヘンリー四世のもとに運ばれて、検死を受けた。王は敵とはいえ英雄の死を嘆き、涙を流したという。王はトマス・ネヴィル（c.1362〜1406）に命じて、遺体をシュロップシャーのウイットチャーチに丁重に埋葬させた。ところが、民衆は彼の死を信じず、「この稀代の豪傑が死ぬはずがない」「彼は生きている」「どこかに身を潜めている」といった噂が蔓延した。これに手を焼いたヘンリー四世は、今までの騎士道精神をかなぐり捨て、遺体を発掘して、内臓を摘出して塩漬けにし、シュルーズベリーの市場で晒しものにした。それでも飽き足らず、遺体は四つ裂きの刑に処された。庶民に対する刑罰をホットスパーに適用したということは噂が放置できないほどに蔓延していたことを裏付けるものである。四分《しぶん》された遺体は、それぞれ、首都のロンドン、戦場に比較的近いブリストルとチェスター、それにパーシー一族所縁のニューカッスル・アポン・タインに晒された。首は北部の中心都市ヨークに送られ、串刺しにされて、自分の領地の方向に向けて市の北門の上に晒された。遺体が妻のエリザベスのもとに戻されたのは11月になってからで、彼女はヨーク大聖堂に丁重に埋葬した。なお、ホットスパーが公式に弾劾され、反逆者として布告されたのは１４０４年になってからである。その所領は没収されて王家の所有となった。

シュルーズベリーで干戈《かんか》を交えた二人のヘンリーは、一人は英雄として国王の座に就き、もう一人は反逆者として指弾されるという皮肉な結果になった。

その後のハル

さて、１４０３年7月21日のシュルーズベリーの戦いでホットスパーを失った後、父親のノーサンバーランド伯は直接戦闘に参加していなかったために、爵位は維持したが、この戦いで弟のウスター伯トマスと長男ホットスパーを失って復讐心に燃えていた。一方グレンダワーはフランスとノーサンバーランド伯の応援を得て態勢を立て直し、１４０４年には北の堅城ハーレフ城を落として自分の居城とし、中部の要衝アベリストウィス城も攻略してここに行政府を置いた。

このような情勢の中、傷の癒えたハルは、さっそくウエールズ鎮圧という任務に戻ることになった。それからの6年間、すなわち16歳から22歳に至る彼の青春時代の大部分は、ウエールズでの反乱鎮圧という任務に費やされた。この間に彼は実戦を通じて、軍隊の指揮、人事管理、戦費の調達、包囲戦のための組織、要塞化した街や城の管理法、効率的な補給線の維持といった武将としての基礎的経験を積んだのであった。これらは、のちのフランス遠征で大いに役立つことになる。そして、特筆すべきは、この戦いを通じて、彼がかけがえのない部下、ないし友人を得たことである。特に若い貴族たちとはその後も続く深い絆が構築された。こうした中には12代アランデル伯トマス・フィッツアラン（1381〜1415）、13代ウォーリック伯リチャード・ビーチャム（1382〜1439）などの、のちに彼の側近となる人材、さらには、シェイクスピアのフォールスタッフのモデルになるサー・ジョン・オールドカースル（?〜1417）などがいた。

この時代の手掛かりとして、ヘンリー四世と息子との間で交わされた手紙を見てみよう。1404年6月付のハルから父への手紙には、ウエールズ人がヘレフォードシャーへの攻撃を準備していることが報告され、それに対して「自分は我が身に備わったすべてを費やして敵の攻撃に耐え、イングランドを守ります」[13]と書かれている。ここからは、二人の間に信頼と尊敬、さらに深い絆が感じられる。一方、議会（正式にはコモンズといい、王と諸侯の会議に特別に州や都市の代表が加わって構成される全体会議で、後の下院の原型となった）に対しても戦費の支給を要請し、もしそれがかなわないなら、「我々は恥辱と損害を被って退却せねばならず、我が国は破滅に陥るでしょう。それは神がお許しにならないことです」[14]との文面がある。ここに見えるのは、もはや子供ではなく国王の代理として最前線を任された司令官であることを示している。

1405年の3月、8000名のウエールズ軍がグロスモントを攻撃しているとの知らせを受けたハルは、トールボット卿に精鋭を預けて鎮圧に向かわせた。トールボット卿は期待にたがわぬ活躍をし、800名から1000名の敵兵を倒した。さらに5月には1500名を倒す大勝利を収めたが、死者の中にはグレンダワーの弟テューダーもいた。

同じ5月には、ノーサンバーランド伯がヨーク大司教を巻き込んで反乱を企む事件もあった。幸いこれはウエストモーランド伯の計略によって未遂に終わらせ、事なきを得た（この事件については後で詳しく述べる）。

さらに、グレンダワーの要請を受けたフランス軍がウエールズに上陸し、王はそれを鎮圧しなければならなかった。このような事件が連続したために、王はなかなかウエールズ平定まで手が回らなかったのである。一方、議会は重なる戦費をめぐって、王と対立するようになっていた。

1406年4月の議会の議長の手紙を見ると、皇太子（プリンス・オヴ・ウエールズ）は今後ウエールズに継続的に居住してほしい旨の要請がなされ、同6月の手紙では、皇太子が直接現地で指揮をとってほしい旨の要請がなされている。[15] ここから、ウエールズにおける国王代理としてハルがなくてはならない存在であることが見て取れる。1407年6月、ハルは1800名の弓隊と600名のメン・アト・アームズを指揮してアベリストウィス城を包囲した。メン・アト・アームズとは原則として騎兵であるが、身分は必ずしも騎士ばかりでなく、領地から招集されて訓練を受けた兵士も含まれていた。一人のメン・アト・アームズには馬丁や従者など数名の非戦闘員が付き添ってはいたが、包囲線

グレンダワーが籠城したアベリストウィス城

にはこの兵力では不十分で、その非力さを補うためにハルが準備したのは強力な大砲6門であった。その中には王の秘蔵の「キングズ・ゴン」の愛称を持つ巨砲も含まれていた。包囲軍は激しく攻め立てたが、守備隊のリース・ザ・ブラックは名だたる名将で、城はなかなか陥落しなかった。包囲軍は食料の補給を絶って持久戦が始まった。その途中で降伏の機運もあったが、グレンダワー自身が秘密裏に城内に救援に入り、和平の道が閉ざされたまま1年余りが過ぎた。このころになるとハルの戦術は正面切っての武力対決を避けて、人命の損失の少ない包囲戦が中心になっていた。幾多の経験を積んだ彼はもはや前線の指揮官ではなく、軍事ばかりでなく補給や民心掌握などの政務を含めて全軍を統括する総司令官としての資質を高めていったことがわかる。このように、持久戦の手はずを整えると現場を去り、ロンドンで政治的な活動をすることも多くなった。

包囲戦のさなかの１４０８年の2月、年老いたノーサンバーランド伯、今は爵位を剥奪されたヘンリー・パーシー（以下、間違いやすいのでノーサンバーランド伯のまま記述する）は、バードルフ卿を伴って最後の反乱に打って出た。この戦いはブラマム・ムーアの戦いと呼ばれ、ノーサンバーランド伯とバードルフ率いる反乱軍が、ノーサンバーランドの州長官を務めるサー・トマス・ロークビー率いる鎮圧部隊と遭遇したが、反乱に呼応して立ち上がるはずの味方の姿はなく、伯は戦死、バードルフは重傷を負って後に死亡した。ノーサンバーランド伯の首はロンドン橋に晒された。王の北への憂いは消え去った。

ほぼ同じころ、ウエールズ北部の島でケルト人の聖地、アングルシー島も奪還されたが、このウエールズ人にとっては特別の意味を持つ戦いも、もはやハルの手を必要としていなかった。1408年の夏、アベリストウィス城が陥落し、グレンダワーの家族は息子一人を除いて捕えられた。娘婿となったサー・エドマンド・モティマーは籠城中に死亡した。グレンダワーは一隊を率いて脱出し、その後3年間ゲリラ戦を挑んだ。誰も彼がいつどのように死んだかを知らない。1409年にはグレンダワーの居城であったハーレフ城が陥落し、ここにウエールズの反乱は収束した。

コラム2◉頬にささった矢

シュルーズベリーの戦いでハルの右頬に刺さった矢は深さ6インチというから15センチ以上もあった。この傷がありながら、戦闘を継続するというのは、今日の常識では考えられない。勝利を見届けた後にケニルワース城に運ばれて治療を受けたのだが、矢を引き抜こうとしたときに鏃《やじり》だけが体内に残ってしまった。鏃は深く、医者たちも手の施しようがなかった。そこでロンドンからジョン・ブラッドモア（?〜1412）という外科医が呼び寄せられて治療にあたった。

ブラッドモアはヘンリー四世の宮廷に仕える外科医であった。ブラッドモア家は一家そろって外科医であったらしく、兄のニコラスもロンドンで外科医として名が残っており、妹も別の外科医と結婚していた。ところがこの由緒正しきブラッドモア家のジョンはシュルーズベリーの戦いのときは牢屋につながれていた。あろうことか偽金作りの疑いをかけられていたのである。外科医と偽金、一見何の関係もないようであるが、当時の外科医は冶金や金細工の技術を持っていた。複雑で繊細な外科道具は自らの手で作らねばならなかったからで、余技として宝飾品の製造なども手がけていたらしい。

ケニルワース城から早馬が届き、重傷の皇太子を救えるのはジョンしかいないということが改めて確認され、彼は偽金事件の容疑者から、外科手術の達人に変身してハルのもとに駆けつけたのである。

後に彼は『フィロメナ』（ナイチンゲールの意味）という本を書いて、手術の経過を詳しく説明している。それによれば、治療はまずニワトコの芯で作った探り針で傷の深さを探り、次にそれを順次太くして鏃を探り当て、手術ができるように傷口を広げた。次に、特性の鉗子を作らせた。それはピンセット状の先端を鏃の穴に差し込んでねじを回すことによって徐々に広がり、しっかりと鏃をとらえることができるという画期的発明であった。この道具によって、また〈神の手助けによって〉首尾よく鏃を取り出すことができた。消毒薬などなかった時代にその代用となったのは白ワインと蜂蜜であった。ジョンは傷口を白ワインで洗い、探り針にはバラの蜂蜜を塗った。傷の内部に探り針で蜂蜜を塗り、探り針をだんだん細くしていった。傷口には、大麦、小麦粉、亜麻と蜂蜜で作った軟膏を塗って化膿を防いだ。これだけの手術に耐えたハルも立派であった。麻酔の代用に、有毒植物として知られるヒヨス、ドクニンジン、アヘンチンキ、アヘンなどが使われたが、今日の常識からいえば、死と隣り合わせの危険な手術で、まさに〈神の手助け〉がなかったら成功しなかったであろう。

左側しか見せないハルの肖像画

ジョンによれば、矢は左の頬を上から斜めに鼻の方に向かって6インチ刺さっていたという。矢が止まったのは、誰かの鎧に当たって勢いをそがれてから、刺さったためだといわれている。なお、左頬というジョンの記述は、その後の検証で右の頬であることが明らかになっている。彼は、自分から見て左側、すなわちハルの右頬の意味で書いたのであろう。とにかく、ハルは命を取り留め、20日後には傷も癒えた。しかし、ハルの右頬には大きな傷跡が残った。彼の肖像画が左の横側から描かれているのは、この傷を隠すためであろうといわれている。16歳のハルが武王の名声を得るきっかけとなった記念の傷であり、英雄の証でもあった傷ではあるが、国民に野蛮な武王という印象を与えることを嫌ったのか、それとも後世に残す肖像画には醜い傷を描いてほしくないという素朴な願いだったのかは不明である。

皇太子の命の恩人ということで、ジョンの名声は上がり、王室は褒美としてソブリン金貨で10枚の年金を支払うことのほか、彼にロンドン港に関する官職を与えた。具体的にどのような仕事かは不明だが、当時の官職には一定の収入が保証されていたために、年金に加えての褒美と考えられる。

皇太子の手術について記した『フィロメナ』は、ジョンの娘婿の手によって出版された。原本はラテン語で書かれているが、１４４６年には英語に翻訳され、中世外科学の古典として広く愛読された。

第3章　皇太子ハルの放蕩の秘密

政争の真っただ中へ

1406年末になるとウエールズでの戦いは大方帰趨が決し、皇太子としてのハルの仕事はロンドンに赴いて病気がちな王を補佐することに重きが置かれるようになった。例えば、1407年、20歳になったハルはウエールズにおける任務のほか、諮問会議の3分の2に出席しなければならなかった。20歳は今日から見れば若輩であるが、当時は十分政治的な判断のできる年齢であり、特にプリンス・オヴ・ウエールズとしてウエールズで統治の実務を経験してきたハルにとっては新しい課題ではなかった。おりしも王の健康状態が思わしくなく、皇太子が政務を補佐するのはきわめて自然のことに思われた。

しかし、政治が複雑怪奇なのは今も昔も同じである。問題が深刻だったのは、相変わらず世情は不安を抱えたままで、その根底にはランカスター王家はリチャード二世を殺して王位を横取りした不当な王朝であるとの認識が病巣のように沈潜していたからである。ノーサンバーランド伯の死によって、表立った反乱こそ収束していたが、ヘンリー四世は常に王位の維持に過敏なほどの気配りをしなければならなかった。そのような配慮の一つが、ボーフォート家を王位継承から排除する法律の制定であった。

ボーフォート家はヘンリー四世の父ランカスター公ジョン・オヴ・ゴーントと3番目の公妃キャサリン・スインフォードとの間に生まれた子孫の家系であるが、4人の子女はキャサリンが愛人のころに生まれたために庶子であるとされた。その後2番目の公妃コンスタンスが死亡して、キャサリンが晴れて公妃となったために、リチャード二世に願い出て特別に嫡出と認めてもらったという経緯がある。自分の王位に不安のあるヘンリー四世は、異母兄弟のボーフォート一族をこのままの状態にしておいては将来の政争の原因になると考え、1407年に法律を作り、彼らが嫡出であることを再確認してその相続権を保証すると同時に、〈尊厳ある王位を除いて〉という一文を滑り込ませて巧みに王位継承権を例外としたのであった。この知恵を出したのがカンタベリー大司教で王の腹心トマス・アランデル（1353～1414）であった。

カンタベリー大司教アランデル

この措置によって、ボーフォート一族が王から離反することはなかったが、法的な制約を受けることは確かであったために、彼らは王に代わって政務を主導したアランデルに反感を強めていった。とりわけ、ハルの後見人であったウィンチェスター司教ヘンリー・ボーフォートは、反アランデルの立場を鮮明にしていった。

1408年から09年の冬にかけてヘンリー四世の健康状態が思わしくなく、重大な問題は事実上諮問会議で決定されるようになった。議事を主導していたのはアランデル大司教であったが、彼の旧態依然とした対症療法的な政治手法は、しばしば諮問会議の大勢と対

ウィンチェスター司教ヘンリー・ボーフォート

立するようになっていった。そのような中で、ヘンリー・ボーフォートは皇太子の後見人としての立場を利用して、国防強化、緊縮財政、諮問会議改革といった正論を盾にして、次第にアランデルを追い込んでいった。皇太子を擁するヘンリー・ボーフォートに対抗するように、アランデルはハルの弟のトマス王子を取り込んでいった。

　トマスとボーフォート兄弟は複雑な対立関係にあった。すなわち、前年トマスはサマセット伯ジョン・ボーフォート（c.1371~1410）の未亡人との結婚を王から許されていた。サマセット伯はボーフォート兄弟の長男で、厖大な領地を抱える資産家であった。この結婚はボーフォート家の財産の一部がトマスに渡ることを意味したために、利害が対立するボーフォート兄弟とトマスは軋轢を深めていた。ここに目を付けたアランデルがトマスを自陣に取り込んだのであった。

　このように、諮問会議では保守的なカンタベリー大司教派と革新的なウィンチェスター司教派の対立が次第に緊張を高めていった。

野心？　それとも責任感？

このような政局の中にあって、皇太子ハルは単にウィンチェスター司教の傀儡に甘んずることはなかった。ウエールズで軍人として豊富な経験を積んだ彼は、行政的にも幾多の苦難を乗り越え、さらに知識と政治的な手腕を高める機会を求めた。評議員として国事に携わるようになって以来、国政へのさらに一層の参加を望むようになっていった。それは病気の王に代わって長男である自分が国政の責任を負わなければならないという責任感と同時に、軍事、行政など多分野で実績を上げた自分こそが中核を担うべきであるとの自負心からでもあった。そんな彼にとって、王不在の諮問会議は権力拡大のまたとない好機であった。アランデルに対する嫌悪感を隠さないウィンチェスター司教とその弟のトマス・ボーフォート（１３７７～１４２６）に加えて、ダラム司教トマス・ラングリー（c.１３６３～１４３７）セント・デイヴィッズの司教で後にカンタベリー大司教となるヘンリー・チチェリ（c.１３６４～１４４３）など有力聖職者を味方につけた。さらに、ウエールズ戦線をともに戦い抜いたリチャード・ビーチャム（c.１３９４～１４２２）など旧知の有力者を巻き込んで、彼は一挙に主導権を握る勝負に出たのである。アランデルやトマス王子も反撃したが、王の後ろ盾あってこその保守派は形勢が不利で、権力闘争は１４０９年の12月に皇太子一派が勝利して終結した。アランデルは大法官の職を追われ、後任にはウィンチェスター司教の弟のトマス・ボーフォートが就任した。財政を預かる財務官には、ハルの腹心のヘンリー・スクループ（c.１３７０～１４１５）を送り込んだ。このようにしてハルは晴れて政治の実権を握ったのである。

１４１０年12月27日に召集された新しい諮問会議は皇太子一派が完全に掌握した。病弱の王の影響力は後退し、代わって皇太子ハルと、ウィンチェスター司教ヘンリー・ボーフォートとその弟で大法官となったトマス・ボーフォートが万事を仕切った。諮問会議にはハルの側近や、ウエールズでともに戦った旧知の人材が送り込まれた。この結果、約６分の１がハルと個人的につながる者で占められるにいたった(1)。

１４１０年の１月から翌年の11月までのおよそ2年間、王は国政にほとんど口を出さず、政務はもっぱらハル一派が遂行していた。王の健康状態は悪化と小康状態を繰り返し、事実上国政に参与できなかったのである。この2年間、ハルは精力的に、また責任感を持って国政に従事した。率先して王室の財務改善にあたり、不人気を承知で緊縮財政を断行した。一方、軍事費を拡大してウエールズ方面の軍事支出を増やした。このためにウエールズの反乱は急速に収束した。このような実績は、明らかにアランデルのころと比べても、格段に高く評価できるものであった。とりわけ、王室、諮問会議、議会の関係がかつてないほど円満だったのは、ハルが国民の要求を正確に把握していたからである。議会の協力が得られたために、ランカスター王朝の長年の懸案であった財政も改善し、法と秩序も広く国民に浸透することになった。

しかしながら、ハルなどの改革派を支えていた人々の中にはロラード派の支援者や共鳴者が多数いたことを忘れてはならない。ロラード派とは、ジョン・ウィクリフ（c.１３２０～84）の聖書主義の信奉者で一時かなりの勢力を持っていた「異端者」である。しかし、１４０１年アランデル大司教の肝いりで「異端火刑法」が制定されると、カトリックの教義に背く異端者は火あぶりの刑にされることになった。この強硬措置により、彼らは姿を消した。とはいえ、彼らは地下に潜っただけで、隠れロラード派やその共感者は依然として隠然たる影響力を持っていた。アランデルがハル一派と対立を深めたのは、彼が改革派の背後にいる「異端者」の影を敏感に察知していたためである。

フランス外交をめぐる国王との対立

ハルの国政参加は順風満帆に思われたが、好事魔多しの例えどおり、思わぬところに陥穽があった。それは海の向こうのフランスからやってきた。

狂王といわれたシャルル六世

イングランドでは、ヘンリー四世が病気で一時的に国政の第一線から退いていたが、フランスでも全く同じ現象が起きていた。すなわち、フランス王シャルル六世（在位1380〜1422）は重い精神疾患を患い、正気と狂気を繰り返し、まともに政務が執れなかった。こうした中でブルゴーニュ派とアルマニャック派が、病気がちのシャルル六世を取り込んで王国の実権を握ろうとして激しく対立していた。抗争が激化したのは、ブルゴーニュ公の配下が1407年にアルマニャック派の総帥オルレ

オルレアン公シャルル

アン公ルイ（１３７２～１４０７）を暗殺したからである。両派の対立の中で、ヘンリー四世は、暗殺されたルイの跡を継いでオルレアン公となったシャルル（１３９４～１４６５）の主導するアルマニャック派に肩入れしていた。しかし、皇太子ハルの影響力が拡大する中で、ブルゴーニュ派がイングランドを味方につけようとして皇太子派に急接近したために、にわかに親ブルゴーニュの機運が高まっていった。このような状況にあった１４１１年10月に、ハルはフランスに軍隊を送るという思い切った行動に出た。司令官はハルとともにウエールズで戦ったアランデル伯トマス・フィッツアランで、彼は一隊を率いてフランスに進軍した。イングランドの本音は、フランスの内紛に乗じて影響力を拡大し、アキテーヌ奪還の足掛かりを築くことであった。という訳で、できれば戦闘は回避したいところであったが、ブルゴーニュ派支援という名目から戦闘に巻き込まれると、これが思いもよらぬ大戦果を挙げ、ブルゴーニュ派はアルマニャック派を撃破してパリを制圧してしまった。

　具体的には、アランデル伯率いるイングランド兵は、パリ郊外のサン・クルーにあるオルレアン公シャルルの邸宅を襲撃した。セーヌ河に架かる橋は壊され、板が渡されていたが、イングランドの弓兵の攻撃で多くのフランス兵がここから落ちて溺死した。オルレアン公はかろうじて脱出したが、イ

ングランド兵はサン・クルーを略奪し、多くの人質を奪ってパリに入城した。オルレアン公を追い払っての大勝利はブルゴーニュ公に高く評価された。このときの話し合いでは、いずれハル自身がフランスに遠征するとの含みがあり、さらにイングランドに長年の要求であるアキテーヌの主権を認めさせ、ジョン王の失政によって失ったウィリアム征服王の本領ノルマンディーを回復するとの約束もあったとされる。(2) このようにイングランドとブルゴーニュの関係は揺るぎないものに見えたが、オルレアン公も黙ってはいなかった。彼は実際にイングランド兵と戦って、その強さを実感し、イングランドを味方にすることの重要さを痛感していた。そこでヘンリー四世に使節を送り、ブルゴーニュ派よりさらに有利な条件を出して、イングランドを味方に引き入れる工作を進めたのである。

ハルは、アランデル伯を遠征させて、ブルゴーニュ派を支援することが明らかに王の意に背くことを知りながら、明確に王の方針と違った外交手段をとった。これは大問題となるはずであったが、この時点では王の健康問題ゆえにそれが顕在化することはなかった。

対立の激化

オルレアン公はヘンリー四世に働きかけを続ける一方、保守派にも協力を依頼した。そのような状況の中で、1411年の秋、巷《ちまた》には、王が退位して皇太子に実権が譲られるとの噂が蔓延した。ある作者不詳の年代記によれば、ウィンチェスター司教ヘンリー・ボーフォートが多くの有力貴族を巻き込んで王に対して皇太子への王位移譲を迫る計画を進めたとされる。(3) また別の資料ではハルが直接王に移譲を迫ったとされる。[4]

この事件には一つの伏線があった。すなわち、カンタベリー大司教アランデルがオクスフォード大学を巡検した際に、ときの総長リチャード・コートニー（?～1415）は、大学の自治を侵害するものだとしてこれを拒否した。ハルは友人のコートニーを支援してアランデルと対立したが、王の後ろ盾を得たアランデルが反対を押し切って巡検を強行した。これを機に、アランデル一派と皇太子一派の対立は深まっていった。このように緊迫したなか、1411年の10月、皇太子家の家政を預かる執事のサー・ロジャー・レッチを含む家臣の7人の騎士が逮捕されるという事件があった。これを保守派による、皇太子一家に対する圧力と感じたハルは激怒した。ハルは1月の3日ごろ王に面会し、「こんなことではもう王国の名誉と、王国のために働くことはできない」[5]といって王の退位を求めた。

この事件は資料によって細部に食い違いはあるが、大筋では、王位移譲の要請は皇太子によって貴族たちにも提起され、ヘンリー・ボーフォートが王に対して退位して長男を戴冠させる用意があるか否かを確認することになったものと思われる。[6]彼はヘンリーの治世のかなり早い時期からこの構想を練っていたとされるが、ハルが政治の実績を上げているのを見て、好機到来とこれを実行に移したものとされる。もちろん彼は、王の病状に鑑み、王国の安泰に最適であろうと思われる勧告をしようとしたのであろうが、フランスからブルゴーニュ派とオルレアン派が相反する要求をもってイングランドに決断を迫るという緊迫した政治状況にあったために、王からすれば、この勧告はあからさまに国王退位を迫る暴挙に思われた。たまたまこの時期はヘンリー四世の病気が快方にあったために、王自身は退位など全く考えていなかった。かねてから王位の維持に関しては人一倍過敏に反応していた王は、この状態を放置すれば、事実上ハル一派によるクーデターに至ると危機感を強めた。久しぶりの国王親政とあって、ヘンリー四世は若かりしときの彼を彷彿させるほど素早く対策を講じた。

大逆転――ハル一派粛清される

11月に議会が開催されると、王は新たに議長に就任したサー・トマス・チョーサー（c.1367〜1434）を呼んで協力を求めた。彼は『カンタベリー物語』の著者ジェフリー・チョーサーの息子であったが、しばらくは議会に対して王室が賦課金を要請しないなどの約束と引き換えに、王の従来の政策に変更はないこと、自らの大権は保持することなどを骨子とするいくつかの提案を議会にかけることにした。そして12月19日、議会の最終日、王はその前の議会で自らの大権によって決定した人事を破棄して、皇太子の腹心のヘンリー・スクループを財務官から解任し、トマス・ボーフォートを大法官から解任した。財務官の後任にはランカスター公領の軍事財務官であったサー・ジョン・ペルハムが任命された。年が明けた1412年の1月5日になって、大法官にはアランデル大司教が復帰した。

ハルは評議員から外され、代わって弟のトマス王子を評議員に選任することが決められた。これに伴ってほかの評議員も保守派によって固められ、ハルの息のかかった人々は一掃された。一連の粛清劇の背後に、アランデル大司教や一旦改革派に追われた保守派の巻き返しがあったことは明白である。それを象徴するのは、アランデル大司教の大法官復帰である。王はヘンリーとトマスのボーフォート兄弟をはじめ、ボーフォート一族を要職から解任し、さらに皇太子のあらゆる権限を剥奪してしまった。

1412年5月のブールジュ条約では、オルレアン公はイングランドがアキテーヌ公のタイトルを名乗ることを認め、ヘンリー四世のアキテーヌ奪還を援助することを約束した。これと引き換えに、ヘンリー四世はアルマニャック派支援を約束した。この条約を徹底させるために、ヘンリー四世は4人の息子全員に署名させた。狙いはもちろん、ハルがこれに署名することによって、一時的に皇太子に委ねられていた施政権が改めて王のもとにあることを内外に誇示することであった。こうして、皇太子ハルのとった対仏政策はことごとく逆転したのであった。ヘンリー四世は国政の実権を回復したが、その代償はアルマニャック派支援のためのフランス遠征であった。

その指揮官は、ハルの腹心アランデル伯ではなく、新たにクラレンス公に任命されたトマス王子であった。思わぬ兄の失脚で、国王への可能性すら見えてきたクラレンス公トマスは、懸案の資金問題に未亡人の後ろ盾を得たこともあって、勇躍してフランスに進軍した。ところが、アルマニャック派はイングランドの頭越しに勝手にブルゴーニュ派と休戦したために、クラレンス公としての初陣であったにもかかわらず、目覚ましい実績は何一つ残すことはできなかった。

ハルの反撃

一方、あらゆる権限を奪われて窮地に追い込まれたハルも黙ってこれを見過ごしてはいなかった。保守派がばらまいた王位簒奪のような噂をそのままにしておけば、いつしかそれは事実として受け入れられてしまうことを彼はウエールズ統治の経験から熟知していた。

1412年6月、ハルは多くの家来や支持者を引き連れてロンドンに行き、人々に自らの正当性を訴えた。メディアのなかった当時は、人々に直接訴えるよりほかに方法がなかったとはいえ、衆を集めて街を練り歩き、辻々で大声で人々に訴えるのはあからさまな示威行動であった。父王を脅かし、威嚇する意図があったと解する歴史家がおり、王は心底からクーデターを恐れたとする歴史家もいる。いずれにせよ、彼はこのような示威行動を続けながら各地を巡り、6月中にコヴェントリーに入った。そこから友人、支持者などに手紙を送っている。

そこで彼は噂に反駁する声明を発表した。それは、「父と息子の間にいさかいの種をまいて、彼が弟のアキテーヌ遠征を邪魔したばかりか、王座を奪おうと企んだ(7)」と彼を非難するような非道な輩に反駁したものであった。これは、王が皇太子ハルではなく弟のクラレンス公トマスに王位を譲ると言いふらしている〈蛇のごとき陰険さ〉の持ち主に対して反駁したものとされたが、それがアランデル一派と保守派を指していることは明らかである。

注目すべきは、この弁解の中に「自分が軍隊を招集したのは、純粋に父王がアキテーヌを征服する手助けのためであった(8)」との一文が含まれていることである。これは、王の意志に反してアランデル伯をフランスに遠征させたことへの弁明と思われるが、このような反論をせざるを得なかったところを見ると、この時期になって改めてこの問題が浮上していたことがわかる。既に述べたように、この遠征軍はフランスで戦果を上げ、この武勲とそれにハル自身のウエールズにおける軍事的な実績が重なって、にわかに力による政権移譲の話が現実味を帯びてきたものと思われる。

このようにコヴェントリーで各地の支持者に手紙を送付するなどの手を尽くし、2週間後には再びロンドンに向かった。多くの家来を引き連れ、さらに多くの貴族や紳士を同伴しての大掛かりな上洛であった。ロンドンに着くと、改めて彼を中傷した者を追放し、処罰するよう求めた。このように多くの人々を巻き込んで、声明を出すことによって自分の正当性を国民に広く訴えるという手法を見ても、これが単なる親子対立ではなく、政治的な権力闘争であることは明らかである。ちなみに、当時は神によって聖油を塗られた神聖な王を非難することはタブーで、悪いのは王に誤った情報を与えた者であるとし、側近を指弾するのが暗黙のルールになっていた。

この実力行使に対して王は、「彼を誹謗した者は議会で裁かれるので、それをもって彼も了とすべきだ」(9)と答えた。王もハルの実績とそれを支持する改革派の勢力を無視できなかったのである。

これで事件は一件落着したかに見えた。しかしながら、保守派も黙ってこの巻き返しを座視してはいなかった。ハルを誹謗する新たな攻撃を用意していたのである。それは、「カレーの総督として（皇太子が）守備隊員の給料を横領した」(10)との悪意ある噂をばらまくことであった。これはハルにとっては根も葉もないあからさまな中傷であった。これに激怒したハルは、1412年の9月、再度多数の武装した家来のほか、貴族、紳士を伴ってロンドンに上った。このようなハルの行動は、明らかに軍事力、統率力、大衆人気などを誇示して、その圧力で敵対者を圧倒しようというかなり乱暴な政治手法であった。このような示威行為に対して、保守派が我慢しきれなくなって衝突が起きたり、また王が手を下して鎮圧したにしても、内戦に拡大する可能性があることは明らかであった。ロンドンはまさに一触即発の危機に直面していた。

君子豹変して模範的な息子に変身

ロンドンでのハルは、それまでのように大勢を引き連れて大衆に向かって不当を訴えるような示威行動とは全く異なった行動をとった。すなわち教会に行って聖体拝領を受け、今までの罪のすべてを告白して神の許しを得る「告解」をして身を清めた後、王に謁見を求めたのである。それはたった一人で王と話し合いたいとの素直な願いであった。この豹変に、王の側近は真意を測りかね、すぐに許可は下りなかったが、ハルは誠実に回答を待ち、ついに親子の対面が実現することになった。

病が癒えぬ王は、このときウエストミンスター寺院で静養していたが、その中の秘密の一室にハルを通した。そこには信頼できる腹心が4人同室していたが、王はハルを自分の椅子近くに来るように命じた。病身の王は歩くことができなかったのである。『英語初版ヘンリー五世伝』はその様子を次のように伝えている。

ハルは王の前に跪き、「恐れ多き陛下にしてお父上、このたびは臣下として、また実の息子として、あらゆることに関して陛下でありお父上の命に従うために、御前に参上いたしました。私は自分の行動について陛下が疑念を抱き、私が陛下の御心に背いて王座を簒奪することを恐れていらっしゃることを承知しております。実の息子として、また臣下として、陛下にそのような恐れを抱かせるくらいなら、死を賜った方がましです……。それ故に、恐れ多き陛下にしてお父上、私は神の名誉にかけて願うものですが、陛下の心の不安を取り除くために、私を御前にてこの短剣で刺し殺してください」。

こういってハルは王に短剣を差し出したのであった。この王子の言葉を聞いて、王は心を和らげ、短剣を投げやって、王子を抱きしめ、キスをした。そしてハラハラと涙を流しながら、次のように語ったのであった。「我が愛しき、心より愛する息子よ、確かに余は一部疑念を抱き――そして今わかったのだが――そなたを不当に疑っていた。だが、そなたの謙虚な振る舞いと誠実さを見て、余はそなたを殺したりせぬし、今後はいかなる虚報もそなたに信じさせるようなことはしない。よって余はそなたを余の名誉に引き上げるものとする」(11)。

これを機に父子は和解し、カレー総督にまつわる不信は完全に払拭された。これ以降二人の信頼感が揺らぐことはなかった。

フランス外交事件は無頼伝説に置き換わる――シェイクスピア

以上は歴史的な資料が示すフランス外交事件であるが、シェイクスピアはこの事件を次のように脚色している。『ヘンリー四世・第1部』を見てみよう。

だが、ハリー

どうにも分らぬのはそなたの心のありようだ、

父祖たちの道とは別の方に進んで行こうとしておる。

諮問会議でも暴力沙汰に及んでその議席を失い、

そなたの弟ジョンにとってかわられる始末だ。（『ヘンリー四世・第1部』3幕2場29－33）

もちろんハルが諮問会議で暴力を働いた事実はなく、弟ジョンもトマスの誤りであるが、ハルが諮問会議への出席はおろか、政府のあらゆる任務を解職され、ボーフォート兄弟をはじめその一党もあらゆる権限を剝奪されたのはフランス外交事件だったので、シェイクスピアがフランス外交問題を念頭にこの場面を書いたことは明白である。「暴力沙汰」のくだりは、この場面に至る前に、ハルがフォールスタッフなど無頼の輩と付き合って、放蕩王子の名前に恥じぬ悪ふざけに興じ、フォールスタッフをそそのかして強盗事件まで起こしたという話の延長にあり、物語としては違和感はない。

年代記作者にしてもシェイクスピアにしても、カンタベリー大司教対ウィンチェスター司教の対立、ハル対トマスの兄弟対立、ハル対王の親子対立といった生々しい政治問題を直截に描くことはできなかった。そこで、ハルが不良老年のフォールスタッフなどと一緒になって乱暴狼藉を働く話を持ってきて、その放蕩息子が劇的に心を入れ替えて名君になるという話に置き換えたのである。シェイクスピアは政治問題を避ける独特の嗅覚ともいえる才能の持ち主で、この脚色は見事といわざるを得ない。この脚色劇の副産物としてシェイクスピアが作り上げた放蕩王子の悪友フォールスタッフが、個性的な登場人物として未曽有の大成功を収め、今日に至るまで喜劇的な人物としては抜群の人気を保っていることも忘れてはならない。

しかしながら、フォールスタッフを巻き込んでの悪ふざけや乱暴狼藉事件は、すべてシェイクスピアの独創かというとそうではなく、いくつかの事件や事実がモデルになって、それが次第に拡大して

16世紀までにある程度輪郭のはっきりした無頼伝説ができていったと考えられる。それではハルの無頼伝説はどこから生まれ、どのような経緯でシェイクスピア劇の骨格になったのであろうか。しばらくシェイクスピアが使ったと思われる歴史的資料からこの点を遡ってみたい。

無頼伝説の系譜

シェイクスピアが『ヘンリー四世・第1部、第2部』『ヘンリー五世』を書く際に主たる典拠としたのが『ホリンシェッドの年代記』であることはよく知られている。確かに、ヘンリー五世にまつわる大枠はホリンシェッドの物語が中心になっているが、そこにはフォールスタッフの逸話を含めて無頼伝説に関する話は全く見られない。シェイクスピアが読んだと思われる多くの同時代の資料を当たってゆくと、その中に一つだけ無頼伝説に言及した劇作品があることがわかる。それは『ヘンリー五世の名高き勝利』という作者不明の作品で、いわば幻の資料とも思える貴重なものだが、実は今日インターネット上で公開されていて、誰でも原本を読むことができる。一昔前なら夢のような話だが、貴重な写本や個人的な記録を含めてインターネット上で読めるようになったおかげで、日本にいながら中世イングランドの研究ができるのは何ともありがたい話である。

話を『ヘンリー五世の名高き勝利』に戻すと、この作品は1594年にトマス・グリードという印刷業者によって出版登録されている。シェイクスピアがヘンリー四世シリーズを書いたとされる1596～98年に読むことができたかどうかの疑問もあるが、一番早い版は1598年に出版されているから、読むことができたと思われる。また、この作品の道化デリックを演じたのはリチャード・タールトンとされるが、彼は1588年に死亡しているから、書かれたのはさらに早いかもしれない。ちなみに、ハルを演じたウィリアム・ネルも1587年に死亡記録があり、これらを勘案すれば執筆年代はさらに早くなるであろう。シェイクスピアが直接この作品を下敷きにしたのか、現在は残っていない別の劇があって、それを介在して執筆したのかについては議論の余地があるが[12]、両者を比べてみればその類似性から、シェイクスピアが直接にせよ間接にせよ、この作品を資料としたことは疑いの余地がない。すなわち『ヘンリー五世の名高き勝利』では、以下の多くの逸話がシェイクスピアの作品に使われている。ハル王子とその無頼の仲間が強盗を働くこと／イーストチープの酒場でどんちゃん騒ぎをやること／ヘンリー五世として戴冠するとそれまで対立していた司法長官と和解すること／昔の無頼仲間と縁を切ること／フランス王太子がテニス・ボールを送って嘲笑すること／フランス侵攻とアジンコートの戦い／キャサリンとの結婚。

この中から具体的な例として、強盗事件を見てみよう。ハルは無頼仲間のジョッキー（オールドカースル）と組んで強盗を働き、王の収税吏から1000ポンドの大金を巻き上げる。その金を持ってイーストチープの酒場に行き、500ポンドを一晩で使って大騒ぎをする。司法長官は、酒場でのハルの所業や通りで剣を抜いて喧嘩をするなどの乱行を聞いて、ハルとその無頼仲間の逮捕を決断する。王もハルの放蕩無頼に手を焼き、嘆き悲しんでいる。ハルは司法長官を恨んで仕返しを図るが、父王に王の義務について懇々と諭されると、ハルは自分の所業を悔いて、それからはまじめに生きようと決心する。このように『ホリンシェッドの年代記』では言及されていない多くの逸話が『ヘンリー五世の名高き勝利』に具体的に述べられていることから、シェイクスピアがこの劇を種本にしたことは明らかである。

この劇より早く無頼伝説に言及しているのはジョン・ストウで、彼は1580年にハルの乱行について書いている。そこには、「ハル王子は父の存命中に、若い貴族や紳士とともに、変装して自分の収税吏を待ち伏せ、強迫して金を出させたことがあった。だが、収税吏が金を奪われた件で不満の申し立てをすると、彼は失った金を免責したうえに、彼らに多額の褒美を与えた」と書かれている[13]。

研究者の中にはシェイクスピアとストウの関係を無視する者もいるが、シェイクスピアがストウを典拠としたことは間違いない。前章で見てきたとおり、シェイクスピアでは、諮問会議で暴力沙汰に及んでその議席を失い、弟ジョンにとってかわられた、という設定になっている。ジョン(ベッドフォード公)はトマス(クラレンス公)の誤りであることは既に指摘したが、実はこの誤りはストウにあり、『ホールの年代記』ではトマスと正しく記述されている。ここからシェイクスピアはこのエピソードを、間違いも含めて、ストウから借用していることが明らかである。ストウの話の特徴は、王の収税吏ではなく、自分の領地の収税吏、つまり自分の配下を襲うことである。事件後、被害者からの不満の申し立てを受けると素直に自分の非を認め、免責、褒美という対応をしている。ひどい扱いを受けたり、勇ましく抵抗した人物には特に褒美も厚くするなど、乱行というより茶目っ気のある悪ふざけとして、ユーモアを交えてほほえましく描かれている。

シェイクスピアでは、ハルが「奪った金は利息をつけて返すとしよう[14]」と、金が持ち主に返却される。『ヘンリー五世の名高き勝利』には金を返却する話は載っていないので、この部分はストウから借用したものと思われる。シェイクスピアは放蕩に関する部分の多くを『ヘンリー五世の名高き勝利』に依拠しているが、悪ふざけはするが決して本当の悪事には加担しないという愛すべきハル像を作り上げるにあたって、ストウの情報を最大限活用していると思われる。

なお、似たようなエピソードは『英語初版ヘンリー五世伝』にも見られ、そこには王子が「変装して自分の部下の収税吏を待ち伏せして金を奪ったが、後で彼らが訴えると、免責のうえ多大な褒美を与えた」[15]と書かれている。

諸悪の根源はエドワード・ホール

これより早く文献に現れるのは1548年の『ホールの年代記』として知られる『名門ランカスター家とヨーク家の統一』で、そこでは「ヘンリー五世の勝利の時代」で始まる章の最初のページにハルの乱行について書かれている。趣旨は「彼は立派な王であったが若いころは無頼の仲間と不埒な気晴らしにうつつを抜かし、羽目を外した。あるときには、彼の無頼仲間が牢屋に入れられたのに腹を立てて拳で司法長官の顔を殴りつけたことさえあった。この狼藉ゆえに彼は牢屋に拘禁されたのみならず、激怒した王が不快と非難を形で示すために彼を諮問会議からはずし、宮廷から追放して、弟のクラレンス公トマスを後任に据えた」と記されている。[16] ここには、無頼仲間との不埒な悪ふざけ／司法長官に対する暴力／その罰としての収監／王の逆鱗に触れ諮問会議からの放逐／クラレンス公トマスがその後任として就任すること／といった主要な逸話が含まれていることに注目したい。

このように、歴史的な資料をたどってゆくとフランス外交事件と無頼伝説を結び付けたもっとも古い資料がエドワード・ホールであることがわかる。そこでは、フランス外交をめぐる王との対立が、無頼仲間と一緒になっての暴力事件にすりかえられている。ランカスター王家の系譜に連なることを王家の誇りとし、ヘンリー五世を半ば神格化して崇めたテューダー王朝時代には、この一事をもって『ホールの年代記』は信頼ならぬと決めつけられた。例えば、メアリー一世は、このホールの記述のせいでヘンリー五世の輝かしい経歴に汚点が残されたと考え、『ホールの年代記』を読むことを禁止した。森護氏は、「ホールは、およそ250年にわたって、イングランド王家の怒りを買ったことになる」[17]と書いている。ホールの本の版権は、ロンドンの印刷業者リチャード・グラフトンに渡り、この情報は形を変えながら様々な年代記に受け継がれ、シェイクスピアによって明確なヘンリー像が完成したので、ホールの情報が250年間伝わらなかったわけではないが、テューダー王朝時代の認識がかいま見られる。

もし、メアリー一世がシェイクスピアの芝居を見たとしたら、作者は打ち首どころか莫大な褒美にあずかっていたかもしれない。そこでは、ハル王子の放蕩が英雄の若かりし日の冒険と美談に変質し、圧倒的な人気を博していたからである。それはともかくとして、メアリー女王の逸話は、テューダー王朝時代には、ヘンリー五世の輝かしい経歴を汚すような情報は世間から抹殺される風潮があったという証であろう。

それではなぜフランス外交事件が無頼伝説に置き換えられたのであろうか。もう少し資料を遡ってみたい。

ホールよりさらに早い1531年に、サー・トマス・エリオットが『ブック・ネイムド・ザ・ガヴァナー』という本を出し、その中で王子の行状に言及している。それによれば、王子の召使いの一人が狼藉を働いて裁判にかけられたとき、ハルは裁判所に出向いて司法長官ウィリアム・ガスコインに対して直ちに召使いの釈放を求めた。しかし司法長官がこれを拒否すると、王子はものすごい剣幕で彼に詰め寄り、周りの人は彼を刺し殺すのではないかと恐れたほどであったという。これに対して司法長官は、王子の逮捕を命じ、キングズ・ベンチ監獄に収監した。王もこの措置を認め、王子は自分の武器を置き、おとなしく命令に従ったという。

トマス・エリオット

召使いが裁判にかけられたのに腹を立てた王子による司法長官への暴行、その罰としての収監、王がこの措置を是認する、という逸話はエリオットがもっとも古く、ホールはこの話を読んだか、援用したものと思われる。エリオットはこの話を、既に述べた執事のサー・ロジャー・レッチを含む皇太子家の家臣の7人の騎士が逮捕された事件からとったものであろう。この事件ではハルは逮捕されなかったが、家臣が投獄されたのは事実である。彼が司法長官に抗議したとの記録はないが、当時家臣を守るのは主君の義務で、主君の保護と家来の忠誠は表裏一体であったことを考えると、彼が司法長官に抗議したであろうことは想像に難くない。

シェイクスピアでは、この逸話が戴冠式を終えた後へンリー五世と司法長官の対話の場面で、次のように言及されている。

王子　いずれは一国の王になるという大きな未来をもつ王子が、
おまえに受けたような大きな侮辱をどうして忘れえよう？
イングランド国王の第一継承者を、叱りつけ、どなりつけ、
乱暴に投獄したことが、それが平気で見すごせることか？
忘却の河で洗い流したとて、忘れてしまえることか？（『ヘンリー四世・第2部』5幕2場68－72）

シェイクスピアの話は有名で今では史実のごとく受け止められているが、ハルが実際に投獄されたというのは後世の創作であろう。イギリスの裁判記録は正確なことで知られるが、毎年出されている法曹年鑑など裁判関係の記録に記載がないばかりか、収監したはずのキングズ・ベンチ監獄の収監記録にも記載がないからである。さらに、ストウの話に見られる自分の配下の収税吏から金を奪った話にも、具体的な資料の裏付けはない。

無頼伝説誕生の諸要因

以上のように、これまで見てきた無頼伝説はすべて、フランスを屈服させた伝説の英雄としてのヘンリー五世像が確立した16世紀になってから生まれたものである。それでは同時代には無頼伝説の手

掛かりがないかというと、いくつかの状況証拠があることに気が付く。

ハルのロンドンの館はコールドハーバーにあった。ここはかつて黒太子エドワードの居館で代々王族のタウン・ハウスであった。この館の近くにロンドン・ブリッジがあり、隣にオール・ハロウズ・ザ・レス教会があった。この館には、ハルの弟のトマス（後のクラレンス公）とハンフリー（後のグロスター公）も一緒に暮らしていた。1410年の6月23日に、トマスとハンフリー兄弟は近くのイーストチープの居酒屋《タヴァーン》でしこたま飲んだ挙げ句に喧嘩に巻き込まれるという事件があった。真夜中のことであり、王族が絡んでの騒ぎとあって、ロンドン市長とロンドン市長官が出向いてやっと騒ぎを鎮めたという。トマスにはこの種の武勇伝がほかにもあり、1411年にもトラブルに巻き込まれている。イーストチープ、酒場、酔っ払っての喧嘩とキーワードはそろっているが、ハルが加わっていたという記述は見られない[18]。しかしながら、弟王子たちの武勇伝が、いつの間にかハルに混同されたことは十分考えられる。

ハルが司法長官ウィリアム・ガスコインと対立し、収監された話は既に紹介し、その裏付けとなる法律的な記録は何もないと述べたが、一つだけ気になる事実がある。それは、ヘンリー五世が即位して間もなくウィリアム・ガスコインが司法長官の職を解任されていることである。

シェイクスピアでは、ガスコインが王となったハルに対しても少しも臆することなく、自分は王の大権を代行して王子を投獄したのだと、次のような例えを出して堂々と反論する。

どうか陛下ご自身の問題としてお考えください。

かりに今陛下が父親であられ、王子がおいでになられ、
その王子によってご自身の権威がかくも汚され、
畏怖すべき国法がかくも無視、ご自身までが
かくもないがしろにされるのをごらんになるとします。
そのとき、私が陛下のお味方に立ち、陛下の権力を代行し、
静かに王子をたしなめたとすれば、どうお思いでしょう？（『ヘンリー四世・第2部』5幕2場91－97）

これには新王も反駁できずに、これからも司法長官の職を全うし、私に息子ができたら同じように罰してほしいと頭を下げるのである。シェイクスピアにおいては、放蕩息子のハルが王位に就くと、生まれ変わって名君になるというのが骨格になっている。そこでは自らを牢に入れた司法長官に頭を垂れて、自分の息子も同じようにしかってくれと頼む理想的な王の姿が描かれている。しかるに、事実は、即位と同時にガスコインを解任しているわけで、俗な見方をすれば、個人的な恨みは忘れず、権力を握ったら即座に意趣返しをしたということになる。

しかしながら、ガスコインの解任はそれほど単純ではなさそうである。既に述べたように、エドワード・ホールはハルが司法長官に暴行を加えて収監され、ハルは公職を追放されて弟のトマスがそれに代わったと述べている。もちろんこの話の前段は間違いだが、ハル一派がフランス外交をめぐって、アランデル一派と対立したとき、復権した王がハル一派を粛清し、公職を追放したのは事実である。このときに法律的なことを司っていたのが司法長官ガスコインで、彼は王の意思を代行しただけで

あった。ここだけ見ると彼は王におもねる御用法学者に見えるが、彼が傑出した法律家であることは紛れもない事実である。

ヨーク大司教リチャード・スクループが反乱を起こしたことは既に述べたが、彼は教会裁判ではなく世俗の裁判で裁かれて反逆罪で処刑された。実は、この世俗裁判で司法長官を務めるよう要請されたのがガスコインであった。だが、ヘンリー四世のたっての願いにもかかわらずガスコインは、〈聖職者を世俗裁判所で裁くことはできない〉と頑として首を縦には振らなかった。

王の要請を拒むガスコイン（右）

　このように見てきてもガスコインの辞任の謎は解けない。しかし、資料をよく見るといくつかのヒントはある。1413年の5月13日に召集された第1回の議会にガスコインは司法長官として招集されている。司法長官の職は、他の官職もそうであるが、任命者の前国王の死によって失効するので、初の議会に召集されたということは、シェイクスピアがいっているように、ヘンリー五世が彼を留任させるつもりでいたことになる。実際彼に対する給与は7月5日まで支払われている。このような事実から推測するに、王の要請にもかかわらず、ガスコインは辞任を申し出、それを王が慰留したものの彼の意思が固かったので、やむなく後任のサー・ウィリアム・ハンクフォードを任命したものと思われる。ハンクフォードの任期は3月29日から始まっているが、これはガスコインの任期の終了日で、後から辻褄を合わせたものであろう。

このように、無頼伝説一つをとってみてもシェイクスピアの歴史劇の虚と実は複雑に入り組んでいて、実にややこしいと同時に読む者の興味をとらえて離さない。

放蕩息子の説話

無頼伝説の根源を文学の方からたどってゆくと聖書の放蕩息子のたとえ話に行き着く。すなわち、「父の生前に遺産を要求した下の息子は、放蕩三昧の挙げ句に全財産を使い尽くすが、極貧の中で自分の愚かさに気づいて父のもとに帰って赦しを請うと、父はこのすべてを赦して息子を温かく迎える」という「ルカによる福音書15章」の話である。

放蕩息子の話は、レンブラントの絵画に見られるように、西洋ではよく知られた逸話で、小説や戯曲の題材として今日でも人気がある。ルカによる福音書には、100匹の羊の話、10枚の銀貨の話と並んで、この放蕩息子の話が載っている。神は99人の正しい人よりも、一人の悔い改めの方を喜ぶという教えがその骨子である。文学における放蕩息子の話は、自己喪失、自己回復、贖罪という過程をたどる。これは地獄に落ちるような経験を経て、本来の自分を回復し、それを悔いて輝かしい成功を収める話である。このような構造を持っているからこそ、放蕩息子の話は文学の素材としては実に魅力的で、今日まで多くの作品に生かされているのである。当時の民衆の中に、ヘンリー五世の姿に聖書の放蕩息子を重ねて見る者がいても不思議はない。ヘンリー五世は、長年の宿敵であったフランスを屈服させてイングランド人に自信と誇りをもたらした理想の君主であったが、シュルーズベリーの戦いでは負傷して生死の境をさ迷ったばかりでなく、一時父親と対立して公職を追われたり、カレーの総督として横領の濡れ衣を着せられたりするなど、幾度となく地獄に落ちるような経験をしてきた。一方で、王侯には珍しく、庶民の言葉である英語を自由に操るなど身近な存在でもあった。聖書の放蕩息子の話とハルの粗野な青年時代の伝説は、シェイクスピアがハルの登場する後期3部作を書いたころには、誰でも知っている話であったといわれている。

放蕩息子の伝説は、悔い改めた者がより神に愛されることを教えているが、ヘンリー五世自身が神に愛でられた人物というイメージを演出していた可能性もある。例えば、既に紹介した肖像画に見られる特異なヘアスタイルである。短髪は戦士の髪型とされるが、明らかに聖職者の髪型でもある。ハルはことのほか敬虔であり、教会で祈りや告白に多くの時間を費やし、絵画や野外劇ではセント・ジョージを好み、戴冠式で使う香油をわざわざフランスから取り寄せたことなどが記録に残っている。さらに父親との和解のときに短剣を差し出したことは既に述べたが、伝承によればこのときハルは無数の針をあしらったガウンを身にまとっていた。針は倹約を象徴し、悔い改めた放蕩息子を示したものといわれている。このような状況証拠からも、「1422年のヘンリー五世の死の直後から放蕩息子の伝説は徐々に発展していった」という通説は信用してよいであろう。

既に見てきたように、放蕩の実態は外交問題をめぐる皇太子派とアランデル大司教・王との対立であった。一歩間違えば皇太子によるクーデターにもなりかねない王との政治的対立は、ハルが命がけで王に自分の潔白を証明して円満に解決した。王と皇太子の対立とその劇的和解というテーマは、同時代の年代記作者とてまともには取り上げることのできないタブーであり、まして芝居に取り上げることなどできなかった。

シェイクスピアはこのような難しい政治状況を巧みにすりぬけるために、悔い改めた放蕩息子＝理想的な君主という文学的な定型を巧みに利用してヘンリー五世像を完成させたのである。

コラム3◉キングズ・イングリッシュ

キングズ・イングリッシュとは、現代では「標準英語」の意味だが、元の意味はヘンリー五世が国王として初めて英語を使ったことに由来する。ヘンリー四世も多少英語を話したようであるが、一般的にはウィンストン・チャーチルが『英語諸国民の歴史』で述べているように、〈ヘンリー五世が初めて英語をしゃべった王〉として知られている。もちろんこれは、それまでの王が一言も英語を話さなかったという意味ではなく、フランス語を公用語としていたという意味で、例えばリチャード二世はワット・タイラーの乱のときに猛り狂った民衆に英語で話しかけたので、暴徒はこの少年王は自分たちの言葉がわかるといって乱が鎮まったといわれている。ヘンリー五世は皇太子時代に英語を日常語としながらも、手紙などの文書はフランス語で書いていた。少年時代からウエールズで戦い、その経験から英語が〈武器〉になりうることに気付いていたとされる。部下を統率し、その心を掌握するには彼らと同じ言葉を話すのが早道だと認識していたのである。

文学ではジェフリー・チョーサーが1400年より前に既に英語で『カンタベリー物語』などを書いていたが、『トロイルスとクリセイデ』など何冊かはヘンリーの愛読書であったといわれている。英語の重要性を認識したヘンリーは、1412年、ジョン・リドゲイト（c.1370～c.1451）に命じてラテン語の歴史書を英語に翻訳させた。彼が大著『トロイの本』の英語版を完成させたのは1421年であった。

ヘンリーが英語で本格的に手紙を書き始めたのは1417年の第2次フランス侵攻以降で、この時期、行政機関にも英語を使うよう奨励している。1422年のロンドンの醸造元の記録には、〈近頃は多くの記録が英語で書かれ、ますます拡大、洗練されてきつつありますが、それはとりもなおさず、いとも気高き国王陛下がご自身の手紙で英語を使っておられるからです〉とあって、英語が一般に普及していったことがわかる。

シェイクスピアでは、ヘンリー五世が全くのフランス語音痴として描かれている。初めてキャサリンに会ったヘンリーは精一杯の愛情を吐露するが、それが通じず、たどたどしいフランス語で求愛する羽目になる。「ああ、ケート、あとこれと同じくらいフランス語をしゃべるより、王国を征服するほうがずっと楽だ。私にはフランス語で君の心を動かすことはできそうもない。せいぜい笑われるだけだ」（『ヘンリー五世』5幕2場）。

たしかにヘンリー五世は、フランスとの交渉のときに通訳を伴っていった。もちろん外交交渉など専門領域はその道のプロに任せるのが常識だが、ヘンリーは意図的に通訳を伴ったと思われる。すなわち、王が英語を母語としていることを示せば、長年フランス語を話すノルマン人に征服されていたアングロ・サクソンの民衆にとっては、それが眩《まばゆ》いほどさわやかに映ることを聡明な彼は知っていたのである。

ヘンリー五世がフランス語音痴であったというのはシェイクスピアの想像にすぎない。英語を初めて公認した王、フランスを屈服させた英雄が流暢なフランス語を話しては劇にならない。これはシェイクスピアの想像というよりは、テューダー王朝が共有していたヘンリー五世像であったと考える方がよいと思われる。

エリザベス朝の伝説によれば、ヘンリー五世は若いころ放蕩を重ね、居酒屋やエール・ハウスで初めて英語を習得したといわれている。弟たちがイーストチープの居酒屋で問題を起こしたことから類推すれば、ハルもイーストチープ界隈に出入りした可能性がないわけではないが、13歳のときには既にウエールズ鎮圧に向かい、ロンドンにはいなかったことを考えると信憑性は薄い。これも放蕩息子の伝説が発展してできた「イーストチープ伝説」である。

第4章　ヘンリー四世の死と嵐の船出

シェイクスピアが描く王冠持ち去り事件

シェイクスピアの生まれ故郷のストラトフォード・アポン・エイヴォンにはバンクロフト・ガーデンというシェイクスピア記念庭園があって、堂々たるシェイクスピアの銅像がある。その周囲には彼の戯曲が生んだ代表的な登場人物が配置されている。ハムレット、フォールスタッフ、マクベス夫人と並んで、ハル王子の銅像もある。このハル王子は、頭の上に王冠を掲げている。

ヘンリー五世の数々のエピソードの中で特異なのが、ここで描かれている王冠持ち去り事件である。この場面は昔から人気があり、『ヘンリー四世・第2部』の山場の一つになっている。病が重篤なヘンリー四世はウエストミンスター寺院のエルサレムの間でベッドにふせっている。人々が見舞いに訪れる中、ハルは自ら申し出て、一人でベッドの傍らで父の介護をすると申し出る。王は枕元に王冠を持ってこさせ、その傍らで眠る。その場面を見てみよう。

王子　ああ、王座よ！

王冠を掲げるハル王子

おまえはそこにすわるものの心を苛《さいな》み、夏の日盛りに
重装備をつけた兵士のように、身の安全を保障しながら
身を焼く苦しみをなめさせるのだ。おお、唇のあたりに
鳥の柔毛《にこげ》がついている、それが微動だにしない、
息をされているなら、あんなに軽い柔毛のことだ、
動かないはずがないのだが。陛下！　父上！（『ヘンリー四世・第２部』４幕５場28－34）

ハルは、父の唇についた鳥の羽毛が微動だにしないのを見て、父が死んだと思い、王冠は嫡男である自分が守らねばならぬと、それを持って隣の部屋に行ってしまう。しかしながら、間もなく目を覚ました王は、王冠を持ち去ったのがハルだとわかると、二人きりで話をしたいと、家来たちを遠ざける。王は、もう2時間か3時間待てば、盗み取らずとも皇太子のものになるのに、持ち去ってしまったということは、父に対する愛情がないということだとハルを責める。これに対してハルは涙ながらに許しを請い、次のように述べる。

神を証人にして申します、私がさきほどこの部屋にまいり、
父上の息が絶えておられるのを知ったとき、私の心臓は
凍り付く思いでした！　もしこのことばに偽りがあれば、
私は現在の放埒な私のままで死ぬほうがましです。

いますぐりっぱな生活を改めようと決意している私の
将来の姿を世間の冷たい目に示すまで生きてはいません！
（『ヘンリー四世・第２部』４幕５場１４９－１５４）

　ここには、自分がいかに父の死を重く受け止めたかが簡潔に吐露されているばかりでなく、放蕩無頼な生活とは決別し、立派な人間に生まれ変わるとの決意が改めて誓約されている。続いてハルは、自分が王冠を頭に載せたのは、決して王冠を得た喜びからではない。それは、王の寿命を縮めることになった王冠の重みを実感するためで、あたかも父の敵を討つ息子の心境で被ってみたのですと弁明する。この答えに、王は王冠を持ち去ったのは神の思し召しで、立派な申し開きをすることで、前にもまして父の愛を勝ち得られたのだと述べて、自らが体験から会得した帝王学をハルに伝授して遺言代わりとする。
　リアリズムの批評家が、死を前にした人間がこれほどの長い台詞を雄弁に語る等ありえないことだと批判する場面である。しかし、フィクションの世界では、この場面は放蕩息子が今までの罪を懺悔する悔悛の場となり、父親の赦しを得て新たな人間となる重要な場面である。なればこそ、ヘンリー四世も自分の思いのすべてを息子に伝えるのである。ここから放蕩息子は理想の君主へと一歩踏み出すことになる。王冠持ち去り事件が大きな山場になっているのは、ここが分岐点になって放埓なハルから英雄ヘンリー五世へと転換しているからである。

死に至る病は神の崇り

ここで文学を離れて史実を追ってみよう。ヘンリー四世は晩年発作を伴って一時的に意識を失うことが何度かあった。王がある種の皮膚病を患っていたことはよく知られた事実で、例えばカンタベリー大聖堂の墓像の顔にも鼻の上に明らかにそれとわかる痘痕がある。

ヨーク大聖堂の内陣と外陣を分けるスクリーンには、多くの聖人や国王の彫像が並んでいるが、ヘンリー四世の顔をよく見ると鼻が異様にふくらんでいることがわかる。当時の記述によれば、顔や手の一部が乳首のように腫れ上がり、化膿したという。梅毒であるとも結核性の壊疽、ないし塞栓症の一種とも推測されるが、詳細は不明である。この病は重く、晩年は発作が起こると政務がとれず、カンタベリー大司教のアランデルが代行することもあった。侍医のマスター・マルバーンは全力を尽くして治療したが改善せず、イタリアからユダヤ人の二人の高名な医師が呼ばれて治療に当たったが、一向に良くならなかった。

このために人々はこの病がハンセン病であると噂した。当時ハンセン病は、神に呪われた忌まわしい病とされ、人知では治らないとされた。『カプグレイヴのイングランド年代記』を書いた修道士カプグレイヴは、「王はあのとき以来顔の美しさを失った」「世間に流布している話では、王はハンセン病に罹り、あのときから死に至るまで、次第に醜く崩れていった」[1]と記している。あのときとは、王がヨーク大司教リチャード・スクループを処刑した1405年を意味している。既に述べたように、ヨーク大司教はノーサンバーランド伯と謀って反乱を起こし、宗教裁判所ではなく世俗の裁判所で裁かれて、反逆罪で処刑された。カプグレイヴは、ヘンリー四世の死に至る病は、ヨーク大司教を不法に処刑した祟りであるといっているのである。彼は誠実な人柄と徳望で信頼され、ヨークシャーでは聖リチャードとして知られていた。この大司教の処刑を命じて間もなく、ヘンリー四世は病に倒れ、ヨークの北リポンで1週間身動きがとれなくなってしまった。カトリックでは超自然的なことは容易に奇蹟と結びつけられる。徳ある大司教が騙し討ちにあって捕えられ、正当な裁判も受けられず理不尽な死を迎えた直後、それを命じた君主が突然の病気に倒れる。まさに奇蹟が起こる絶好の状況が生まれたのである。〈王は神の怒りに触れたのだ〉との噂はあたかも平原の野火のごとく国中に広まっていった。

ヘンリー四世の墓像

聖リチャードの殉教

聖リチャードの逸話は、〈ヨーク大司教聖リチャードの殉教〉として文学の格好の主題となり、詩や物語に取り上げられているので、もう少し詳しく紹介する。

最初にシェイクスピアを見てみよう。2万5000人という大軍を率いて決起したモーブレー卿、ヘイスティングズ卿、ヨーク大司教などが反乱軍を率いてゴールトリーの森に集結しているところで、大司教と連携して蜂起するはずであったノーサンバーランド伯が、兵を集めることができず、脱落したことが報告される。そこにウエストモーランド伯が現れて、反乱の大義や要求を書いた書面を指揮官であるベッドフォード公すなわちジョン・オヴ・ランカスターに伝えるので、会見してもらいたいと伝える。会談ではランカスターが、大司教らの要求をすべて受け入れるので武装解除するように提案し、これを信じた反乱軍は約束どおり軍を解散する。しかし、ウエストモーランド伯は約束を反故にして、自軍を解散せず、大司教らを逮捕する。誓約違反だと抗議する大司教に対して、ランカスターは冷たく言い放つ。

ランカスター　誓約などしておらぬ、
私はただおまえたちの苦情を聞いて、ただすべきものは
改めるように約束したにすぎぬ、それは名誉にかけて、
キリスト教徒にふさわしく遺漏なきよう履行するつもりだ。
だが、おまえたち謀反人は、謀反を企て、実行した以上、
その行為に相当する罰を受けるものと覚悟するがよい。

（『ヘンリー四世・第2部』4幕2場113－118）

このようにシェイクスピアではジョン・オヴ・ランカスターが中心になっているが、史実ではラン

カスターは登場しない。資料を総合すれば、北部においてノーサンバーランド伯と気脈を通じたモーブレー卿、バードルフ卿、クリフォード卿、スクループ大司教等が決起し、大司教が書いた檄文をヨーク周辺に配布し、聖職者に対する重い負担、貴族の腐敗、ジェントリーや庶民に対する耐え難き重税などの改善を掲げて蜂起を促したところ、多くの人々がシプトン・ムーアに結集した。シェイクスピアでは危機感を強調するために2万5000人となっているが、実際は8000～9000人とされる。ほとんどが町民や農民で、戦闘には向かないが、これに戦闘経験を積んだノーサンバーランド伯の手勢が合流すれば、強大な軍になるはずであった。しかし、頼みのノーサンバーランド伯は脱落し、大司教らは孤立した。

しかしながら、このような見方とは違って、ノーサンバーランド伯はこの反乱に関与しておらず、スクループ大司教が単独でヘンリー四世の教会政策に不満を抱いて蜂起したとする説もあって、議論の余地がある。

資料を追ってみると、5月29日に、シェイクスピア劇のようにランカスターではなく、ウエストモーランド伯ラルフ・ド・ネヴィル（c.1364～1425）が、大司教らの要求を王に伝えると言葉巧みに信用させて軍を解散させ、その後スクループ大司教らを捕縛したというのが真相である。大司教とモーブレー卿はポンテクラフト城に幽閉され、裁きを待つことになった。当時ヘンリー四世はウエールズにいたが、知らせを受けてヨークに向かい、6月3日にヨークに着いた。大司教は王に面会を求めたが、王はこれを拒否したばかりか、大司教の権威の象徴である〈司教杖〉を剝奪した。この報はロンドンにも伝わり、カンタベリー大司教で王の側近でもあるアランデルが急遽、赦免を願うために北に向かった。既に述べたように、司法長官ガスコインも、宗教裁判所で裁くことを主張して、自らが裁判することを拒否した。

このように、大司教をどこで裁くかをめぐって軋轢があったにもかかわらず、王は世俗の裁判を強行する道を選んだ。スクループ大司教とモーブレーは、王の息のかかったウエストモーランド伯一派によって間に合わせに作られた委員会で、反逆罪を宣告された。皮肉なことに裁判が行われたのは、ビショップソープにある大司教の居館であった。大司教はラバの背に載せられ、ヨークの街を引き回された。屈辱的にも、顔がラバの尻の上にくるように縛りつけられていた。このような措置は日ごろから大司教を尊敬していた人たちばかりでなく、見る者すべての憤りを誘ったという。スクループ大司教とモーブレーの公開処刑は市の裏門に当たるスケルダーゲイト・ポスターンで行われることになった。大司教は動転して狼狽するモーブレーをなだめ、励まし、慰めながら、自分は彼の最期に寄り添いたいので彼の後に処刑するように頼んだという。モーブレーは弱冠19歳であった。ついに大司教の処刑のときが来たときに、彼は処刑人に、5回の打撃によって首を打ち落とすように頼んだ。彼は日ごろから、キリストの五つの傷を描いた旗を身近に置き、反乱を起こしたときもその旗を掲げていた。望みどおり、5

ヨーク大司教の処刑

回目で大司教の首が打ち落とされたとき、彼の顔にはかすかな微笑みがあったといわれている。遺体は、王の許可を得て、４人の司祭が賛美歌とともに、ヨーク大聖堂の一族の墓に運ばれ、そこに埋葬された。

このような状況から、誰からともなく殉教であるとの話が生まれ、それはたちまち聖者伝説となって流布していった。そして彼が願ったとおり、５回の打撃はキリスト自身に加えられた五つの傷になぞらえられた。その直後から、大司教の墓が様々な奇蹟を引き起こしたことが記録されている。しかも処刑の直後、王が病に倒れたことから、これは明らかに神の祟りであるとの噂が一気に広まった。墓には民衆が殺到したので、３か月後に危険であるとの名目で、周囲が厳重な木材と石で遮断されて、人々は近づくことが禁止された。このような措置も、信仰心篤い人々には役に立たなかった。ある一人の老人が、大司教が夢枕に立って障害物を取りのけるように命じたといって、これを取り片付けてしまったのである。ところがこれは、大の男が３人がかりでやっと動かせるような大きなものであったので、またもや奇蹟であるとの噂が広まった。結局、禁止措置は撤回されることになった。

ローマ教皇は、スクループ大司教の死にかかわった者は皆破門するとの通達を出したが、カンタベリー大司教のアランデルはこの布告を握りつぶして、公にしなかった。彼は、正式には殉教者としては認められなかったが、ヨークシャーや北部では「聖リチャード・スクループ」として、長く人々に語り継がれることになった。

ヘンリー四世の死

ヘンリー四世は1413年3月20日に死んだ。場所は、ウエストミンスター寺院の院長の居館にあるエルサレムの間であった。死に臨んで、王室の聴聞司祭ジョン・ティルが、王に最期の告解を求め、その中でスクループ大司教の処刑と王位簒奪について懺悔するようにいった。すると王は苦しい息の中から、大司教の処刑については、自分は既に1407年にローマ教皇グレゴリウス一二世から直接赦免を受けているからとこれを拒否した。リチャード二世から王位を簒奪したことについては、直接答えず、「息子は王位簒奪を取り消すことを許さないだろう」と答えたという。(2)『英語初版ヘンリー五世伝』によれば、王はハルに「余がこの国の王冠を自らに委ねたことを心から後悔している」(3)と述べ、王位簒奪が生涯心の重荷であったことを告白したといわれている。王はエルサレムへの巡礼を悲願としていたが、それは王位簒奪のような重罪でも、エルサレムに詣でれば罪障ことごとく消滅するという信仰を持っていたためであるとされている。シェイクスピアに描かれているように、王はエルサレムで死ぬという夢はかなわなかったものの、エルサレムの間で死ぬことができた。多くの王族がウエストミンスター寺院に埋葬されているが、ヘンリー四世はウエストミンスター寺院で最期を迎えたにもかかわらず、カンタベリー大聖堂に埋葬されている。これは王がエルサレムへの巡礼の代わりに、国内の巡礼の聖地であるカンタベリー大聖堂を望んだためといわれるが、実はそこにはもう一つの理由があった。

王位簒奪という事実は、ヘンリー四世にとって生涯の重荷であった。その負担を逃れるために、王はカンタベリーで殉教した大司教トマス・ア・ベケットと自らをできるだけ身近に置きたいという願望があったといわれている。国王の戴冠式には、神から選ばれた正統な国王であることを示すために聖油を塗る儀式があるが、ヘンリー四世が戴冠式で使用した聖油は聖母マリアからベケットに与えられ、その後ヘンリー四世の母方の祖父の初代ランカスター公ヘンリー・オヴ・グロスモント（c.1310～61）に与えられた由緒あるものであった。この聖油が発見されたとき、リチャード二世はカンタベリー大司教アランデルに命じて、この聖油を使って自らの塗油式のやり直しを命じたが、アランデルがこれを拒否したという逸話がある。

王がいかにベケットに心酔していたかは、台座にベケットの殉教の図が描かれたり、天蓋などいたるところに黄金のワシが描かれていることからもわかる。黄金のワシは、聖母マリアから伝わったとされる聖油が入っていた黄金のワシの形をした聖器を表し、自らが正統なる王であることを示すものであった。

シェイクスピアでは、王位を奪ったヘンリー四世は良心の呵責に苛まれ、罪滅ぼしに新十字軍を結成することを夢見ながらも、実現せぬままに病没する傷心の王として描かれている。そこには『リチャード二世』に登場した正義感あふれる愛国者、勇敢な騎士としての面影はない。『ヘンリー四世』の2部作では主人公であるはずであるが、文学的にはハルやフォールスタッフに主役の座を奪われ、影の薄い存在になっている。殊に第2部では、不眠症に悩む猜疑心の強い王として描かれ、エルサレムの間で臨終を迎えることによって、十字軍の夢をかなえることができると自分に言い聞かせて死を迎える孤独な王である。シェイクスピアでは、ランカスター王朝が担った重科とその罪の部分はヘンリー四世の死によって清算され、新たに王となるヘンリー五世が自由に栄光のイングランドを創生することができるように道を開いている。

王冠持ち去り事件の真相

フランスの年代記作家モンストルレはシェイクスピアによって有名になった王冠持ち去り事件について次のように記している。

死の間際の数日間、王はかなり衰弱していた。ある日のこと、介護に当たっていた家来たちは、王の呼吸が止まったのを見て、王が死んだと思い、顔を布で覆った。当時イギリスでは、王が重体になると枕もとの長椅子の上に王冠を置いて、死亡するとすぐに後継者である嫡男が被ることができるようにしておく習慣があった。このときも、王冠はそばに置かれ、家来たちは王が死んだことを王子に知らせるために、王冠を渡すと、彼はそれをそのまま持ち去ってしまった。しかしそれから間もなく、王は深く息をついて、顔の上の布を払いのけ、正気を取り戻した。王は王冠がどこにあるかを探し、見えなかったので家来に問いただした。家来たちは「陛下、ご子息の王子様が持ち去りました」と答えた。王は、王子にそれを持ってくるように命じ、王子がやってきた。王が、なぜ王冠を持ち去ったのかと尋ねると、王子は、「陛下、ここにあるものは陛下がこの世を去ったことを私に理解させるために与えられたものです。そして、私はあなたの長男ですから、陛下がこの世からあの世に参られたら、王国と王冠は私のものになるのです」と答えた。すると王は深くため息をつき、「息子よ、そなたにいかなる権利がある？　おまえも承知のごとく、余にもそんな権利はなかった」といった。すると王子は、「陛下、あなたはそれを剣によって手に入れ、守ってこられました。ですから私は、それを生涯かけて守ってまいります」と答えた。王は「好きなようにするがいい。余は他のすべては神に委ね、神に我が魂への慈悲を祈る」といい、それから間もなく息を引き取った(4)。

史実はシェイクスピアほど劇的ではなく、王冠を枕もとに置いて臨終とともに後継者に渡すのが当時の習慣であり、王の呼吸が止まったときに、臨終だと勘違いした家来が王冠をハルに渡してしまったという偶然の事故であった。

嵐の中の船出――ヘンリー五世の戴冠

シェイクスピア劇では描かれていないが、1413年4月9日、ヘンリー五世はウエストミンスター寺院で戴冠式を挙行した。王に聖油を塗り、冠を被せたのはカンタベリー大司教のアランデルであった。当日はキリストの殉教した受難日《パッション・サンデイ》に当たったが、イングランドは未曽有の嵐に見舞われた。その様子を、年代記作者アダム・オヴ・ウスクは、「この日いつになく激しい嵐が王国の丘陵地帯を襲い、人も獣も家畜も嵐に翻弄されて、谷や湿地は水で埋まり、人々の損害や危難は計り知れぬほどであった」と記している。[5]

迷信深い中世のこととあって、これは当然何か不幸の前兆であると考える人もいた。戴冠式に出席した人物の話としてサン・ドニの修道士は、この日寺院に参列した人の多くが、（ヘンリー五世の）代わりにマーチ伯が戴冠した方がよかったのではないかと噂していたことを紹介している。[6]シェイクスピアでは、王位簒奪の罪はすべてヘンリー四世が負い、ヘンリー五世は全く自由な立場で王国を立て直すことができたはずであるが、史実をたどれば、この問題が未だにランカスター王朝の上にのしかかっていることがわかる。

ヘンリー五世の戴冠

目撃者によれば、この日新王はひどく青白い顔をして、戴冠式後の祝宴でも何も食べなかった。噂によると王はその後も3日間食事をしなかったという。デズモンド・シワードはこれを分析し、「これは、王が心のどこかで自分は王位簒奪者であることを認めていたためであろう。この噂は、ヘンリー五世の心理と、何が彼を行動させるかの動機を知るうえでこの上なく重要なものである」[7]と述べている。

『英語初版ヘンリー五世伝』は、「父が死んで間もなく、王は聴聞司祭を呼んで、それまでの不正、罪、傲慢などのすべてを告白して懺悔した。そしてこのときから、彼は生活と態度のすべてを改善し、改心したのであった。かくして父の死後は、昔のような粗野な若者ではなく、その行動のすべてが厳粛かつ分別あるものへと急変したのであった」[8]と述べている。王を崇拝する者の一人は、「父王の死から自らの結婚式まで、王は女を知らなかった」と述べている。[9]

これらの証言は、ヘンリー五世がシェイクスピア劇のように王冠持ち去り事件のような劇的な事件を契機としてではなく、国王として王国の運命を担うようになって改めて重大な決意とともに真摯に国政に向かい合ったことを示すものである。

王位簒奪は新王には直接責任はないとの建て前にもかかわらず、リチャード二世の時代に王位継承者に擬せられていたマーチ伯は健在で、ことあるごとにランカスター家のライヴァル視されていた。折も折、ウエストミンスター寺院の扉に「リチャード二世はスコットランドで健在である」とのビラが貼りだされるという事件があった。この話がロンドン中に広がると、これを書いたジョン・ホワイトなる郷士はウエストミンスター寺院の聖域に身を隠した。当時はいくつかの教会に、駆け込み寺のように理由の如何《いかん》を問わず人々を保護する聖域という施設があり、俗人の権力が及ばぬ庇護所とされていた。この事件を受けて、新王は、オウエン・グレンダワーの息子グリフィズ（c.1375～1412）、スコットランド摂政の息子であるファイフ伯マードック（1362～1425）、スコットランド王ジェイムズ一世（在位1406～37）の3人を拘束してロンドン塔に移送した。ロンドン塔は王宮でもあり、必ずしも牢獄ではなかった。そこでは身分相応の生活はできたが、いつも監視され、自由はなかった。

リチャード二世が死亡していることは、ほかならぬランカスター王家が一番よく知っているはずであるが、リチャードをかくまっているとの噂からスコットランド王や摂政の息子を拘束したのである。これは明らかに見せしめであったが、新王の決断と実行力を国民に見せつけるものであった。

このように断固たる決意を示す一方、父親からの負の遺産を清算することも忘れなかった。1400年に陰謀を企んで処罰されたハンティンドン伯、オクスフォード伯、ソールズベリー伯の所領については、それぞれ息子に復活を許した。スコットランドに亡命していたホットスパーの息子に関しては、帰国して祖父のノーサンバーランド領を復活するように説得した。スクループ大司教とともに反乱を起こして処刑されたモーブレー卿に関しては、その弟にマーシャル伯位を与えた。スクループ大司教本人に関しては、立派な墓をヨーク大聖堂の中に作る許可を与えた。総仕上げは、リチャード二世の遺体をウエストミンスター寺院に移し、壮麗な霊廟を作ることであった。一連の措置によって新王の寛大さを国民に知らしめ、国内の反乱の芽を摘むのが王の狙いであった。

鹿を捕まえる

こうした努力の結果、新王は次第に国民の信頼を得るようになった。『英語初版ヘンリー五世伝』によれば、「彼は抜きんでて背が高く、容貌は端正で首は長かった。胴は形よく、脚は細かったが恐ろしく強靭であった。(10)」また、王によく会ったことがあったと思われるウエストミンスター寺院の修道士によれば、頭は丸く、額は広かったというが、これは知性豊かで頭がよかったことを示唆するもの

ヘンリー五世

である。耳は小さく、髪の毛は濃い茶色であった。目はハシバミ色（薄茶色）で、穏やかなときは鳩のごとく、怒れば獅子のごとくであったという。鼻筋はとおり、歯は白くて歯並びよく、唇は赤く、顔色はつややかで生き生きと輝いていた。このような詳細な描写は、肖像画とも一致している。

『英語初版ヘンリー五世伝』で特に強調しているのは、その肉体の強靭さである。「彼は恐ろしく足が速くかった。公園に牡鹿や雌鹿を放して、猟犬もグレイハウンドも使わず、弓やその他の武器も使わず、家来たちと追いかけるのであるが、捕まえるのはいつも彼であった」(11)。

王が、鹿を捕まえたのは実話のようで、同時代の他の記録にも、「背は高く、筋肉質で、鎧をあたかもマントを着るがごとくに軽く着こなし、動きは敏捷で、噂によれば鹿を追いかけて捕まえることができた」という(12)。だが、1415年に王に拝謁したフランスの占星術師ジャン・フュゾリによれば、兵士というよりは聖職者という印象だったという(13)。口数は少なく、人の話をよく聞いた。ラテン語、フランス語から英語まで読み書きし、ある程度はウエールズ語さえ理解できたという。大きな図書館を持ち、自らの手で蔵書を増やしていった。愛読書は、十字軍の歴史、狩猟、礼拝などに関する取り決めなど社会的なものから、当時出たばかりのジェフリー・チョーサーの『トロイルスとクリセイデ』

など文学書に及んでいた。王が何よりも好きだったのが歌を歌ったり楽器を奏でることであった。

ヘンリー五世が行動の規範としたのは騎士道で、態度や話す言葉にも好みが反映していた。特に際立っていたのは、高貴な者と名もなき庶民に公平な裁きをすることであった。これは弱き者を守るのが騎士の務めなりという騎士道精神の表れといわれている。このような克己的な生活は死ぬまで続き、死に臨んでいった言葉は〈我が手でエルサレムを奪還したかった〉というものであった。巡礼を尊び、日に何度も賛美歌を歌った。祈禱中は何人たりとも邪魔することを許さなかった。このような敬神と同時に冷淡で残酷とも思えるほどの正義を追求した。これは彼独自のものというよりは、中世の騎士道精神のなせる業といった方がよいかもしれない。彼の友人も敵対者も、口をそろえて彼を称賛し、また恐れたが、彼を愛するという者はいなかった。すべての人々が異口同音に挙げる彼の特質は、軍事的才能、厳格で時に厳しいほどの正義、目立ちすぎるほどの敬神であった。すなわち、軍律に関しては過酷といえるほど厳格で、フランスの年代記作者の多くは彼を冷酷非道な侵略者と糾弾する。一方、敬虔なカトリック教徒で、奇蹟を起こす聖人の祀られた場所を巡礼するのが好きであった。シェイクスピア以降は〈万人に愛される王〉のイメージが定着したが、史実をたぐれば〈敵も味方もみな彼を称賛し、怖れたが、愛することはなかった〉という評がもっとも事実に近いであろう。(14)

第5章　ロラード派との対立とフォールスタッフの誕生

ウィクリフの信奉者

ヘンリー五世の聴聞司祭はスティーブン・パトリントン（?～1417）であったが、彼が1415年にウエールズのセント・デイヴィッズ大聖堂の司教になったために、トマス・ネッター（c.1375～1430）が後任となった。彼はパトリントンの友人で、一緒に本を著したこともある学者であった。もう一つの彼の顔は、「異端者への鉄槌」というあだ名に示されているように、ロラード派に対する激しい敵愾心であった。

ロラード派は、イングランドの先駆的な宗教改革者であるジョン・ウィクリフの教えを信奉して、ローマ教皇を頂点とするカトリック教会は聖書の教えから逸脱しているとして批判した。例えば、ミサにおいて与えられるパンと赤ワインは体内においてキリストの肉と血に変わるとする「聖変化」や、教会の儀式主義を否定した。ウィクリフの聖書主義は、一部の有力貴族を含めて多くの共感を集めたが、1381年のワット・タイラーの乱の指導者のひとりジョン・ボール（c.1338～81）がロラード派の説教師であったために、上流階級はロラード派をイングランドの社会階級に対する敵とみなすようになった。ウィクリフは1384年に病死したが、その教えはカトリック教会の粛清にもか

ジョン・ウィクリフ

かわらず根強く生き残り、1395年にはロラード派の一部が議会に「ロラード派の論題12か条」[1]を提出し、ウエストミンスター寺院とセント・ポール大聖堂の扉に掲示した。このような運動を圧殺する先頭に立ったのがカンタベリー大司教のトマス・アランデルであった。彼は1401年、ヘンリー四世を説いて「異端火刑法」[2]を成立させた。これは聖書を翻訳したり、所有することを禁じたり、違反者を火刑に処すという法律であった。キリスト教徒が聖書を読むことを禁ずるという、今日から見ればとんでもない法律であるが、この当時聖書を読むのはロラード派など一部の啓蒙された人々に限られていた。このような激しい弾圧のために、ロラード派は表面上は姿を消したが、なくなったわけではなかった。彼らは根強く信仰を保持し続けていた。

その一例として1410年のジョン・バドビーなる平民の裁判がある。彼はウスターシャーの仕立て屋で、聖変化を否定して裁判にかけられた。アランデルは彼をスミスフィールドにて火刑に処することを命じた。ロンドンにいた皇太子時代のハルは、牢屋に行って面会を求め、良識を取り戻してまっとうになれと説得した。しかし、迷いにとらわれたバドビーは皇太子の助言を無視し、秘蹟を敬うことよりは焼かれて死ぬことを選んだ。処刑の当日は、ハルも火刑に立ち会った。ウォルシンガムによれば、「恐ろしい悲鳴に心を動かされた皇太子は、薪を取りのけるように命じて火を罪人から遠ざけ、彼はもうほとんど瀕死であったにもかかわらず、最期の慰めを与えようとした。もし今からでも正気に返り、回心しさえすれば、生きて赦しを乞うことができるし、国庫から生涯にわたって毎日3ペンスの年金を与えようといった。しかしこの卑劣漢は、生気を取り戻して、この寛大な申し出をしてくれた人に唾を吐きかけた。これは、彼が明らかに悪魔に取りつかれているからであった。ハルは彼を炎の中に戻すように命じ、それ以上の慈悲を認めようとはしなかった[3]」。

この処刑には、ネッターも立ち会っていた。彼は、「焼かれている異端者の顔の上を大きな蜘蛛が這い、口の中に入ろうとしているのを目撃した。その蜘蛛はあまりに大きく、恐ろしかったので、叩き落とすのに数人が必要だった[4]」という。

次のような逸話もある。まだパトリントンが聴聞司祭であった時期、しかも新王の戴冠式が終わって間もないころ、ネッターはセント・ポールズ・クロスの説教壇から、王のロラード派に対する取り締まりは軟弱であると非難した。セント・ポール大聖堂の傍らには、誰でも自由に話せる公開の説教壇があって、その上に十字架《クロス》が掲げられていたのでこう呼ばれていたのである。権力者は自分を批判する者は遠ざけるのが通例だが、王となって悔い改めたヘンリーは、批判に耐えてこの声に耳を傾け、ついにネッターを尊敬するようになった。その後、ネッターを聴聞司祭として身近に置き、王は前にもましてネッターの所属するカルメル会に接近するようになった。王の敬神ぶりは、即位した年に二つの修道院を建立したことからも明らかである。

バドビーの処刑

ここに見られるようにヘンリー五世は、自らをローマ教皇を頂点とするカトリック教会の庇護者とみなし、国民に向けられた悪の力に対抗する神の代理人としての国王像を確立しようとした。かつてはカンタベリー大司教アランデルと激しく対立したこともあったが、それは宗教的な対立ではなく、政治的な対立であったために、国王となったヘンリーとカンタベリー大司教の間には何のわだかまりもなかった。王のこのような敬神ぶりは、聖書主義を貫くロラード派にとってはあまりに保守的なものに見えた。典型的な例は、サー・ジョン・オールドカースルの事件に見られる。彼はシェイクスピアのサー・ジョン・フォールスタッフのモデルとされる人物である。

シェイクスピアのフォールスタッフ

フォールスタッフは、『ヘンリー四世・第1部』『同・第2部』ばかりでなく、『ウィンザーの陽気な女房たち』『ヘンリー六世・第1部』にも登場する人気者である。『ヘンリー四世』を見たエリザベス女王が、フォールスタッフの恋するところを見たいとのたっての願いでシェイクスピアが即興で書いたのが『ウィンザーの陽気な女房たち』であるといわれている。この伝説には根拠がないが、彼が絶大な人気を持っていたことは確かである。いずれにせよシェイクスピアが生み出したもっとも傑出した登場人物で、喜劇的な人物としては圧倒的な人気を誇っている。大酒飲みで好色漢、破廉恥きわまる不良老年、太鼓腹で酒焼けした赤ら顔ながら機知縦横で、窮地に陥っても変幻自在な知略で切り抜け、戦場には一番後から、宴会には真っ先に駆けつける。

その破廉恥ぶりは、ハルが好意で歩兵隊長の職を与えると、徴兵権を悪用し、１５０人の兵隊を集

フォールスタッフ

める代わりに300ポンドの金を手に入れるなど目に余る。金持ちや事情があって戦争に行けない者に目をつけ、弱みに付け込んで賄賂をとって徴兵を見逃すのである。戦場に立てば、臆病で、死んだふりをして敵兵を欺き、「死んだふりをして生きるってことは偽物になるってことじゃない、それこそ命を持っている人間の本物の姿だ。勇気の最上の部分は分別にある(5)」とうそぶく。そしてハルが倒したホットスパーの死体を引きずって帰り、その手柄を横取りしてしまう。このような破廉恥にもかかわらず、ハルが友情を示すのは、彼が自分で頓智が利くばかりでなく他人の洒落のきっかけになる当意即妙なユーモアの持ち主だからである。

このようなフォールスタッフにも一つだけ弱点がある。それは自分の子供のようなハルを好きでたまらないことである。そんなフォールスタッフの気持ちはハルにも伝わっていて、戦場でこの巨体が倒れているのを見たとき、「お前以上の人物を失っても、これ以上寂しい思いはしなかったろう(6)」とその死を悲しむ。そのフォールスタッフが、その後でハルが倒したはずのホットスパーの死骸を持ってきて、自分の手柄と言い張ったときにも、それを見逃すばかりか、うまく言いつくろってやるのである。このようなフォールスタッフ像は、事実を羅列することの多い歴史劇にあっては、格好の息抜きの場となり、『ヘンリー四世』を劇として成功させた最大の要因になっている。このようにルネッサンス的自由を存分に体現したフォールスタッフであるが、第2部では、ホットスパーを倒すという戦功を鼻にかけて弱者を圧迫したり、その傍若無人さが募って、ついには愛すべきハルからも見放されてしまう。以上が、『ヘンリー四世』シリーズに登場するフォールスタッフ像のあらましである。

オールドカースル、フォールスタッフと改名の経緯

まず初めに、『ヘンリー四世・第1部』『同・第2部』に登場するサー・ジョン・フォールスタッフという登場人物は、当初、サー・ジョン・オールドカースルという名前であったことから始めたい。これが政治的な理由からフォールスタッフと改名され、その痕跡が第2部のエピローグに残っている。そこでは「かのサー・ジョン・オールドカースルは殉教者として死にました、だが彼はフォールスタッフとは別人です」とわざわざ、フォールスタッフはオールドカースルとは別人であることを断っている。このあたりの事情を簡単に説明しておこう。

話はいきなりエリザベス女王時代の1596年8月8日に飛ぶ。この日宮内大臣のハンズドン卿ヘンリー・ケアリー（1526～96）が死去した。宮内大臣は宮中の経営事務から外国使節の接待などを職務とする官職で、饗宴局長を通じて劇団の上演作品などにも権限を持っていた。シェイクスピア一座はハンズドン卿をパトロンとし、正式には「宮内大臣一座」と名乗っていた。ハンズドン卿の死後、跡を継いだのは息子の第2代ハンズドン卿であったが、宮内大臣の職はコバム卿ウィリアム・ブルック（1527～97）が務めることになった。このために一座は第2代ハンズドン卿をパトロンとして「ハ

コバム卿ウィリアム・ブルック

ンズドン卿一座」と名前を変えた。ところが、後任の宮内大臣コバム卿は、サー・ジョン・オールドカースルの子孫であったために、自分の先祖が酒乱で好色の不良老年に描かれていることに不満を抱き、劇団に抗議したとされる。彼が饗宴局長であったエドマンド・ティルニー（1536～1610）に圧力をかけた結果、シェイクスピア一座はオールドカースルという名前を『ヘンリー六世・第1部』で戦わずして戦場を逃げ出したフォールスタッフに変更した。このとき、オールドカースルの仲間のハーヴェイとラッセルもバードルフとピートに変更されているのは、おそらくティルニーの検閲の結果であろう。ハーヴェイはシェイクスピアのパトロンのサウサンプトン伯の親戚であるサー・ウィリアム・ハーヴェイ（?～1642）を思わせるし、ラッセルは有力貴族ベッドフォード伯爵家の名字であった。

　コバム卿は、このようにオールドカースルをフォールスタッフに変更させただけでは気が済まず、次なる手を打ってきた。シェーンボームはその経緯を次のように説明している。1599年、コバム卿はシェイクスピア一座とはライヴァル関係にある海軍卿一座の劇作家、マイケル・ドレイトン（1563～1631）、リチャード・ハサウェイ（fl.1597～1603）、アントニィ・マンディ（c.1560～1633）、ロバート・ウィルソン（?～1600）に命じて『コバム卿サー・ジョン・オールドカースルの真実にして名誉ある生涯』[7]という劇を上演させた。その前口上では、この劇で扱うのは「飽食

The first part
Of the true and honorable historie, of the life of Sir John Old-castle, the good Lord Cobham.
As it hath been lately acted by the right honorable the Earle of Notingham Lord high Admirall of England his seruants.
LONDON
Printed by V.S. for Thomas Pauier, and are to be solde at his shop at the signe of the Catte and Parrots neere the Exchange.
1600.

『コバム卿サー・ジョン・オールドカースルの真実にして名誉ある生涯』

の大食漢や、青年を罪にいざなう老誘惑者ではありません。他にぬきんでた美徳を有せし雄々しき殉教者、徳の誉れ高い貴族なのです」とことわり、「美しき真実に名誉を。作り話で過去が汚されたのですから」[8]と結んでいる。ここから、この劇がシェイクスピアによって傷つけられたオールドカースルの名誉を挽回するために作られた作品であることがわかる。

歴史上のサー・ジョン・オールドカースル

さて、名前を変え、劇中でオールドカースルとフォールスタッフは別人であるとわざわざ断っているにもかかわらず、明らかにフォールスタッフはオールドカースルの生まれ変わりであった。しかもシェイクスピアによって命を吹き込まれた劇中人物は、たちまちひとり歩きを始め、絶大な人気を博するに至った。先に述べたエリザベス女王が、恋するフォールスタッフを見たいと所望したとの伝承は、真偽はともかく、フォールスタッフの絶大な人気を示している。なればこそ、コバム卿がドレイトンなどを使って、芝居には芝居をもって、その虚像を払拭しようとしたのである。

シェイクスピアが歴史劇で描いたことによって、歴史の解釈が変わってしまうことを、現代の歴史家はシェイクスピア症候群と呼んでいるが、それはシェイクスピアの在世中に既に始まっていたことになる。

さて、この事件からわかるように、歴史上のコバム卿ジョン・オールドカースルと劇中人物ジョン・フォールスタッフとは全く別人であった。次に歴史に記録されたオールドカースルの実像を探ってみたい。

サー・ジョン・オールドカースル

ジョン・オールドカースルは1360年（1378年説もある）に、ヘレフォードシャーのアムリーで、リチャード・オールドカースルの息子として生まれた。彼の名が初めて資料に登場するのは、1400年のスコットランド遠征で、グレイ卿コドノー（c.1371〜1418）の配下にその名がある。その後は、ウエールズ鎮圧軍に加わり、戦功を立てたと思われる。『ヘンリー五世の言行録』には、「オールドカースルは皇太子家でもっとも高く評価される親密な家来の一人で、世間的な評判も良く、誇り高い人物であった。身体は壮健であったが人徳という意味では脆弱であった」(9)と述べられている。ウエールズにおいて殺戮と虐殺を含む戦功により騎士への叙爵を確実なものとしたといわれるが、スコットランド遠征の時点で既に騎士であったとの資料もある。いずれにせよ、ウエールズで皇太子時代のハルと面識を得、ともに戦う中で信頼を深めていったものと思われる。ブレックノックのビュィルス城を任され、物資の補給を担当した。軍事的に頼れる副官であり、個人的にもハルが気を許せる腹心といえるほどの信頼を得るに至った。1404年には、ヘレフォードシャーから議会の代表に選出され、1408年にはコバム男爵家の寡婦ジョーンと結婚した。ジョンにとっては三度目の、ジョーンにとっては四度目の結婚であった。この結婚の背後にはハルの強力な推薦があったとされる。一介の青年が皇太子の知遇を得て、ついに貴族の仲間入りをしたのである。コバム家はケントの名門貴族であったために、オールドカースルはケント、ノーフォーク、ノーサンプトンシャー、ウィルトシャーなどに多くの領地を所有し、コバム卿と呼ばれることになった。

ヘレフォードシャーにはロラード派が多く、オールドカースルがロラード派に感化されたのは1410年以前とされる。当時の年代記作者は彼に対して批判的で、例えば『ヘンリー五世の言行録』では、オールドカースルは皇太子家でもっとも信頼されていたにもかかわらず、「恐れ多くも国王に反逆したばかりか、普遍のカトリック教会に反逆したのだ……彼はウィクリフの悪意（すなわち、あの告発されし偽善の予言者ジョン・ウィクリフが聖俗全体の秩序ある体制を転覆させようとて、新たな言葉の衣を着せて復活させた古の異端思想）によって毒されていたので、イングランド各地で不穏な動きを続けていた同じ病に害された輩の指導者ないし大将のごときであった[10]」と述べられている。他の同時代の資料でも、謀反人、悪魔の追随者、ウィクリフの悪意に毒されている、教会の敵、教会の転覆者、ロラード派の厄病に取りつかれた教えの信奉者、異端者、聖なる教会の破壊者などと酷評されている。このようなことをハルは全く知らなかった訳ではないが、アランデル一派と対立していた時期にはロラード派に共鳴する人々が彼を応援していたこともあって、見て見ぬふりをしていたのかもしれない。

オールドカースルは学識があり、ヤン・フスと交信していたことが知られている。フスはウィクリフに感化されたボヘミアの宗教家で、ウィクリフの本を自国語に翻訳し、その考えを広めたために、後にカトリック教会から異端として告発され、火刑に付されている。ボヘミアとイングランドは、リチャード二世妃のアンがボヘミア王家出身であったことから交流が深まり、遠く離れた二国ではあったが緊密な関係があった。一説によると、フスにウィクリフの著作を送っていたのはオールドカースルだといわれている。当時はまだ印刷機がなく、本は写字生が手で書き写し、それに彩色職人が色付けし、製本職人によって本にされた。一冊の本を完成させるのには多くの人手と時間がかかったわけである。彼はフスばかりでなくフランス、スペイン、ポルトガルなどにもウィクリフの著作を送っていたとされるので、こういった本の制作過程に関与した誰かから教会関係者に情報が漏れたものと思われる。

オールドカースルは、結婚後妻の所領であるケントのロチェスターに近い堅牢な要塞として知られたクーリング城で暮らすようになった。そこで貧しい司祭による説教を聞きに行ったという。説教の途中で、司祭の話を遮るような発言をするような者がいると、だれかれ構わず剣で威嚇するようなことがあった。このような噂はアランデル大司教の耳にも入り、教会当局も彼の動向には目をつけていたものと思われる。当時既にウィクリフは死亡していたが、当局は引き続きウィクリフの信奉者やその後援者を一掃することに力を注いでいた。

ヘンリー五世が王位に就いて間もない1413年3月、ロンドンのペイターノスター街にある写本の彩色を手掛ける店で、異端の本が見つかり、調べてみるとそれがオールドカースルのものと判明した。アランデル大司教からの報告を受けても、ヘンリー五世はこれを深刻には受け止めていなかった。王と彼の仲は親密で、彼は26人のレスラーをウィンザー宮殿に派遣して、王を慰めるために御前試合を披露したばかりであった。大司教は教会関係者を伴って王に拝謁し、苦言を呈すると、王は信頼できる家来を送って彼を説得し、それでもだめなら自ら説得に当たると約束した。しかし、家来による説得は不調に終わったために、6月、王自ら説得に当たることになった。これに対してオールドカースルは、神の代理人たる国王に対しては服従するが、「精神世界の支配者たるローマ教皇に対しては、知りうる限りのいかなる奉仕義務も負わず、一銭たりとも支払うつもりはない。神の言葉が真実であるのと同じくらい明確なことは、私にとっては教皇が最大のキリスト敵対者であり、破滅の子であり、神に対する公然たる敵対者であり、聖なる地に立つ忌まわしき者であることです[11]」と答えた。この回答に王も彼が改宗の見込みがないと判断し、教会裁判所で裁くことを認めた。大司教アランデルは、クーリング城に正式な召喚状を送ったが、使者が怯えて手渡すことができず、結局ジョン・バトラーなる人物の助けを得て、召喚に応じるよう説得した。

オールドカースルの居城クーリング城

これも拒絶されたので、大司教はロチェスター大聖堂の扉に告知状を張り出した。するとこれもオールドカースルの支持者によって剝がされてしまった。その後王命による召喚状が発行されたので、彼もこれには従わざるを得ず、ロンドン塔に収監された。1413年9月23日、彼はセント・ポールで宗教裁判にかけられた。ここでも彼は、聖書は信じるがローマ教皇は受け入れられないと、回心を拒否した。25日、改めて多くの高位聖職者を伴って大司教が自ら尋問した。聖職者たちは口々に激しい言葉を浴びせたが、彼の決意は変わらなかった。ここで有罪を宣告され、再びロンドン塔に戻された。彼はロラード派の仲間に手紙を書いて窮状を訴えたが、10月10日、ついに彼の異端が確定した。王はいまだに古い友人を救済する方法を模索しており、懺悔の時間を与えるとの名目で、処刑まで40日の猶予が与えられた。ところがこのような王の温情が裏目に出た。彼は厳重な包囲網を潜り抜け、10月19日、ロンドン塔から脱出してしまったのである。たぶん、衛視の一人サー・ロジャー・アクトンが逃亡を手助けしたのであろうといわれている。

それから2か月あまり、ヘレフォードシャーないしウエールズに潜伏したオールドカースルは各地の仲間に手紙を書き、とんでもない陰謀を企んでいた。トマス・ウォルシンガムによれば、1414年1月10日、王がロンドン郊外のエルサム宮殿で十二夜の仮装無言劇を観劇するとの情報を得た彼は、王を拉致ないし殺害しようという計画を立てた。しかし、共犯者の一人が王に密告したために、王はより安全なウエストミンスターに移動した。そうとは知らないロラード派は、陽が落ちるころセント・ジャイルズの広場に集結した。そこではオールドカースルが仲間を待っているはずであった。通りには全国から十分な報酬を約束されて集合した群衆がひしめいていた。なぜそんなに急いでいるのかと尋ねられると、コバム卿に会いに行くためだという返事が返ってきたという。しかし、王はそのすべてを知っていて、部下に武装して待機するよう命じ、頃合を見計らっていたのである。真夜中過ぎに広場に入った王は、何が起きてもいいような安全な場所に自らの居場所を確保した。暗闇の中で、コバム卿を探しているうちに迷って王の陣営に入り込んだ多くの者が逮捕された。やがて、王が強力な軍隊を引き連れて広場の周囲を囲み、多くの仲間が逮捕されたという話が伝わり、また、王が市門を閉鎖したためにロンドンからは一人もここに来ていないということがわかって、暴徒らは震え上がった。実際に、もし王がこのような措置を講じなかったら、5万人にも及ぶ召使いや徒弟などが、国王めがけて殺到しただろうといわれている。ロラード派は逃げ出した。王軍は彼らを追跡し、何人かを捕え、殺害した。しかし、オールドカースル自身は混乱にまぎれて逃亡した。[12]

このようにしてロラード派の事件は沈静したが、心労のあまり大司教トマス・アランデルは重い病気にかかってしまった。舌は腫れ上がり、食べることも、ついにはしゃべることもできなくなって、1414年2月20日、死を迎えた。

オールドカースルの処刑

一方、逃亡したオールドカースルはヘレフォードシャーに潜伏し、4年近く厳しい追及の目を逃れていた。この間に1415年のサウサンプトン事件や、1416年のロラード派の陰謀に主導的な役割を果たすなど、各地を転々としながら活動を続けた。しかし1417年11月、彼の潜伏場所が発見され、ポウイスのチャールトン卿によって捕えられた。なおこれには異説もあって、彼が捕えられたのは生まれ故郷に近いヘレフォードシャーのオルコン渓谷とする考えもある。いずれにせよ、彼は厳重な警備のもとにロンドンに移送された。裁判で彼は、反逆罪と異端の故に死刑を言い渡された[13]。処刑は異端者に対して行われる火刑で、しかも処刑台ごと弱い火でゆっくりと焼き殺すというもっとも残酷な方法で執行された。王はフランスに遠征中であったために、一連の悲劇に寛容な措置が講じられることはなかった。

オールドカースルは、現代では宗教改革初期の殉教者として評価されているが、当時の年代記作者は彼を、異端者、反逆者、アンチクライストとして厳しく糾弾している。当時の政治情勢からして、年代記作者が王やカトリック教会当局の意向を忖度《そんたく》して、プロパガンダを繰り広げたことは十分想像できる。それを割り引いても、オールドカースルの処刑によって、一連のロラード派による反乱の芽を摘み、信仰の擁護者、すなわちカトリック教会の擁護者としての国王の立場を確立し、国を乱す悪魔の手から国家を擁護する国王のイメージは国民の間に深く浸透することになった。今日では、一連の事件は王によって巧みに泳がされた政治劇だとする見方すらある[14]。当時の資料から判断すれば、そこまで踏み込むことはできないが、結果から見ればこの事件の解決により、ランカスター王朝が安定へと向かうバネになったことは事実である。

シェイクスピアのフォールスタッフとオールドカースル

これまで見てきたように、史実のオールドカースルは筋金入りのロラード派の闘士で、信念の固さ、行動の一貫性、勇気など何をとっても、臆病者のほら吹き兵士フォールスタッフとは大違いである。そのオールドカースルがなぜ正反対の性格を持つフォールスタッフに変身したかについてはシェイクスピア学者の間でも関心が高く、「フォールスタッフ論争」ないし「オールドカースル論争」として知られている。甲論乙駁の論争の中で有力な見解は、当時の宗教ないし政治的な見方の変化に関連付けて説明するものである。

すなわち、劇の背景となったランカスター王朝時代には、ロラード派はローマ教皇や国王に反逆する異端の宗教であった。しかし、ヘンリー八世の宗教改革でイングランドがカトリックを離脱してイングランド国教会を樹立すると、一転してカトリックが弾圧の対象になった。やがて、紆余曲折の末、エリザベス朝後期になるとロラード派と同じような克己的な宗教観を持つ清教徒が勢力を伸ばしてきた。イングランド国教会の首長たるエリザベス女王にとっては、スペインを後ろ盾とするカトリックが前門の虎なら、ロラード派の厳格な聖書主義を継承してプロテスタント的な改革を迫る清教徒は後門の狼で、いずれも脅威であった。宗教問題がそのまま政治問題であったテューダー王朝時代、このようなイングランドの政治的な変化がフォールスタッフ像に反映されているというわけである。

その経緯をもう少し詳しく見てみよう。オールドカースルは同時代には邪悪な異端者として扱われていたことは既に見てきたとおりであるが、テューダー王朝になってもその見方はカトリック信仰とともに残っており、例えばヘンリー八世に処刑されたトマス・モアや、16世紀になってもニコラス・ハープスフィールド（1519～75）の文章には同じような見解が見られる。彼はモアと親しく、モアの伝記を書くほどモアに心酔していた。宗教改革によってカトリックが弾圧されると、彼は一時大陸に逃れていたが、メアリー一世によってカトリックが復活すると、カンタベリーの助祭長となった。しかし、エリザベス女王が即位すると、彼はモアに倣って、国王至上法に基づく宣誓を拒否したために投獄された。病によって釈放されたものの、彼は死ぬまで信念を曲げなかった。このように見てゆくと、彼の考えは、モア、さらにはヘンリー五世の聴聞司祭トマス・ネッターへと至るカトリック信仰と密接にかかわっていることがわかる。

しかし、エドワード六世の時代になってプロテスタントの勢力が強くなると、オールドカースルを殉教者として讃える見解が公にされるようになった。その先駆者はジョン・ベール（1495～1563）で、彼は1554年出版の『簡易版ジョン・オールドカースル伝』[15]を出して、オールドカースル弁護の狼煙を上げた。これを受けて1563年にはジョン・フォックスが『殉教者列伝』[16]を出して、過去の歴史的な著述の間違いを糾弾した。

この本に収録されているのは、カトリック時代からメアリー女王の時代までに、信仰を守って死んでいったおびただしい無垢な人々であった。彼はオールドカースルに関するそれまでの歴史的記録は理不尽な誹謗中傷であり、全くの虚偽であると真っ向から否定した。彼はオールドカースルを殉教者とし、彼を記念するプロテスタントの祝日（2月6日）さえ作った。『殉教者列伝』は当時のイングランドの全教会に購入が義務付けられていた、いわゆる牧師の必携書であったために、この考えは正統な解釈として受け入れられるようになった。ここに至ってオールドカースルは殉教者としての地位を確立した。

このように反カトリックで国内は一見統一されたかに見えたが、やがてプロテスタントの中でもより禁欲的な清教徒が勢力を伸ばしてゆくと新たな問題が浮上した。イングランド国教会と対立するようになったのである。清教徒はいろいろな点でロラード派と共通点を持っていたが、ヘンリー八世の個人的な事情からプロテスタントに転じたイングランド国教会には多分にカトリック的な体質が残っており、極端な聖書主義をとる清教徒とは所詮意見が合わなかった。反清教徒の急先鋒はカンタベリー大主教ウイットギフト（c.1530～1604）であった。確証はないが、彼のピューリタン嫌悪はエリザベス女王の意向を汲んだものといわれている。主教など高位聖職者はウイットギフトに従って清教徒に厳しかったが、有力者の中にもレスター伯ロバート・ダドリー（c.1532～88）のように親清教徒的な貴族や、諜報機関を有して隠然たる勢力を持ったサー・フランシス・ウォルシンガム（c.1532～90）のような清教徒に寛容な人物がいたために、彼らが直接弾圧されることはなかった。しかし1590年ごろまでにこれらの有力者が相次いで世を去ると、満を持していたウイットギフトは行動に移った。彼は清教徒がパンフレットなどを通じて布教していることに目をつけ、これらの本の印刷を禁じ、次に1593年に「治安妨害法」[17]を作った。以来清教主義は違反と認定され、弾圧の対象となった。これによって過激な清教徒が次々と反逆罪で処刑され、また国教会の主教制度を批判する文書を出版した印刷業者も絞首刑にされた。かつてアランデルがロラード派に対して行った非道が、ウイットギフトによって清教徒に対してなされるようになったのである。反カトリックとしてプロテスタントを主導してきた清教徒は、一転して窮地に追い込まれることになった。

このような状況の中でシェイクスピアは臆病でほら吹きのオールドカースルを作り出した。太田一昭氏は「シェイクスピアは、殉教者オールドカースルという清教徒のイデオロギーの支柱の一つに揺さぶりをかけることによって、窮地に陥っている清教徒に追い打ちをかけているように見える」[18]と、慎重に筆を運んでいるが、シェイクスピアがオールドカースルと清教徒を重ね合わせて劇中人物を作り上げていることは疑いの余地がない。シェイクスピアがオールドカースルを笑いものにしたのは清教徒に対する当てつけであるとする考えをさらに突き詰めると、そこにはプロテスタントの旗手ジョン・フォックスとシェイクスピアの浅からぬ因縁が見えてくる。

『殉教者列伝』を書いたジョン・フォックスは、若いころ清教徒であったサー・トマス・ルーシー（1532〜1600）の家庭教師を務めたことがあった。ルーシーは、チャールコート・パークの領主でシェイクスピアの父ジョンに厳しい処罰を課し、ジョンを事実上の破産に追い込んだばかりか、息子のウィリアムがその荘園内の鹿を盗んだときにも厳しい処罰を下して、彼が故郷を出るきっかけを作った人物である。その腹いせにシェイクスピアは『ウィンザーの陽気な女房たち』で、ルーシーを判事シャローに仕立てて笑いものにしたといういわくつきの人物である。イアン・ウィルソン（1941〜）は、オールドカースルが臆病者となって笑いものにされた背後には、隠れカトリックであったシェイクスピアと、清教徒の後ろ盾となっていたフォックスの因縁があったと解釈している。その根拠として、フォックスの『殉教者列伝』の中に、オールドカースルが法廷で「若いころはうぬぼれ屋で、怒りっぽく、貪欲、好色の罪にふけった」ことを認めたとあり、シェイクスピアはこの記述からヒントを得て、オールドカースルを大酒のみで、放縦で、大ぼら吹きという性格に設定し、どのような状況からでも、嘘と策略で逃げおおせるといった人物を作り上げたのである、と述べている。[19]なお、フォールスタッフがことあるごとにジュネーヴ聖書を引用するのも、オールドカースルのプロテスタント信仰を強調するためであるという。ちなみに、ジュネーヴ聖書は清教徒の愛読書で、後にクロムウェルの清教徒軍の兵士が身につけていた英語版聖書である。

オールドカースルがフォールスタッフになった背景に当時の宮廷内における対立の影を見る学者もいる[20]。当時、コバム卿の息子サー・ヘンリー・ブルックは、義兄のサー・ロバート・セシルなどと連携し、エセックス伯やサウサンプトン伯と激しく対立していた。サウサンプトン伯はシェイクスピアのパトロンであり、政敵の先祖オールドカースルが笑いものにされるのを大いに楽しんでいたといわれる。サー・ヘンリー・ブルックは酒に目のない遊び人との噂がある人物で、『ウィンザーの陽気な女房たち』では「酒があふれる川《ブルック》[21]」とあてこすられている。また、エセックス派の中では、彼はフォールスタッフというあだ名で呼ばれて、サー・アレグザンダー・ラトクリフの妹を密かに懐妊させたことなどが、スキャンダルとして話題にされていた[22]。

フォールスタッフのもう一人のモデル

さて、シェイクスピアはオールドカースルをフォールスタッフに改名して、政治的な難局を巧みに回避したかに見えた。しかし、これは別の問題を引き起こした。

フォールスタッフが『ヘンリー六世・第1部』にも登場することは既に触れたが、実はこのフォールスタッフのモデルはオールドカースルではなく、サー・ジョン・ファストルフ（c.1380~1459）という全くの別人である。彼は、シェイクスピアでは卑怯にも味方を見捨てて逃亡し、トールボットに勲章をはぎ取られる臆病者として描かれている。実在のファストルフは、1429年のパテーの戦いの敗戦の責任を負わされて、ベッドフォード公によって一旦は勲章を剝奪されたが、その後再調査の結果、部下の命を守るための退却であることが認められて、名誉を回復されている。イングランド軍が壊滅的な敗北を喫する中で、残った兵をまとめて退却させたのは、冷静な判断であり、卓抜な軍事指導者であるとされ、ガーター勲章も復活された。

コバム卿からオールドカースルについて抗議が出たときに、シェイクスピアは『ヘンリー六世・第1部』で登場させていた同じく臆病者のフォールスタッフの名前をオールドカースルに与えて、非難をかわそうとした。

オールドカースルがそうであったように、ファストルフも史実と違って臆病者に描かれている。これは、偶然ではなく、シェイクスピアが一定の信念を持っていたからではないか。そのような疑問が生まれても不思議はない。これについても多くの学者が様々な見解を述べているが、先に引用した太田一昭氏は、ファストルフがロラード派の支持者であったためであると考えている。[23] 彼は多くの傍証をあげたうえで、シェイクスピアと同時代のマイケル・ドレイトンがファストルフを賛美していることに着目し、ファストルフもまた新教徒の間で尊崇されていたことを突き止めた。ドレイトンはコバム卿が海軍卿一座で上演させた『コバム卿サー・ジョン・オールドカースルの真実にして名誉ある生涯』の共同執筆者の一人である。既に述べたように、この作品はオールドカースルの名誉を回復するために執筆されたものである。このように、点と点を繫ぎ、足りないところを補えば、オールドカースルを臆病者に変身させ、ファストルフを卑怯者に変身させたのは、ロラード派の闘士やその支持者を笑いものにすることによって、その崇拝者である清教徒を揶揄するというシェイクスピアの意図が見えてくるというのである。シェイクスピアは政治的な問題を回避することにかけては天才的な能力を持っており、彼が意図的に清教徒を笑いものにしたとの確証を探すのは至難であるが、このような考え方は十分な説得力を持ったものである。

以上、カトリックに心情的に共鳴するシェイクスピアが、清教徒が殉教者として崇めるオールドカースルを臆病で破廉恥な騎士として描くことによって、彼らを貶める意思があったという見地から論を進めてきた。これは有力な意見で、筆者も共鳴するところが大であるが、反対意見も紹介しないと不公平になる。紙面が限られているので、手短に書くと、シェイクスピアは『ホリンシェッドの年代記』などを使ってまず『ヘンリー六世』シリーズを書き、ファストルフを臆病な騎士として描いた。次に、『ヘンリー四世』シリーズを書いたときに、オールドカースルはホリンシェッドに言及されていないので『ヘンリー五世の名高き勝利』を下敷きにして、深い考えはなく、単純にオールドカースルという名前を使ったままで臆病なほら吹き兵士という登場人物を作り出した。つまり、便宜的な命名にすぎないというのである。シェーンボームなどは、この確率の方が高いと述べている(24)。本書の目的は「オールドカースル論争」に決着をつけることではないが、ここまで書くと、筆者の見解も示さねばならないだろう。先にも述べたように筆者は概ね清教徒諷刺説に共鳴するが、フォールスタッフの当意即妙な機知、縦横無尽な言葉遊びなど彼の喜劇的な要素は別の視点から見るべきであると考えている。一つは、シェイクスピアが主として喜劇を書くときに参考にしたローマ新喜劇におけるほら吹き兵士のような定型と、もう一つは『ヘンリー五世の名高き勝利』で道化を演じたとされるリチャード・ター

タールトン

ルトンの影響である。彼は『ヘンリー五世の名高き勝利』で、道化のデリックとジョッキー（オールドカースル）の二役を演じていたといわれる。シェイクスピアは言葉の天才として知られ、当意即妙な地口や駄洒落を駆使したが、彼にそのネタを提供したのが道化役者であることは意外に知られていない。タールトンは役者同士の掛け合いばかりでなく、観客からのヤジにも反応し、当意即妙な機知問答を繰り広げたことで知られ、ときには全く脚本から逸脱するなど、ある意味では脚本家泣かせであった。しかし、脚本家の方でも、当時絶大な人気を誇っていた彼の言葉遊びや演技から多大なヒントを得ていた。つまり、役者と座付き作家は持ちつ持たれつの関係にあったのである。タールトンは『ハムレット』の道化ヨリックのモデルとされるが、フォールスタッフの、ときには脱線もいとわない言葉遊びのモデルはタールトンであろうというのが筆者の見解である。なお、タールトンは１５８８年に死亡し、実際にフォールスタッフ役を演じたのはウィリアム・ケンプであった。タールトンは芝居の脚本を１冊書き、多くのパンフレットを書いた。彼の駄洒落の人気は死後も衰えず、１６００年に『タールトンの笑話集』[25]として出版されていることを追記しておく。

第6章　フランス侵攻計画

サリカ法

シェイクスピアの『ヘンリー五世』の1幕では、フランス侵攻を企図するヘンリー五世が、自らのフランス王位継承を阻んでいるサリカ法の正当性について、カンタベリー大司教に法律的な根拠を問いただすところから物語が展開する。サリカ法は、本来はフランク族サリー支族の刑罰、訴訟、相続に関する法典だったが、その相続に関する条項が拡大され、女子による王位継承の禁止に至ったものである。フランスはこの法を盾にエドワード三世のフランス王位継承権を否定し、ここから百年戦争が始まった。理解のために簡単に経緯をたどってみよう。

フランス王シャルル四世は、1328年、男子後継者のないまま世を去り、カペー家は断絶した。従弟のヴァロア家フィリップが王位を継ぎ、フィリップ六世を名乗った。これに対して、シャルル四世の妹イザベルの息子でイングランド王エドワード三世が、王位継承権は自分にあると主張し、争いが始まった。基本的には男系相続しか認めないフランスと、女系相続を認めるイングランドの対立であるが、このサリカ法にはいくつかの問題点があり、そこをついてプランタジネット家のエドワード三世が王位を主張したのである。『ヘンリー五世』においては、その問題点をカンタベリー大司教が雄弁に解説しているが、要点を整理すると以下のようになる。サリカ国はザール河、エルベ河に挟まれたドイツ領で今日マイッセンと呼ばれる地方の国である／サリカ法を制定したのはファラモン王で、王は426年に没している／フランスがここを領有したのは805年、シャルルマーニュ大帝の時代であった／シルデリック三世を廃位させたペパン王は、クローテル王の娘パチルドの後裔であった／ロレーヌ公シャルルから王位を簒奪したユーグ・カペーは禿頭王シャルルの娘ランガールの相続者と主張している／カペーの息子ルイ九世は王位に不安があったが、祖母イザベルがロレーヌ公シャルルの娘エルマンガールの直系だと知って安堵することができた。

カンタベリー大司教は、このようにサリカ法は本来フランスの法ではないこと、またその後の事例からフランスにも女系相続の前例があり、また、慣習も生きているので、サリカ法を根拠にイングランド王の女系による継承権を否定するのは間違いであると、フランス侵攻の大義を主張したのである。もちろんこれはエドワード三世がフランスに侵攻したときの大義であり、同じ権利は曽孫であるランカスター家のヘンリー五世にも継承されているというのがイングランドの主張である。

テニス・ボールの贈り物

フランスにおける母系の王位継承を認めないサリカ法が根拠のないことを確認した王がフランス遠征を検討しているところに、フランスの王太子からの使節が到着して使者の口上を述べる。ここはシェイクスピアの名場面の一つなので直接見てみよう。

使節1　それにたいし、
我が主君でありますフランス王太子はこうお答えです、

陛下のお考えはあまりにも青臭く、大人気ない、
我がフランスには、ばか踊りなどして手に入るものは
なに一つなく、我が公爵領には、千鳥足で侵入しうる土地は
一片もないことを、とくと熟慮されるようにと。
そこで王太子は、このほうが陛下のご気性にお似合いだと、
この宝一箱をお贈りなさいます……。（『ヘンリー五世』1幕2場250－257）

王の指示でエクセター公（トマス・ボーフォート。厳密にはこの時期にはドーセット伯で彼がエクセター公となるのは1416年だが、多くの年代記がエクセター公として扱っているので、以下エクセター公で書き進める）が宝箱を開けるとそこにはテニス・ボールが入っていた。放蕩息子にはテニス・ボールがお似合いだとの嘲笑である。これに怒った王はフランス使節に対して、冷静に、しかしながら激しい怒りを秘めた言葉で返答する。

さらに冗談好きな王太子に伝えてほしい、彼のこの嘲弄は
テニスのボールを砲弾に変えたと。そしてその砲弾とともに
飛びきたって破壊をもたらす復讐にたいしては、ひとえに
彼の魂が痛恨の責めを負うべきであると。彼のこの嘲弄は、
何千という妻を嘲弄してその手から愛する夫を奪い、

母を嘲弄して息子を奪い、城を嘲弄して崩壊せしめるだろう。
また、いまだ生まれざるものの中にも、当然ながら
王太子のこの嘲弄を呪うものが続出するだろう。（『ヘンリー五世』1幕2場282－289）

この言葉がフランスに対する事実上の宣戦布告となって、百年戦争の後半が幕を開ける。このようにシェイクスピアでは、フランス王太子のテニス・ボールによる嘲笑事件が、ヘンリー五世のフランス侵攻の引き金になっている。この場面は短いが、王は既に放蕩息子ではなく、冷静な実務家の顔と情熱的な武人の顔を持った理想の君主に生まれ変わっていることを雄弁に物語っている。このエピソードはあまりに有名であるために、今日でも多くの人々に信じられているが、史実はかなり違っている。

テニス・ボール事件の真相

まず第一に明確にしておかねばならないことは、この話はフランス側の資料には全く言及されていないという事実である。一方、イギリス側には、直接間接ながらいくつかの断片的資料が、テニス・ボール事件に言及している。キース・ドックレーによれば、「トマス・エルマムは『韻文ヘンリー五世伝』(1)の中で王太子は実際テニス・ボールを送ったと書いているし、年代記作家トマス・オッターバーンは使節が来たときに王はケニルワースにいたと述べている。さらにこの話は15世紀初期のバラッドにも詠われている。『ブルート年代記』(2)によれば、アルフルールを包囲中に王が石のボールで遊んで

いるときに小さなボールが送られてきたが、ヘンリー五世は挨拶状をつけて送り返した」[3]という。一番古い資料で、完全な形で残っているのはジョン・ストリーチの年代記である。彼によれば、ヘンリー王が王位に就いて2年後、ヘンリー王はフランスに使節を送った。

その使節団は、司教、二人の博士、随行の二人の騎士からなるものであった。彼らはフランス王、並びにその諮問委員と、イングランド王ヘンリーとフランス王の娘キャサリンの結婚を祝賀する件について協議した。しかし、イングランドの使節団はこの件についてフランス側とほんの少し協議をしただけで、一致した結論にも、王に有利な結論にも達しなかったので、帰国することになった。これらのフランス人は高慢で、先見の明がなく、イングランド王の使節に愚かにもあざけりの言葉を浴びせたのであった。つまり、ヘンリーは若造にすぎないから、立派な強い大人になるまで遊ぶためのボールと、休むための柔らかなクッションを贈ろうといったのである。[4]

ここにはっきりと示されているのは、ヘンリー五世は未熟でフランスにとっていかなる脅威にもなりえないということである。（ストリーチの言葉をそのまま真に受けるとすれば）王はこれを聞いて怒りに燃え、数か月以内にフランスの街でテニス・ボールで遊ぶことになるだろう。さすれば、彼らも冗談をやめるだろうし、このあざけりのゲームが生み出すのは嘆き悲しみだけであろうと応じた。

キース・ドックレーは以上の資料を考察の上、次のように解説している。

ジョン・ストリーチがこの文章を書いたのはおそらくヘンリー五世の死の直後のことで、当時地方の王宮として使われていたケニルワース城で、王宮内で持ち上がっていた噂話を聞いたものであろう。というわけで、テニス・ボールの話にある程度の信憑性があることは考えられる。おそらくフランスに行った使節団の誰かが話しているのを偶然耳にはさみ、それが後に宮廷内の内輪話として、フランス人の傲慢と横柄さの証拠として広まったものであろう。興味深いのは、テニス・ボールがイングランドに送られてきたのではなく、ヘンリー五世の使節団がフランスにおいてこのような贈り物によってあざけりを受けたにすぎないことを、この一番古い文献が示している点である。しかしながら、王太子がイングランド王の若さを嘲笑したということは、王太子ルイの方がヘンリー五世より九歳ほど年下であるから、事実として受け入れがたい。ヘンリー五世在世中の文献や書簡もこの事件に言及しておらず、信頼できるとされる『ヘンリー五世言行録』やトマス・ウォルシンガムも特にこの件には触れていない。一番重要な点は、フランスの文献には全くこの話が載っていないことである。実際のところ、この話はフランス人の傲慢不遜を成敗するヘンリー五世の正当性を示すためのイングランドのプロパガンダか、もしくはジョン・ストリーチがどうしても書き加えたかった宮中の四方山話の類だったかもしれない(5)。このようなドックレーの主張が正しいならば、シェイクスピア劇に見られる有名な事件も歴史的裏付けはないということになる。

周到なる準備

フランス侵攻は、シェイクスピアが描き、多くの人々が信じているような、フランス王太子による侮辱事件が引き起こした戦争ではなく、ヘンリー五世が周到に準備してきた壮大な計画であったと考える方が正しいであろう。例えば、王となった１４１３年の5月、すなわち戴冠式が終わって2か月もたたない時期に、新王は布告を出して弓や大砲などをスコットランド、その他の外国に売却することを禁止した。一方、１４１３年から14年にかけて、自らが大量の弓、弓の弦、矢を購入している。13歳からウエールズ人と戦ってきたヘンリー五世は、ウエールズの長弓がいかに戦いで有効な武器になるかを身をもって体験していたので、自らがフランスを攻めるに当たっては、この長弓を、ウエールズ兵ともどもに、イングランド軍の中核に据えようとしていた。さらに、ロンドン塔やブリストル城には大砲が据えつけられ、大量の火薬と石弾の生産が命じられた。この時期に購入した、ないし生産を命じた品目の中には、城塞攻撃用の塔、攻城梯子、城壁攻撃用の大槌、浮橋用の箱舟、その他の城壁を破壊する道具が入っていた。例えば、材木、ロープ、根堀鍬、鶴嘴、シャベル、騎兵の進撃を阻むために地面に撒く鉄菱、鉄の鎖、石炭、木灰などで、その他ありとあらゆる材料が備蓄された。１４１４年の10月には、１万発の石弾がロンドン塔に搬入され、66ポンド13シリング４ペンスの支払い記録がある。(6)

このような物資の購入には莫大な財源が必要で、当然ながら、王にとってもっとも頭が痛かったのは資金の調達であった。収入を増やすために、王領の地代や納付金などを増額したり、徴収状況を改善するなどあらゆる努力を傾注した。さらに、貴族に結婚許可を出すときの婚姻納付金、後見人になるときに王に支払う後見納付金など王室に対する賦課金を増加した。それでもなお軍資金は不足したので、残りは借入金で賄うほかはなかった。曽祖父のエドワード三世はフローレンスの銀行家から巨額の資金を融通してもらったが、ランカスター家2代目のヘンリー五世にはそれほどの信用力はなかった。国中に王の命を受けた係官が派遣され、借入金を要請した。既に資金を用立てた者にはさらに上積みが求められた。真っ先に当てにされたのは、修道院長をはじめとする高位聖職者で、シェイクスピアにおいてもカンタベリー大司教が「今までの宗教会議が歴代の先王たちに献納したいかなる額よりも巨額な金」(7)を約束している。貴族、地方の紳士などの有力者はもとより、要請は市や町などの地方自治体にも及んだ。都市では大商人から一介の小売商人に至るまで、ありとあらゆる人に要請がなされた。一例を挙げると、ディック・ウィッテントン（c.1354〜1423）は2000ポンドという巨額の資金を融通している。

ディックは『ディック・ウィッテントンと猫』のモデルで、貧乏な孤児のディックが飼い猫を貿易船に託したところ、ネズミの害に悩むムーア人の王がこの猫を大金で買い上げ、金持ちになった。この逸話は、ボウ教会の鐘が3度ロンドン市長になることを予言したという逸話とともに、イギリスの子供なら誰でも知っている有名な話である。実在のディック、すなわちリチャード・ウィッテントンは貧乏でも孤児でもなく、また、猫の逸話も裏付けはないが、3度どころか4度もロンドン市長になったというのは事実で、リチャード二世の時代に2度、次にヘンリー四世の時代、4度目はヘンリー五世の時代に市長になっている。彼は篤志家として知られ、3人の王に資金を調達したばかりでなく、慈善事業や公共事業にも尽力したことが知られている。ディック・ウィッテントンの2000ポンドは破格だとしても、ギルドの構成員などはわずか10ペンスという小金まで出している。これはいかに国全体が協力したかの証拠であるとともに、戦費はある種の投資であり、勝ち戦ともなれば分捕り品の分け前が期待できたこともまた事実である。ヘンリー五世を物心両面で最大限支えたのは、叔父でありウィンチェスター司教であったヘンリー・ボーフォートであった。彼はヘンリー五世の時代に3万5630ポンドという莫大な資金を提供した。それでもなお戦費は不足し、王は自分の宝石類を担保に借入したり、一部を売却したりしなければならなかった。なお王の名誉のために付け加えるならば、彼の莫大な借金はほとんどが完済されている。

ヘンリー・ボーフォートの墓（ウィンチェスター大聖堂）

このように経済に四苦八苦しながらも、ヘンリー五世は政治や外交にも決して手を抜くことはなかった。例えば、有力貴族を自陣に取り込むばかりでなく、ともすれば軽視されがちな下院議員との良好な関係を維持することにも心を砕いた。その結果1414年の議会では、王がフランスにおける権利を奪還することを承認した。もっとも、戦争に至る前に外交によってあらゆる努力をすべきであるとの条件が付いていた。このような議会の協力の背景には、王が寛大な恩赦を宣言し、国内の反乱分子の動きが封じられたことも見逃せない。

このように、ヘンリー五世はフランス侵攻を自らに課した大命題と位置付け、着々と準備を進めていた。しかしながら、表面上はあくまでもフランスにおける領土回復を外交的な手段によって解決するという建て前を崩していなかった。王に就任した1413年から14年ころに、新王がフランスにおいて回復しようとしていた領土は、1360年にエドワード三世とジャン二世の間で締結されたブレティニー条約を基本に、その後黒太子が獲得したイングランドの支配地域を念頭に置いていたものと思われる。すなわち、ギュイエンヌ、ポワトウ、リムーザンなどフランス南西部で、フランスのおよそ3分の1に当たる領土であった。しかしながら、ブルゴーニュ公を取り込んで彼に中立を守らせることに成功すると、ヘンリー五世は一気にフランス王位を要求する腹を固めた。1414年8月、ノリッジ司教のリチャード・コートニーを団長とする使節団がパリに赴いた。コートニーは最初に、イングランド王にフランス王位を譲るように要求し、次に要求を下げて、ノルマンディー、アンジュー、メーヌ、トゥーレーヌ、ポワトウ、フランデルとソンムの間の地域、それにアキテーヌを要求した。これに加えて、ジャン二世の未払いの身代金、プロヴァンスの大部分、王女キャサリンをヘンリー五世の妻とし、その持参金200万クラウンを要求した。これに対して、フランスは、（王が精神病を患いアルマニャック派のベリー公が政務を執っていたが）アキテーヌの大部分の割譲と持参金60万クラウンを返答した。

1415年の1月、コートニーは再びパリに赴いた。今回の要求は、アキテーヌの完全返還と持参金100万クラウンという控えめなものであった。にもかかわらず、フランス側は持参金を80万クラウンにしただけのつれない返答であった。イングランドにすればぎりぎりの譲歩であったが、この時期ブルゴーニュ派と和睦し、後顧の憂いをなくしたフランスは強硬であった。シェイクスピアのテニス・ボールの逸話はこのときの交渉を背景に生まれたものである。

虎の尾を踏む

1415年6月30日、ヘンリー五世はウィンチェスターの司教館でフランスの使節を迎えた。代表はブールジュ司教、ギョーム・ド・ボワモルティエで、前回の回答にリムーザンの割譲を加えただけでほとんど譲歩しなかった。この回答に怒ったヘンリー五世は、「シャルル六世が我が正当な要求を拒むなら、キリスト教徒が流すおびただしい血の責任を取らねばならぬ」と迫った。すると司教は、「我がフランス王は正統な王であります。陛下は正当なとおっしゃるが、陛下には（フランスの）統治権などありません、それどころかイングランドの統治権さえないのです。それはリチャード王の正統な後継者のものだからです」と言い返した(8)。リチャード二世を殺害して王位に就いたランカスター家にとって、これはまさに最大の弱みで、外交交渉など微妙な話し合いでは、この問題は口に出してはならないタブーであった。それを口にした時点で、すべての外交交渉は破綻を意味した。案の定、ヘンリー五世は憤然として席を立ち、部屋から出て行ってしまった。

ランカスター家にとって、王位簒奪の烙印は致命的であった。ヘンリー四世は生涯その罪におびえ、罪障ことごとく滅却するエルサレムへの巡礼を夢見つつ、それを果たすことなく世を去った。その父から王冠を受け継いだヘンリー五世は、自らが正統な王であることを示してくれるのは神のみであると信じていた。すなわち、神明裁判で神に正義を認めてもらわねばならない。神明裁判の身近な例は決闘で、勝敗は神が決めることになっていた。しかし、王が私的な決闘をすることは許されず、結局

「戦争に勝利すること」によって神に正義を認めてもらうのが中世における正統的な解決策であった。ヘンリー五世が長年をかけて、のるかそるかというフランス遠征を準備したのは、単に領土的野心ばかりでなく、戦いに勝つことが正義の証であったからである。

このようにブールジュ司教が虎の尾を踏んでしまったことが、英仏百年戦争を再開する直接のきっかけであった。これは、シェイクスピアの描くテニス・ボール事件に比べれば、味気ない話だが、歴史の真相とはかくのようなものかもしれない。

この事件を受けて1415年6月6日、正式に宣戦布告をした。その中で王は、神に対して、彼の正当な要求を拒んだのはシャルル六世であることを証明する証人になってほしいと祈りをささげることを忘れなかった。

イングランド軍の集結

出航基地となったサウサンプトンには1万人以上の兵が集結していた。主力部隊は弓兵で、約8000名に及んでいた。残りの2000名がメン・アト・アームズと呼ばれる騎兵部隊で、若干の槍兵やナイフメンと呼ばれる軽武装の歩兵もいた。この戦闘部隊を支えるために、武具職人、鍛冶屋、蹄鉄工、外科医、料理人、司祭、技術者、大工、石工などが動員された。注目すべきは、このほかにトンネルを掘るための鉱夫の部隊、城壁を破壊するための砲兵部隊（オランダ人の指揮官が65人の砲手を指揮していた）、弓師、矢師、さらに忘れてならないのは宮廷の楽師長ジョン・スティッフの指揮する音楽隊までいたことである。

この編制の特徴は主力が長弓部隊であることであった。長弓はウエールズ人の得意な武器で、ヘンリー五世もウエールズ討伐では散々苦しめられたことは既に述べた。ウエールズ人の中には、皇太子時代から彼の味方をしてグレンダワーと戦ったディヴィ・ガム・ダフィッドやディヴィ・ハウエル等の古くからの家来のほか、ウエールズの平定後に王の傘下に入った者もいる。ヘンリー五世は、片言ではあったがウエールズ語を解し、ウエールズ人の勇気、勇猛さ、時折見せる残忍性などその特質を見極めていた。彼らの多くは、古い家柄の出身で自尊心が強かったが、ウエールズが敗北した後はまともな地位や職が得られず、窮乏生活を強いられていた。フランス侵攻軍に加わることは、ウエールズ人にとっては経済的な窮状から脱する千載一遇の機会であったし、王側から見れば日頃のイングランドに対する不満から目をそらせる絶好の機会であった。ウエールズ人の隊長はそれぞれ60~70名の兵を率いて参戦した。

兵の募集は、隊長が個人的なつてによって人員を集めるという方法によった。その際隊長は給与を前払いしなければならないから、ある程度の資金のある者に限られていた。もちろん、この立替金は王室財務局が支払ってくれ、後は直接王室財務局から給与が支払われた。給与は身分によって厳然と区別され、1日当たり、公爵13シリング4ペンス、伯爵6シリング8ペンス、男爵4シリング、騎士2シリング、メン・アト・アームズ1シリング、弓兵6ペンスであった。この金額が高いか安いかは一概に言えないが、1436年の所得税からおおよその年収を推計すると、大貴族で865ポンド、裕福な騎士で208ポンド、下級の紳士や商人で15から9ポンド、自営農民で4ポンドという計算になる[9]。こうして見ると給与は破格に高いわけではないが、兵士は捕虜や分捕り品という余禄に大きな期待をかけていた。エドワード三世の時代にフランスに行った兵士が巨万の富を得て、国中いたるところにフランスの金品があふれていたといった話は、祖父から孫へと伝えられていたはずである。身分の高い貴族などが捕虜になると、身代金は破格のものとなる。ポワティエで黒太子の捕虜になったジャン二世が金貨300万枚を支払う羽目になったことは、当時誰でも知っていたであろう。結局、ジャン二世は身代金を払い終えないまま、ロンドンで死んだ。身代金が上流階級のボーナスならば、下級の兵士が戦いに臨んだ最大の理由は分捕り品にあった。ヨーロッパの歴史を見ても、略奪は戦勝者にとって重要な勝利の祝祭であり、兵士にとっては待ちに待った瞬間であった。

王命によって動員しなければならない兵員数も身分によって厳しく定められ、人数が不足したりすると厳しく罰せられた。例えばクラレンス公はメン・アト・アームズ240名、弓兵720名、エクセター公はこの時点ではドーセット伯だったのでメン・アト・アームズ100名、弓兵300名で、身分の低い者はその数は少なかった。装備も決まっていて、公爵は馬50頭、騎士5名、メン・アト・アームズ4名が義務として課せられていた。馬にはそれぞれ馬丁が必要であったが、これは弓兵が兼任することが多かった。この割り当てを守らないと厳しく罰せられた。例えば、グロスター公はメン・アト・アームズが2名不足したために、王室財務局は給金の支払いを拒否し、その結果公爵は1年間兵士の給与を自前で払わなければならなかった。グロスター公は王がもっとも愛した末の弟で、アジンコートの戦いで彼が負傷したとき、王自ら彼をかばって敵の騎士を撃退した逸話は有名である。そのような近親者であるにもかかわらず、ヘンリー五世の軍律は厳しかった。これはウエールズでの戦いを通じて彼が身をもって体験したことから作り上げた規律で、イングランド軍の強さの秘訣でもあった。

第7章　サウサンプトン陰謀事件

国王暗殺計画

シェイクスピアの『ヘンリー五世』の山場の一つにサウサンプトン陰謀事件がある。これはヘンリー五世を暗殺してフランス遠征を阻止しようとするフランスの陰謀に一部のイングランド貴族が同調して起きた、まさに突然降ってわいたような暗殺未遂事件であった。

フランス侵攻の準備が整い、軍船が出撃する間際のサウサンプトン港で衝撃的な事件が勃発する。劇では説明役が、あらかじめこの事件の概要を次のように明らかにする。

その腐りはてた三人は、
第一はケンブリッジ伯リチャード、第二は
マサム卿ヘンリー・スクループ、そして第三は
ノーサンバーランドの勲爵士サー・トマス・グレイだが、
フランス王のはした金に目がくらみ、はしたないことに
恐怖におののくフランス王への寝返りを約束したのだ。
もし彼ら地獄の逆徒たちがその約束を実行に移せば、
諸王の鑑たるヘンリー王はフランス遠征の船出に先立ち、
彼らの毒手によりサウサンプトンにおいて殺されるはずだ。(『ヘンリー五世』2幕プロローグ、22－30)

シェイクスピアでは、説明役が歴史の概要を説明しながら、重要な箇所だけを登場人物に演じさせることによって、物語にメリハリをつけている。

この流れを受けて、2幕2場では王が3人を問い詰めて陰謀が露見するのであるが、この場面は山場の一つで、ケネス・ブラナーが監督・主演した映画（1989）の名場面でご覧になった人も多かろう。

歴史に見る3人の反逆者

ここで一旦シェイクスピアを離れて、ここに挙げられている3人について簡単に説明しておく。

ケンブリッジ伯リチャードは第3代ケンブリッジ伯リチャード・オヴ・コニスバラ（c.1375～1415）で初代ヨーク公エドマンド・オヴ・ラングレイ（1341～1402）の次男である。彼は父のヨーク公の死後、母の骨折りでリチャード二世から年金を貰うことができたが、ヘンリー四世の時代になると、彼にとって唯一の収入であった年金が滞ったり、支払いがなかったりしたという。彼は、ウエールズ討伐に参加し、目立った戦功の記録はないが、1406年、ヘンリー四世によって騎士に取り立てられた。彼の貢献としては、ヘンリー四世の王女フィリッパがデンマーク王に輿入れしたときに、随行する使節団の一員になったことが目につく程度である。随行員の一人に後にサウサンプトンの陰謀事件で加担することになるスクループがいた。1414年に、ヘンリー五世は彼にケンブリッジ伯爵家の創立を許可した。この伯位は兄のヨーク公がヨーク公位のほかに持っていたものであるが、これを王の口添えで譲り与えたものであった。

2番目に名前の挙がっているマサム男爵ヘンリー・スクループは、マサム卿スティーヴン・スクループの長男として生まれた。若いころサマセット伯ジョン・ボーフォートについて北アフリカに遠征した記録がある。リチャード二世から年金を与えられ、その権利はヘンリー四世時代にも受け継がれた。ウシュルーズベリーの戦いではヘンリー四世に味方して、パーシー一族が率いる反乱軍を破った。叔父のヨーク大司教リチャード・スクループは謀反を起こしたが、彼はこの反乱には加担しなかった。ウエールズ鎮圧に貢献し、父の跡を継いで第3代マサム男爵となった。ウエールズ時代に、皇太子であったハルと知り合い、友情を結び、厚い信頼を得るに至った。1408年に、王女フィリッパがデンマーク王に嫁いだとき、随行する使節団員となり、このときケンブリッジ伯と知り合ったことや、1410年にハルの強い推薦で王室財務官に抜擢されたことは既に述べたとおりである。

3番目に名前が挙がっているサー・トマス・グレイ（1384〜1415）は、同名の父と初代ノーフォーク公の姉ジョーンの長男として生まれた。幼いころからヘンリー四世に目をかけられ、後にウエールズで皇太子時代のハルに仕えた。彼が、ケンブリッジ伯と深い関係になったのは、自分の12歳になる息子トマスと3歳になったばかりのケンブリッジ伯の娘イザベルを結婚させたからである。3歳の娘との結婚はいかにも強引に見えるが、当時は別に珍しいことではなく、実体的な結婚はずっと先のことである。ちなみに、二人の間には後に一人の息子が生まれる。

青天の霹靂《へきれき》

ヘンリー五世にとって、この陰謀は青天の霹靂であった。謀反を起こした3人はいずれも王自身が目をかけていた人物だったからである。特に衝撃だったのは側近として全幅の信頼を置いていたスクループの裏切りであった。その場面をシェイクスピアから見てみよう。

だが、お前にはどういえばいいだろう、スクループ？　おまえという
残忍な、恩知らずな、血も涙もない人非人には！
おまえは私の胸の内にある秘密を開くカギを握っていた、
私の心の底の底まですべて知り尽くしていた、そして
王室会計係を勤めていたおまえは、私を利用しようと思えば
この身を金貨に鋳なおすほどの権力を手にしていたはずだ！
そのお前が敵国に買収され、たとえ私の指一本でも
傷つけようとする悪意を、一瞬の火花ほどでもその胸に
散らせるものだろうか？　ことのあまりの奇怪さに
これが真実であることは黒と白のようにきわだって
あきらかであるのに、私の目はなお認めかねている。（『ヘンリー五世』２幕２場94－104）

シェイクスピアでは、まだこの後延々とスクループの裏切りに対する、怒りと失望の言葉が続く。グレイにも厳しい糾弾の言葉が浴びせられ、最後には3人も自らの罪を認めて王に謝罪する。シェイクスピアでは、3人が王を暗殺しようとしたとしていることに留意したい。

ここで同時代の記録を見てみよう。

『ヘンリー五世の生涯』(1)では、王の身近な人物の胸に悪魔が深く入り込んだとし、その身近な人物とは、「王の親戚のケンブリッジ伯、それに宮中で親しく王に仕え、王の信頼の高さにおいて他に抜きんでたスクループ卿ヘンリー、反逆罪は適用されなかったが著名にして身分もあるトマス・グレイの3人であった。彼らは、野蛮なる狂気と狂暴なる残忍性によって、権力欲に汚されたばかりか、フランスの約束、すなわち賄賂の汚れた臭いに惑わされて、邪悪にも非道にも、フランス遠征を邪魔したのみならず、王を殺害することによって災いをもたらそうとしたのであった(2)」と述べている。作者は明らかに、当時の噂ないし、王室の意向をそのまま反映させているようである。他の年代記では、殺害の対象を王とその弟たちとしたり、フランス王の賄賂をただ多額の金と表現しているものもある。『アダム・オヴ・ウスクの年代記』(3)は、「ヘンリー五世は出航間近にフランス王の使者と会った。彼らは和平を求めていることを装いながら、その実、多くの家臣に賄賂を渡していたのだ。ヨーク公の弟、スクループ卿、グレイに多額の金を渡して王を殺害するか、少なくともフランス遠征を中止させようとした。その陰謀はマーチ伯によって暴かれた(4)」と述べている。シェイクスピアも同時代の年代記作者も、フランスからの多額の金に惑わされたとしていることに留意したい。

イアン・モティマーは中世イギリス史の研究家で、現代もっとも著名な中世歴史家の一人であるが、その代表作の一つ、『1415年――ヘンリー五世の栄光の年』は、1415年の1月1日から12月31日までの1年間を時系列的に整理したユニークな本である。そこには、年代記や裁判記録などに部分的に記述されている情報が整理されていてわかやすいので、しばらくこの本を手引きにこの事件を整理してみたい。

王のフランス出撃の拠点となったポーチェスター城

1415年7月末、王は8月1日のフランス出航を目指してポーチェスター城で準備に忙殺されていた。足りない船の調達や、武器や食料の補給など仕事は山ほどあった。サウサンプトン周辺には、諸侯の軍隊が次々と集結していた。7月28日、王はフランス王にあて、最後通牒を書いた。注目すべきは、彼が最後まで和平への希望を残し、使者を送ったり、受け入れたりする用意をしていたことである。このような事実は、王が几帳面に着々と戦争の準備をしながらも、外交的な努力も続ける非凡な能力の持ち主であることを示している。

一方、ケンブリッジ伯とグレイはサウサンプトン近郊のオッターバーンという村で密会していた。そこでケンブリッジ伯は、マーチ伯直筆の手紙をグレイに見せた。

翌29日、2人はマーチ伯に会うためにハンブル・イン・ザ・フックに向かった。ここで最終的な計画が練られたが、その場にスクループはいなかった。30日には、サー・ウォルター・ルーシー（?～1444）が加わることになっていた。彼らは、31日にクランベリーで落ち合い、ビューリに向かい、そこでマーチ伯を擁立することを宣言して、ともに決起する人々に呼びかけを行う。もし十分な人や軍が集まればヘンリー王と戦い、十分でなければマーチ伯をウエールズに連れていき、そこでヘンリー・パーシーの釈放を待って、北部で反乱を起こすことになっていた。

マーチ伯の裏切り

7月31日、マーチ伯はクランベリーに向かい、そこでグレイ、サー・ウォルター・ルーシー等に会うことになっていた。しかし、ハンブル・イン・ザ・フックを出発したマーチ伯は、踵を返してポーチェスター城に向かった。そこは彼らの戦う相手のヘンリー五世のいる城である。王に面会したマーチ伯は、そこで陰謀のすべてを暴露してしまったのである。

告白は、王にとって寝耳に水で、その驚きは尋常ではなかったはずである。もし彼らの思惑どおり、決起にホランド一族や、ケンブリッジ伯の兄のヨーク公、デヴォン伯などが同調すれば大変なことになるであろう。一味の中に、側近のスクループが入っていたことは王の耳を疑う出来事であった。彼は枢密院の一員であり、モンストルレによれば「毎晩王と同じ部屋に眠った」(5)ほど心を許した臣下であった。スクループの関与はあまりに衝撃的であったために、同時代の年代記作家は、彼が陰謀の首謀者であると書いているものもある。しかしながら、29日のハンブルにおける密議に彼が加わっていなかったことからもわかるように、スクループが首謀者でないことは確かである。スクループは直ちに王のもとに来るように命じられ、そこで彼は王にすべてを告白した。その供述から何人かのロラード派もこの陰謀に加わっていることがわかった。当時オールドカースルはまだ潜伏中で、騒乱を起こす可能性は十分あったために、王は直ちにロンドン市長に手紙を書いて、ロラード派を警戒し、市の安全を守るように命じた。一方、この事件を裁く委員会を設立した。

委員会が開かれたレッド・ライオン・イン

マーチ伯とスクループの告白が正しければ、8月1日はマーチ伯が国王としての宣言をするはずの日であった。この日は、王がフランスに向けて出港する予定の日であるが、ケンブリッジ伯にとっては父のヨーク公の命日でもあった。この日の委員会では最初にスクループが尋問されたと思われる。彼は長文の告白状を提出し、自分の命は全く王の手にあることを認めたうえで、命乞いをした。彼は今まで一度も王に背いたことはなかったし、二度と背かないと誓った。王はこれまで王国のすべての人々に寛大であったので、自分にも慈悲を与えてほしいと嘆願した。そのうえで彼は昨日王に口頭で告白した内容を、今度は詳細に文書にして提出した。それによれば彼が最初にマーチ伯に関する話をしたのはレディ・ルーシーで、その後7月21日にグレイと会って以降の陰謀家たちとの話を詳しく記述している。それによれば、彼は、どのような道をたどろうとも王に対する行動は彼らの敗北に至ることを繰り返し話した。また、マーチ伯とウォルター・ルーシーに対しては、ケンブリッジ伯に従うことがいかに愚かであるかを何度となく話した。

彼の陳述書によれば、7月25日以降彼らと全く連絡を取っておらず、クランベリーの会合のことも知らなかったという。彼は、「もし自分があの〈はっきりとした目的〉について聞いていたら、ないし、陰謀にかかわるような話を聞いていたなら、真っ先に王に知らせて、自分の知るすべてを王に話していた。しかし、これはマーチ伯に先を越されてしまった(6)」と述べて陳述を終え、さらに繰り返して、すべてをヘンリー王に話さなかったのが自分にとっては最初の罪で、全諸卿が自分に慈悲を賜らんことをと繰り返して締めくくりとしている。最後の一文は、自分は貴族であり、貴族によって裁定していただきたいとの彼の希望を込めたものである。

ケンブリッジ伯も8月1日に尋問を受けたものと思われる。彼の文書は3枚の現物が残っているが、その中でも傷みがもっとも激しい1番目の文書によれば、彼はマーチ伯をウエールズに連れて行くつもりであったという。また、彼は、スコットランドのファイフ伯を、生きているはずのリチャード二世とヘンリー・パーシーの2人と交換するつもりであったと述べ、共犯者にサー・ロバート・アンフィラヴィル、サー・ジョン・ウィドリントン、サー・トマス・グレイの名を挙げた。また、もし北部で反乱が起きればディヴィ・ハウエルがウエールズの城を彼らに明け渡すことになっていたとも付け加えた。さらに彼は、マーチ伯をウエールズに連れて行くということはスクループも認めていたこと、ケンブリッジ伯は宣言文も作っており、その中でヘンリー五世は〈イングランドの王位簒奪者ランカスターのハリー〉と呼ばれていることなどを陳述している。注目すべきは、ケンブリッジ伯が、仲間に累《るい》が及ばないように慎重な配慮を示していることである。例えば、マーチ伯やウォルター・ルーシーについては一切言及せず、スクループはいくつかの計画を全く知らなかったと二度にわたって強調していることである。

8月2日、グレイが委員会に呼び出された。彼に関する文書も傷みが激しく、正確にはわからない点が多い。彼は、ケンブリッジ伯からサー・ロバート・アンフィラヴィル、サー・ジョン・ウィドリントン、クリフォード卿が関与していると聞いたこと、自分が直接ウォルター・ルーシーとマーチ伯の王位可能性について話したことを供述した。彼が繰り返して強調した点は、マーチ伯は土壇場まで計画を承認していたということであった。これは伝聞ではなく自分自身の認識だとも語った。スクループと同じくアランデル伯もこの計画を承認していたことも示唆した。ほかにスクループ告発につながるような供述としては、スクループが「航海をやめさせるにはそれが一番だ」と述べたとの証言がある。そのほかの点についてはほぼスクループ自身の供述と一致している。

裁判はハンプシャー内で選ばれた12人の陪審員によって行われ、国王の前で告発状が読み上げられた。主な罪状は――3人はマーチ伯を擁してウエールズに行き、王をイングランドの王位簒奪者ランカスターのハリーと呼び、マーチ伯が王位継承者であると宣言して、多くの諸卿を仲間に加えようとしたこと／ケンブリッジ伯とグレイはトマス・ワード・オヴ・トランピントンとヘンリー・パーシーをスコットランドから救出し、ノーサンバーランドの兵を王と戦わせようとしたこと／王と敵対する

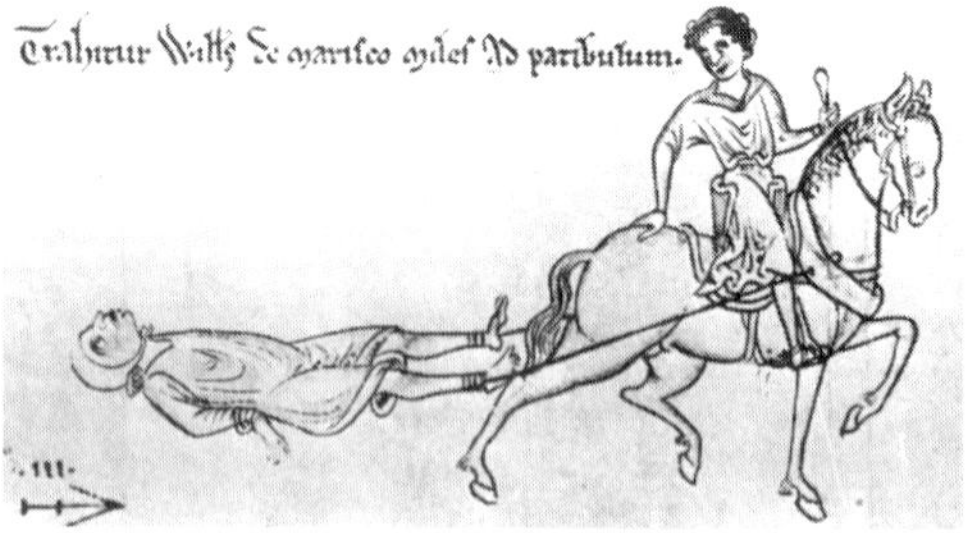

市中引き回しの刑（Matthew Paris, *Chronica Majora* より）

ためにウエールズに城を確保しようとしたこと／最後に、王と3人の弟を殺そうとしたこと／の4点であった。

最後の、王と3人の王弟を殺害しようしたとの罪状は明らかに政治的に付け加えられたものである。理由は、彼らの計画どおりマーチ伯が王位に就けば、先王ヘンリー四世の子供はすべて王位継承権を剝奪されるだろう。それを敷衍すれば王と王弟を抹殺しようとしたことになるという理屈である。さらに、国王殺害を企てたのはケンブリッジ伯とグレイだけではなく、スクループも同罪になっている。その理由は、スクループがケンブリッジ伯やグレイが国王殺害を計画していることを知りながらそれを国王陛下に知らせなかったことである。

ケンブリッジ伯とグレイは、国王殺害は裁判官の推測であると訴え、必死で王の慈悲を願った。スクループは、彼らと議論したことは認めるが、計画を手伝ったことはなく、王と王弟の殺害など毛頭考えたことはない。ゆえに、どう考えてもこの点では無罪であると主張し、加えて、自分はイングランドの貴族の一員であり、貴族によって裁いてもらいたいと要請した。この要請は、ほかに著しい違反がない限り貴族の権利であったので、ケンブリッジ伯とスクループは、再度の裁判を待つこととなった。しかし、貴族でないグレイは、慈悲を乞うたにもかかわらず、市中引き回しのうえ絞首刑、さらに斬首を宣告された。ここで王が慈悲によって、引き回しと絞首刑は免除したので、斬首だけが執行されることになった。当時、斬首刑は絞首刑よりも苦しみが少ないので、身分の高い者に適用されるある種の特権であった。その日のうちにグレイは、徒歩で市の北門まで歩かされ、そこで打ち首となった。他の2人の裁判は5日に開催されることが決定した。

裁判を待つ間も、王には休まる暇がなかった。

スクループが処刑されたバーゲイト

ケンブリッジ伯の供述にあったスコットランドでの動きを抑えるための手配をしたり、スクループの供述にあったロラード派の動きも無視できなかった。既にロンドン市長には手紙を書いて市を守るように伝えてはあったが、潜伏中のオールドカースルが王のフランス遠征を見計らって活動するとの情報もあった。これを受けてロラード派の隠れ家を摘発するなど、オールドカースルの動きを封じる手を打った。このように、王は行政官としても有能であったことがわかる。

8月5日、王弟のクラレンス公が裁判にあたる19名の貴族を召喚した。この中には当のマーチ伯やヨーク公も含まれていた。しかし、ヨーク公は弟の裁判であるからという理由で辞退したために、代わりにエクセター公が出席した。裁判では2日に行われた手続きがほぼ同様に繰り返され、この席でスクループはヨーク大聖堂に埋葬してくれるように要請した。国王は自らスクループの手を洗い清めてから、彼の処刑を求めた。続いて宣告がなされ、2人は反逆罪が適用され、市中引き回しの刑、絞首刑、斬首刑を言い渡された。さらに、家族は財産のすべてを没収されることとなった。ケンブリッジ伯は王族であるがゆえに王による助命を期待していたが、王が慈悲を示したのは市中引き回し刑と絞首刑を免除することだけであった。王のスクループに対する怒りは相当なもので、免除は絞首刑だけで、名誉あるガーター騎士団の身分も剝奪された。見せしめのために、ウォーター・ゲイトから北のバーゲイトまで市中引き回しのうえ、バーゲイト前の広場で処刑された。

ヨーク大聖堂に埋葬してほしいとのスクループの最期の嘆願も聞き入れられず、首は棒に串刺しにされて故郷のヨーク市の南門に晒された。

サウサンプトン事件の残したもの

このようにして事件は落着し、8月11日王はフランスに向けて出港した。

しかし、この事件には依然として謎が多い。そもそも、動機、つまり3人がなぜこのようなずさんな、ほとんど無謀とも思われる計画にのめりこんだのかも不明である。ケンブリッジ伯は前年に王によってケンブリッジ伯家の創立を認めてもらったばかりである。これは王に感謝こそすれ、憎む理由にはならないはずである。しかし、細かく見てゆくといくつかの思い当たる点がある。ケンブリッジ伯は、フランス遠征に際して経済的に追い詰められていたという。つまり、新しく創立されたケンブリッジ伯位には所領が付随しておらず、身分に相応しい生活をするには彼の年金は低すぎた。フランス遠征に参加することになった貴族の中ではもっとも貧しかったといわれ、兵士を集めるにも骨を折り、満足に武装させることもできなかった。年代記作者の中には、これが陰謀の理由の一つであったとする者もいるが、経済的に困窮している貴族は他にもいくらでもいたはずで、もう一つ説得力に欠ける。

彼らの陰謀の大義は、第5代マーチ伯を王にすることであった。マーチ伯はケンブリッジ伯の妻アンの弟であり、もし王位に上れば栄位栄達は思いのままになったかもしれない。ケンブリッジ伯とアンの結婚は当時の貴族には珍しい恋愛結婚で、1406年に両親の許可を得ないまま行われた。このために、それから2年後にローマ教皇に特別許可を得て承認してもらうという異例なものであった。本来ならばこの結婚は、庶子だとの噂に付きまとわれたケンブリッジ伯にとっては起死回生になるはずであったが、秘密結婚という手段をとったために、経済的な困窮は変わらなかった。野心家であったケンブリッジ伯が、義理の弟となったマーチ伯の権利を生かして、大きな賭けに出たというのが真相かもしれない。ちなみに、ケンブリッジ伯の賭けが勝利へ向かって陽転するのは、皮肉なことに、彼の死の直後であった。つまり、フランスに遠征したヘンリー五世はアジンコートで大勝利するが、この戦いで兄のヨーク公が戦死し、子供のいなかったヨーク公の権利がケンブリッジ伯の息子に渡ることになったからである。ケンブリッジ公となった息子リチャードは、母方のモティマー家を通じても、父方のヨーク家を通じても王位継承権を有することから勢力を伸ばし、父を反逆罪で処刑したランカスター家に敵対してバラ戦争を起こす。自身は戦死するが、その息子がエドワード四世としてヨーク王朝を開くことになる。ヨーク家の長年の夢が実現するわけであるが、野心家のケンブリッジ伯としても、自分の孫が王になるところまでは見通せなかったのではあるまいか。

ケンブリッジ伯の動機については不明のことも多いが、グレイの場合はかなりはっきりしている。彼は欲に目がくらんだのである。グレイが息子を3歳のケンブリッジ伯の娘と結婚させたことは既に述べたが、この結婚にはさらに裏があった。すなわち、グレイはワーク・イン・ティンダルに破格の値段で領地を手に入れることができたのである。これは彼の身分では、どうあがいても手に入るはずのない絶好の取引であった。グレイ自身が、陰謀に加担したのは「貧乏と貪欲」に負けたためだと述懐したという。結局、絶好の取引の代償は自らの命であった。

一番わからないのはヘンリー・スクループである。ケンブリッジ伯とはデンマークへの使節団で知り合ったが、付き合いといえば皇太子時代を含めてヘンリー五世との方がはるかに緊密で、この陰謀に加わっても彼には何のメリットもない。シェイクスピアや同時代の年代記ではフランス王から多額の金を受け取ったことになっているが、裁判記録には金に関する記述は見当たらない。裁判記録にある〈国王ならびにその弟たちの殺害〉は、言いがかりで、裁判官の想像ないし類推である。既に述べたように、マーチ伯が王になればヘンリー四世の子供たちの王位継承権はなくなるので事実上、王およびその弟たちを殺すことになるとの説明は、こじつけ以外の何物でもない。スクループはグレイの〈この計画にはスクループやアランデルが後ろ盾になっている〉との証言によって告発されたにすぎない。これに比較して、クリフォード卿、サー・ロバート・アンフィラヴィル、サー・ジョン・ウィディリントンはケンブリッジ伯とグレイがともに名前を挙げている。この中で王が処分をしたのはアンフィラヴィルだけで、それもロクスバーグ城の長官職の停止にとどまっている。一方、主犯格のウォルター・ルーシーには何のお咎めもなかった。

マーチ伯については、王は8月7日、〈マーチ伯によって犯されたすべての反逆罪、殺人、婦女暴行、反乱、謀反、重罪、陰謀、不法侵入、違反、怠慢、強要、犯罪隠匿、不知、隠蔽、欺瞞〉を正式に赦免した。犯罪のデパートならいざ知らず、よくまあこれだけの犯罪を並べたものだと感心するが、いずれにせよ彼は無罪放免になった。もちろん、彼の裏切りがなければ、フランス遠征はおろか、王の命も危うかったわけで、功労者であることには変わりはない。

このように見てゆくと、スクループはスケープゴートになったように思われる。彼は、ヨーク大聖堂に葬ってもらいたいというささやかな願いも無視され、金、財産のすべてを王に没収された。このような結末を見て、イアン・モティマーは、「ヘンリーが彼の忠節にどのような疑いを持ったにせよ、スクループは執念深い復讐と残虐行為の犠牲者である」と述べている。(7) 裁判記録から明らかなように、王と王弟殺害計画は明らかに政治的に付け加えられたものであるが、反逆罪を適用することによって審理は異例の速さで進み、出航遅延による損害も最小限に抑えることができた。

一方、これを機に、長らくくすぶっていたリチャード二世派の動きを封じ、ウエールズの反乱の芽を摘み、スコットランドの侵攻を阻み、オールドカースルやロラード派の活動も抑え込むことができた。

8月11日、王は後顧の憂いなくフランスに向けて出港した。結果的に見れば、サウサンプトン陰謀事件はイングランド軍を引き締め、結束を固めてフランス戦に当たる態勢を盤石にした。すべてを許されたマーチ伯は王に負い目があり、忠節によって恩義に報いなければならなかった。ヨーク公やその他名前を挙げられながら追及を免れた諸侯も事情は同じであった。

同時代の年代記がこぞって書きたて、シェイクスピアによってあまねく世間に浸透した、「フランスに買収されて王と王弟を殺害しようとした」というサウサンプトン事件の実態は、実は野心家のケンブリッジ伯が妄想した稚拙な陰謀劇にすぎなかった。それを、巧みに国王暗殺事件に仕立て上げ、一罰百戒によって国王不在のイングランドの安定のために利用したのはきわめて高度な政治判断と言えよう。もしこのような結果を王が最初からすべて計算していたとすれば、フランスの年代記作家たちの言うように、王は冷酷非情な野心家ということになる。いずれにせよ、結果的に見ればこの事件によって王は、これ以降後顧の憂いなく自分の野望実現に邁進することができた。

第8章　百年戦争の再開

フランスへ

ヘンリーはやっと念願を果たすことができた。エドワード三世が１３３９年に始めたフランス侵攻作戦は、天才的な武将、黒太子の活躍で当初は大成功を収めたが、その後の混乱の中でイングランド軍は事実上大陸から締め出されていた。王位を簒奪して誕生したという烙印を押されたランカスター王家にとって、その正統性を示すには戦いに勝って神の審判を仰ぐしかない。そのような思いを抱くヘンリーにとって、国内が分裂して国王が事実上統治権を失っているフランスは、攻めるには絶好の標的であった。出航直前に起きたサウサンプトン事件は青天の霹靂であったが、これをうまく処理したためにイングランド軍は全員一丸となってフランスに当たることができる。周到な準備の結果、サウサンプトンには１５００艘の船が集結していた。ヘンリーはトリニティ・ロイヤル号に乗り込み出帆を待った。しかし、出航間際に船火事が起き、３隻の船が航行不能に陥った。晴れの船出を前にしてのこの惨事は、多くの将兵に悪い前兆とみなされたが、ヘンリーはひるむことがなかった。王室の公式記録ともいえる『ヘンリー五世の生涯』を書いたティト・リヴィオは、船団がワイト島の海岸を離れたときに、白鳥の群れが船の間を泳いでいるのを見て、兵たちが白鳥は幸せを表す吉兆であるとしてこれを歓迎したと記述している[1]。迷信深い中世のこと、凶兆に沈む兵士を、吉兆を見つけて励ましながら、大船団は8月11日の日曜日フランスを目指して出航した。しかし奇妙なことに、船団がどこに向かうかは誰も知らなかった。それは王と限られた側近だけの極秘事項だったからである。ヘンリー五世は、軍人として非凡な才能の持ち主で、情報操作にも気を配っていた。船が大海原に出れば、無線や携帯電話のなかった時代であるから、情報が漏れることはなかった。

アルフルールの包囲戦

8月13日火曜日の夕方、船団はセーヌ河の河口の三角州に錨を下ろした。ここは目的地アルフルールから3マイルのシェフ・ド・コーという村だったが、ヘンリーは誰にも上陸を許さなかった。翌朝早暁、真っ先に船を降りたヘンリーは大地に跪いて神に正しい裁きを祈った。既に述べたように、戦に勝つことは神によって正しい裁きが下されるわけで、自らの大義が神によって認められることを意味するからであった。兵員のすべての上陸が完了したのは4日後の17日であった。王はここで新たに布告を出した。

以下の禁令を犯したものは死をもって処罰するものなり――放火、教会および教会の献金箱に手を付けること／聖職者および婦人に手を出すこと／娼婦が陣営から3マイル以内に立ち入ること（なお最初の警告にもかかわらずこの範囲内に立入った娼婦はその左腕を折るものとする）／罵りおよび悪態をつくこと。(2)

イングランド軍はアルフルールの町を包囲し、北東1マイルの地点に陣を張った。町の反対側にはクラレンス公が指揮する第2陣が陣を張った。港はイングランド艦隊によって封鎖された。こうして8月19日までに、町は完全に包囲され、防護柵によって外部と遮断された。

しかしながら町の防備は鉄壁で、周囲を2マイル半の城壁で囲み、26の塔に守られていた。入口は三つの門に限られ、広い堀をまたいで跳ね上げ橋によって外部と通じていた。門の外側に立つ城門塔は石壁の外側が材木で補強され、頑丈な鉄の鎖で固定されていたから、大砲の石弾をいとも簡単に跳ね返した。町の北側にはセーヌ河の支流レザルデ川によって守られた要害であった。

ヘンリーはアルフルールをどうしても手中に収める必要があった。それは、ノルマンディーへの橋頭保であり、パリにも睨みを利かすことのできる重要な港だったからである。ノルマンディーは始祖ノルマンディー公ウィリアム、すなわち征服王の祖国であり、イングランド王朝にとっては特別な地であった。ヘンリーは正統なるノルマンディー公の名において降伏を求めたが、町の守備隊長ジャン・デストートヴィルは「あなた方は我々に何もせず見捨てた。お返しするものは何もない」と冷たく返答した。(3) イングランド側の最初の攻撃は、堀の下にトンネルを掘ることであった。しかし守備隊もトンネルを掘って鉱夫を襲撃した。城壁は堀に守られていたために、破壊槌のような武器を使うことはできなかった。唯一の方法は大砲で城壁を破ることであった。ヘンリーはこのために12門の大砲を用意していた。しかし、守備隊にも大砲はあり、激戦を極めた。イングランド軍の大砲の中にはメッセンジャーとかキングズ・ドーターと名付けられたウエールズで活躍した巨砲も含まれていた。この巨砲は今までフランス軍が見たこともないもので、たちまち守備隊を圧倒した。攻撃は昼夜を分かたず行われ、守備隊は眠ることができなかった。このために、ヘンリーは勝利を楽観視し、9月3日の手紙には8日もあれば町は陥落するであろうとの見通しが書いてあった。しかしながら、8日たっても10日たっても町は踏ん張り続けていた。一方攻撃側は思わぬ敵に悩まされていた。それは夜の寒さと果物であった。9月になると夜は冷え込み、テント生活は辛かった。それに実りの秋を代表する果物を、生で食べたために血便や赤痢を引き起こした。果物は生で食べるのが当たり前なのだが、おそらく野営生活で汚れた手のままで食べたのであろう。それにイギリス人になじみのない貝などの地元の海産物も消化器系の病気を引き起こした。イングランド軍の死者は2000名に及び、さらに2000名が病気でイングランドに搬送された。犠牲者の中にはアランデル伯、第2代サフォーク伯、それに王の腹心のノリッジ司教リチャード・コートニーもいた。彼はヘンリーの腹心であり、参謀であり、親友であった。既に述べたように、オクスフォード大学の総長時代にカンタベリー大司教アランデルと対立したが、これを支持したのが皇太子時代のヘンリーであった。このときはヘンリー四世の後ろ盾を得たカンタベリー大司教らに敗北したが、ヘンリーとは厚い友情を育み続けていた。ヘンリーが王になると王室の財務を任され、フランスとの交渉に当たっても中心となり、二度にわたって使節としてフランスと折衝に当たった。学識においても、外交においても、またヘンリーとの友情においても、彼に勝る側近はいなかった。

『ヘンリー五世言行録』を書いた従軍司祭は次のように綴っている。「……慈悲深き神は王の忍耐力を試すために多くの尊き命を奪った。中でも王がもっとも親しくし、愛していたのがノリッジ司教リチャード・コートニーであった。彼は高貴な生まれで、体格も堂々としており、知性の人であった。他の家臣や諮問会議の誰にもまして雄弁、博学で、王ともっとも気が合う人物とされていた」(4)。さらに司祭は、病篤き親友のテントを訪れたヘンリーが、自分の膝の上にコートニーを抱き、最期をみとった様子を詳しく綴っている。「彼は9月10日火曜日赤痢にかかり、15日日曜日に王に見守られてみまかった。末期の聖油が塗られた後、多くの人々が嘆き悲しむ中で王は自らの手で彼の足を洗い、目を閉じて、彼の魂を獄舎から解き放してやった」(5)。そして部下に、司教の遺骸をウエストミンスター寺院に運び、歴代のイングランド王たちとともに埋葬するように命じた。ノリッジ司教をウエストミンスター寺院に埋葬するというのは、教会の伝統から見れば異例であったが、誰も王の命令に逆らうことはできなかった。今日でも、彼はウエストミンスター寺院のヘンリー五世礼拝堂に、王とともに眠っている。

フランス遠征は、ヘンリーの大義、すなわち正統なフランス王位継承者であり、さらに大事なことは正統なイングランド王であることを、神に認めてもらうという一世一代の壮挙であった。その道半ばで、神が王の親友を奪ったことは、神が王の大義に警鐘を鳴らしたのではないか。ヘンリーの胸には様々な思いがよぎったに違いない。そのような状況が、王にノリッジ司教をウエストミンスター寺院に埋葬させるという命令を出させたのであろう。いずれにせよ、コートニーの死はヘンリーにとって筆舌に尽くしがたい悲しみであった。

この時期、赤痢や疫痢などの病で帰国を余儀なくされた者の中には王弟のクラレンス公やマーチ伯など遠征軍の中枢を担う貴族もいた。このような逆境にもかかわらず、ヘンリーの決意は固かった。

アルフルールの陥落

このころになると籠城側にも赤痢が蔓延した。病は疲労が蓄積し、飢えに苛まれた体に容赦なく襲いかかった。イングランド軍は守備隊の要である南西の稜堡に攻撃を集中し、またもやトンネルを掘って、土台を支える支柱に火を放った。これを知った守備隊は固く閉ざしていた門を開けて攻勢に転じた。突撃は繰り返して行われ、守備隊はイングランド側の防護柵を焼き払った。これに反撃してイングランド側は、外側に太い柱を立てて石弾を防いでいた門楼に火をつけた。夜陰に紛れて、門楼の下に薪や小枝の束を置き、石弾を可燃性の糸で包み、それに火をつけて撃ち込んだのである。門楼は2日間にわたって燃え続けた。さすがに堅牢な稜堡も地下から、地上からの火攻めにあって、9月16日、ほぼ瓦礫の山と化した。そこをめがけて、イングランド軍は堀をまたぐ橋を架け、攻城用の塔を押し出してきた。陥落はもはや時間の問題と思われたが、守備隊は降参しなかった。彼らは稜堡をあきらめ、門を石や材木や土で塞ぎ、その上に家畜の糞や人糞などの汚物をまき散らしてその内側に立てこもった。

詳しい事情は記録によって多少齟齬するが、年代記の情報をつなぎ合わせると、イングランド側は町の司令官として行動していたラウル・ド・ゴクールに接触し、『申命記』の律法を適用するぞと威嚇した。これは、女子供を含め全住人を皆殺しにするという意味であった。しかしゴクールがこれを拒絶したためにヘンリーは、9月17日に、翌18日には総攻撃を敢行することを決意し、それと同時に、以前にもまして激しい砲撃を続け、火矢の雨を降らせた。寝ることもできずに、消火に走り回った守備隊は、ついに使者を派遣して、ヘンリーとの交渉を申し出た。戦って死ぬよりも、交渉によって時間を稼ぎ、なんとか生きる道を探すことを選んだのであった。彼らの要求は、聖ミカエルの祭礼、つまり9月29日の日曜日まで総攻撃を待ってほしいというものであった。しかし、フランス側が兵を招集しつつあることを知っていたヘンリーはこれを拒絶し、夜明けまでに降伏しなければ今後一切の交渉に応じないと突っぱねた。フランス側は、22日の日曜日まで休戦を延長して、それまでに救援部隊が来なかったら降伏するという新たな条件を出し、その保証として24名の人質を差し出した。ヘンリーはこの条件を受け入れ、砲撃を中止させた。これでやっと町に静けさが戻った。

REMAINS OF THE WALLS OF HARFLEUR, WITH THE CHURCH OF ST. MARTIN IN THE DISTANCE.
From an original drawing.

アルフルールの城壁跡

9月18日の午後1時、双方から代表者が出て同意文書に署名がされ、高らかに読み上げられてから封印され、儀式が終わった。フランス側は王に救援軍を依頼する使者を出すことを許され、ギョーム・ド・レオンが使者に任命された。彼は12名のメン・アト・アームズを率いてヴェルノンにいる王太子のもとに向かった。フランス王はムランにいたが、ここは遠すぎて22日までに戻ることができないために、75マイル離れたヴェルノンの王太子のもとに行くことになったのである。距離から推定して、ド・

レオンがヴェルノンに着いたのは19日の夜、ないし20日の朝であったろうと思われる。そこで王太子に救援を依頼したが、フランス軍はまだ集結しておらず、期限までにアルフルールに行くことは不可能であることがわかった。ド・レオンの命がけの伝令は徒労に終わった。しかし、憔悴した彼に体を休めている暇はなかった。彼が朗報をもたらすことを藁にもすがる思いで待つアルフルールの人々に、救援軍は出せないという王太子の返答を伝えなければならなかったからである。

9月22日、降伏期限の日の朝、ド・レオンはアルフルールの町に帰り、悲しいニュースを人々に伝えた。午後1時、降伏の儀式が行われることになった。この日は聖モーリスの祭礼日に当たっていた。聖モーリスは一般にはあまりなじみのない聖人であるが、ローマの兵士で、キリスト教徒を殺害することを命じられたときにこれを拒否して殉教した聖者である。ヘンリーは『申命記』の律法どおり全住民の皆殺しを宣言していたが、これは大叔父の黒太子エドワードが1370年にリモージュを攻撃したときに『申命記』の立法を厳しく実行して男子ばかりでなく女、子供まで皆殺しにした前例に倣ったものであった。しかし、この日はキリスト教徒を殺害することを拒否した聖モーリスの祭礼日であり、慈悲を示すことによって寛大な王という名声を得る絶好の機会であると考えた。

フランス側は門を開いて出てきたが、そこにはいまだに余燼がくすぶり、焼け焦げた糞尿が異様な臭いを発していた。彼らは、シャツ姿で首に絞首用のロープを巻いていたので、文字どおり奈落の門から出てくるような光景であった。この姿はエドワード三世がカレーを落としたときに降伏したカレー市民の前例に倣ったもので、イングランド側が要求したものであった。彼らを前にして、王の名代としてマーシャル伯が、ヘンリー王はイングランド王として、またフランス王として正当に受け継いだ領地を要求したにもかかわらず、アルフルールの住民はこれに逆らったので皆殺しは当然の処罰である。しかしながら、その後に自らの意思で降伏したために、王は全く慈悲を示さないというわけではないと述べ、フランス側の代表は降伏の印として町の鍵を差し出した。そこでヘンリーは彼らに対して、正式に助命を宣言した。(6) 門には国王旗と聖ジョージ旗を掲げ、町の司令官としてエクセター公を任命し、囚人たちを夕食に招待した。このようにして、降伏の儀式は終わった。

一難去ってまた一難

9月23日、ヘンリーは自ら街の状態を視察した。セント・マーティン教会の前まで来ると、馬から降りて靴を脱ぎ、靴下まで脱いで裸足になり、教会に入って自軍が与えた被害をつぶさに見て回った。尖塔は崩れ落ち、鐘は地面に落ちていた。一通り街を巡回すると、ヘンリーは女、子供、それに貧しい者たちを一か所に集合させた。聖職者も同様に集められ、その運命は翌日に言い渡されることになった。男性も集められ、ヘンリーに忠誠を誓うものはアルフルールに残ることを許された。これを拒否した者は投獄され、支払える限りの身代金を払えば釈放されることになった。ヘンリーの住民に対する態度は、彼らを敗者として見下すのではなく、最後まで持ちこたえた立派な市民として、丁重に扱った。身体検査に当たっても、聖職者は除外され、女性の頭や胸に触ることも禁止された。翌日、門のところに集められた女性、子供、貧民、聖職者らは、それぞれ5スーの金を与えられて、どこなりとも好きなところに行って構わないと告げられた。(7) さらに、女性たちは自分の手に持てるだけの衣類を持っていくことを許された。その数は、子供を含めて2000名といわれている。このうちの1500名は、イングランド兵に護衛されてリールボンヌに行き、そこでブシコー元帥(1366~1421)に引き渡されて、保護されることになった。

男性は、10代の少年を含めて、アルフルールに残るように命じられた。ヘンリーに忠誠を誓った者は残ることが認められたが、財産を持つことは許されなかった。これを拒否した者はイングランドに送られ、友人などが身代金を払ってくれるのを待つことになった。若者は町の防衛のために働くことになったが、身分は召使い、ないし給仕などであった。ヘンリーの目的はアルフルールを要塞都市とすることで、多くの男性は町の守備要員として使われることになった。

アルフルールの包囲戦

ところで、町を出た女子供はどうなったのであろうか。リールボンヌでブシコー元帥に引き渡された者も、またほかの町に向かった者も、同じような道をたどることになった。フランスの年代記が伝えるところによれば、彼女たちはフランス軍によって集合させられ、そこで同国人によって、略奪、強姦されたのである。もちろん、ヘンリーの慈悲によって与えられたわずかな路銀も、やっと運び出した衣類もすべて奪われた。イングランド側の年代記は、イングランド軍は勝者の特権として、生殺与奪の権利を持っていたにもかかわらず、慈悲によってそれを放棄し、彼女らを自由の身にしたことを王の慈悲として誇らしげに書いているが、その後の彼女たちの運命については触れていない。

丸1か月にわたる籠城に耐え、睡眠不足や飢え、病気を克服してやっと生きながらえた彼女たちがなぜこのような屈辱と悲惨な目に合わなければならなかったのか。イアン・モティマーは、「誰かに罪科を負わせ、その責任を負わせるというその当時のフランスの文化であろう(8)」と述べている。しかしながら、夫や家族と引き離され、住むところを追われた女や子供の状況は、今日我々が想像する以上に過酷なものであったに相違ない。フランス人の年代記作家はこぞって、土地を追われ、家を追われた人々の話を悲痛な調子で綴っているし、イングランドの年代記作家も、長年住んだ家を失ったことを泣き、悲しみと悲嘆のうちに町を去る女性たちに目を向けている。このような悲しみのどん底にある女性たちを、味方であるはずのフランス人兵士が略奪、強姦するというのは、今日歴史家がどのように理屈をつけようとも我々には理解できない。ただ、多くの年代記が証言している事実として受け入れるほかはない。

王太子との一騎打ち

アルフルールが陥落して間もなく、ヘンリーは王太子に使者を送って戦争終結の提案をしている。その内容は武王ヘンリーの評判にたがわぬ勇ましいものであった。すなわち、これ以上の流血を避け、平和を保つために王太子と「一対一の決闘で決着しよう(9)」との提案であった。フランス遠征中に、へンリーは尊敬するエドワード三世の前例に倣うことが何回かあった。決闘もその一つで、エドワード三世が1340年、フランス王フィリップに対してフランス王国をかけて戦おうと挑戦したことを手本にしたものである。しかし、今回の条件は、もし王太子が勝てば、ヘンリーは王権を彼に譲り、彼はそれを父であるシャルル六世に与える。しかし、フランス王が死亡したらヘンリーに返還するものとする、というものであった。つまり、もし王太子が勝てばシャルル六世の在世中に限り王権を委ねるという、フランスにとっては屈辱的な提案であった。王太子は、指定された8日以内に返事をしなかったために、10月6日、ヘンリーはノルマンディーを経てカレーに進軍を開始することになる。

ヘンリーにしても、このような提案をフランス側が本当に受け入れると思っていたわけではなく、実際は時間稼ぎ、ないしイングランド軍内部の問題処理のために時間を必要としていたのである。というのは、長引く包囲戦の中で疫病が蔓延し、戦場に投入できる兵力は日に日に減少し、一方、敵の兵力は目に見えて増加しつつあった。10月ともなればフランスの気候は駆け足で秋から冬に向かい、テント暮らしはますます厳しいものになっていった。このために、当時は冬になると兵を引くのが習慣になっていたのである。イングランド軍の主だった者は、この勝利をみやげに引き上げることを主張した。しかしながら、フランス軍との戦を神に審判してもらい、自らの大義を立証してほしいと願うヘンリーは主戦論に傾いていた。『英語初版ヘンリー五世伝』によれば、王は「私はこれから自分が治めることになる地を是非とも見てみたいのだ。彼らは多勢を頼みに我々に敵対しているが、我々の信仰心、神に対する信頼ゆえに、彼らは我々を打ち負かすことができないのだ[10]」と述べて臣下を説得した。ドックレーは次のヘンリーの言葉を引用している。「余には強者の魂が備わっていて、そなたらの王、すなわち余には、その名声を攻撃する誰にもましてあらゆる危険に飛び込む勇気がある。我々は神の審判とともに進み、もし敵がはばもうとしても、我々は傷つくこともなく安全に進むであろう。我々は崇拝される勝利者として凱旋するのだ」[11]。これは明らかに虚勢を張った演説であるが、ヘンリーの強い意思を表したものといえる。当初大多数の臣下は作戦を中止する意向を示していたが、ヘンリーが情熱をこめて説得すると、あえて王の意見に反対する者はなくなり、最終的には、船でイングランドに引き上げるという多数派の意見を押し切って、陸路でノルマンディーを通ってイングランド領のカレーに行き、そこから船に乗るというヘンリーの意見に誰も異を唱えることがなかった。

カレーまでは160マイルあり、急いでも8日間はかかるものと思われた。敵の支配地を少数の兵で行くのは大きな賭けであった。イングランドを出発したときに1万人を超えていた兵も、この時点では大幅に減っていた。多くは赤痢などの疫病によるもので、それにアルフルールに守備隊も残さねばならなかった。熟慮の末、騎兵300名、弓兵900名、合計1200名を残すことにした。この時点でヘンリーとともにカレーに向かった兵力は、年代記によって数に差があり、例えばモンストルレは騎兵2000名、弓兵1万3000名とし、この遠征に同行した『ヘンリー五世言行録』の著者は騎兵900名、弓兵5000名としている。一般にイングランド側の資料は少なく、フランスの資料は多く書く傾向がある。これらを勘案してイアン・モティマーは騎兵1500〜1600名、弓兵6600〜7000名と推定している[12]。この兵力で進軍し、途中で敵の主力部隊に遭遇すればたちまち包囲され、〈柵に追い込まれた羊〉同然になってしまうであろう。それを避けるためにヘンリーが重視したのはスピードであった。そこで大砲や荷車などの移動に時間がかかる物は極力残し、馬の背に積めるものを最優先した。食料など必需品も8日分だけしか持たなかった。弓兵のほとんども馬に乗り、1日20マイル以上を進んだ。弓兵は1人50本以上の矢を持っていたために、この荷物を持って遠距離を徒歩で行軍できなかったのである。

行軍の速度を落とさないために、軍律を厳しくし、途中では、放火、破壊、行軍に必要以外のものを奪うことを禁じ、反徒の捕縛も彼らが抵抗を企てない限り禁止した。例えば、ある兵士が教会の聖体容器を盗んで、袖の下に隠しているのが見つかった。彼は、銅製の聖体容器を金と間違えて盗んだと思われるが、ヘンリーが彼に下した処罰は絞首刑であった。[13] シェイクスピアでは、フォールスタッフの子分の赤鼻のバードルフが教会から聖画を盗んで縛り首になるが、[14] このエピソードもこのような事実を踏まえたものであろう。

ヘンリーの軍は規律正しかったが、だからといって決して謹厳実直一辺倒ではなかった。彼の原則は、町や村を通るときは使者を出して、一定の量のパンとワインを提供し、イングランド軍を無事に通過させる保証として人質を出せば、一切危害を加えないと約束し、これを受け入れれば約束どおり紳士的に振る舞った。しかしティト・リヴィオも認めているように、ある村では村人がこれを拒否したために村を焼き払っている。[15] また、フェカンのように戦闘になったときには、修道院に逃げ込んだ女性たちを引きずり出して強姦し、修道院を焼き払うこともあった。[16] 食料も最小限しか携帯していなかったが、それは行く先々で現地調達するのが前提であったからである。フランスの年代記作家たちは、口をそろえて、イングランド軍は行く先々で破壊し、略奪し、放火したと記している。もっとも、フランスの年代記作家は、同様の略奪はフランス軍も行く先々で実行していたことも正直に記している。

渡河地点を巡る攻防

当時の軍隊にとって最大の難所は河であった。人や馬が歩いて渡ることのできる浅瀬はフォードと呼ばれ、軍事上の要衝であった。アルフルールからカレーに向かう際にはソンム河を渡らねばならなかった。ヘンリーはカレーの守備隊に伝令を出して、兵を派遣して渡河地点を確保しておくように命じていた。このような浅瀬の一つブランシュ・タクを目指していたヘンリーのもとに、斥候が一人の村人を捕らえてきた。彼の口から、対岸にはブシコー元帥が６０００名の兵を従えて、待ち伏せしていることがわかった。ヘンリーは自ら取り調べに当たり、真実を話さねば首をはねると迫ったが、男の供述は変わらなかった。この浅瀬は河口に近かったので、時間がかかっている間に潮が満ち、渡ることができなくなった。このためにイングランド軍は別の浅瀬を探して河沿いに上流へ向かわねばならなかった。カレーからの部隊は途中で阻止され、撃退されていたのである。渡河地点を求めて河岸を上って行っても、あらゆる浅瀬は既にフランス軍によって封鎖されていた。彼らもイングランド軍に合わせて、河の反対側を上流に向かって移動していたからである。このような状態でたちまち８日が過ぎ、食料は底をついてしまった。飢えと寒さと病気に悩まされながら上流に向かっていると、10月19日、ネルの近くに、渡河できそうな浅瀬を見つけた。この浅瀬は湿地の上に栈橋が設けられ、人が渡れるようになっていたのだが、フランス兵は栈橋を破壊しただけで、守備隊をおいてはいなかった。２００名の弓兵が胸まで水につかりながら対岸に渡って橋頭堡を築き、その間に大急ぎで栈橋の修理に当たった。近くの民家が取り壊されて窓やドアから階段に至るまであらゆるものが容赦なく略奪され、桟橋の材料にされた。悪戦苦闘の末、やっと馬が渡れるようになり、500名の騎兵が対岸に渡ることができた。かろうじて橋頭堡を確保していた弓兵にとってはまさに間一髪の渡河作戦であった。全部隊の渡河が終わったのは日没後であったが、最大の作戦が終わり、イングランド軍はやっと一息つくことができた。

翌日フランス側の使者が陣営を訪れ、礼を尽くして口上を述べた。回りくどい外交辞令を連ねた口上を要約すれば、フランスは自国の権利を守り、イングランド軍の行動に報復するために、カレーに着く前に決戦を求めるというものであった。フランス側はオービニーにおいて木曜日（24日）に決戦をするという提案までしていたようであるが、ヘンリーは挑戦は受けたものの場所や日時の指定には応ぜず、「すべては神の御心のままである。我々はまっすぐカレーに向かう。もし敵が我が軍の前進を妨げるなら、この上ない危難をまねくことになろう」と回答した。そのうえで「おびただしいキリスト教徒の血を流すことを避けるためにも、我が軍の前進を阻むことのないよう忠告する」(17)と念を押したうえで、3人の使者にそれぞれ金貨で100クラウンずつを渡して、送り返した。日時を決めての決戦は回避したものの、最後通告をした敵はいつ攻めてくるかわからなかったので、イングランド軍はすぐに戦闘隊形をとった。しかし、敵が攻めてくる様子はなく、その晩は静かに過ごすことができた。

翌日は雨であったが、イングランド軍は前進を続けた。このころになるとイングランド軍の食料不足は深刻で、以前のように紳士的に食料を調達するのではなく、行く先々で略奪をした。一方、フランス軍も目と鼻の先を行軍し、同じように食料を現地調達していたために、後から村に着いたイングランド軍は食料を手に入れることができず、道路や広場を踏みつけた騎馬隊の足跡から敵の兵力を察知して、そのあまりの規模の大きさに震え上がったという。このために、イングランド軍は進路を変えてフランス軍の略奪していない村を通らねばならないほど窮状が続いた。雨と食料不足はイングランド軍の士気を落とし、疫病も広まった。

フランス軍がこのような有利な状況にもかかわらず、即座に決戦を挑まなかった裏には、フランス側に足並みの乱れがあったからである。ルーアンでの御前会議で、ブルターニュ公は26日の決戦を主張していた。その理由は、従兄弟のブルゴーニュ公がまだ到着していないからというものであった。しかしブルターニュ公やその同調者は少数派で、決戦の準備は着々と進められていった。両軍の斥候同士が衝突したり、橋を壊そうとするフランス軍と、守ろうとするイングランド軍が戦闘するなどの衝突は連日に及んだ。ヘンリーは12マイルほどのところにあるブランジーという村が、食料を調達し、宿泊するにも適しているとの情報を得て、全軍を急がせていた。ヨーク公の先遣隊が橋を壊しているフランス兵を蹴散らして小さな川を渡った。対岸の丘に登ったヘンリーは、そこから集結しているフランス軍を遠望することができた。

平野を埋め尽くす大軍

その様子を『ヘンリー五世言行録』の著者は、「丘の頂上に登ると、約半マイルほど先の谷におぞましいほどのフランス軍団が現れた(18)」と書いている。フランス軍の数は、味方をはるかに上回り、広大な平野をイナゴの群れのように埋め尽くしていた。彼は「敵軍は多すぎて我が軍とは比較にならない」[19]と書いているが、その数は年代記作者によって異なり、おおむねイギリス側の年代記作者は敵の数を誇張し、フランス側は味方の数を少なく見積もっている。かくして、3倍から30倍まで、その数は極端に食い違うことになった。では実際のところはどうであろうか。現代の多くの歴史家は、おおむねフランス軍が3倍であると考えているが、なぜこのような食い違いが出るのであろうか。一つには軍隊の兵数の数え方に原因がある。一般的には、騎兵、弓兵など戦闘員だけを数える。だが実際は、騎兵には馬の世話をしたり、身の回りの世話をする従卒や給仕などの非戦闘員が必要であった。イングランド軍の場合、騎兵10名に対して30名の弓兵が配され、そこに10名の従卒が従軍していた。すなわち非戦闘員の比率は25パーセントであった。これに対してフランス軍は、騎兵60名に30名の弓兵が配され、そこに60名の従卒などが同行していた。非戦闘員の比率は66パーセントにのぼる。騎兵には必ず従卒が必要であったから、騎兵が多いほど非戦闘員の比率が上がることになる。さらに、騎兵は予備の馬を必要とし、非戦闘時には従卒がこれに乗って行軍する。丘の上から遠望すれば、騎兵と馬に乗った従卒の区別がつくはずがなく、イナゴの群れのような大軍という表現がされたにしても不思議はない。これがフランス軍の数が誇張された一つの原因であった。

さらに、英仏の軍の編制を見るとフランスが騎兵に重点を置き、イングランドが弓兵に重点を置いていることがわかる。フランスの弓兵は過去100年において目覚ましい働きをしたことはなかった。弓兵は十字弓が主体で、正確ではあったが射程が短く、矢をつがえるまでに時間がかかったので乱戦には不向きであった。また弓兵はほとんどが外国人の傭兵であり、士気も高いとはいえなかった。一方、イングランド側はウエールズでさんざん弓兵に苦しめられて以来長弓隊はイングランド軍に組み込まれてその主力となっていた。ヘンリーの頬にはいまだに大きな矢傷が残り、その威力を常に認識させていた。

10月24日、敵の大軍を目の当たりにして、ヘンリーは使者を送って交渉を試みた。安全にカレーに行くことを保証すれば、アルフルールを返還し、身代金なしで捕虜を釈放し、今までフランス側に与えた被害を弁償するというのが条件であった。しかし、自軍の兵力の圧倒的優位を過信したフランス側はこの提案を一蹴した。こうして翌25日の決戦は避けられないものになった。サー・ウォルター・ハンガーフォードはヘンリーに対して「我々にもう1万のイングランドの優秀な弓兵がいたらよかったのに」と嘆いた。『ヘンリー五世言行録』の著者によれば、これに対するヘンリーの答えは、「そのような言い方は馬鹿げている。なんとなれば我々は天におわす神の恩寵に頼り、固い勝利を願ってきた。だから、たとえそれが可能でも私は一人の援軍も頼むつもりはない。なぜならば、今ここにいる兵は神が今私にお与えくだされた神の子であるからだ。そなたは信じないのか。全能の神が、このつつましやかの少数の兵で、自軍の数の多さを自慢し、自軍の強さを吹聴している傲慢なフランス軍を打ち破るということを」[20]というものであった。ほかの年代記も、勝敗は兵の数によるのではなく、神の御心によるものだというヘンリーの言葉を伝えている。

第9章　決戦アジンコート

シェイクスピアの名場面と史実の決戦前夜

『ヘンリー五世』の4幕には、決戦の前夜にヘンリーが変装して陣屋をめぐる有名な場面がある。

説明役　ああ、この消耗しきった軍の総大将たる国王が、
歩哨から歩哨へ、テントからテントへ、みずから
巡察される姿を拝する者はだれでも、「神よ
この国王陛下の頭上に称賛と栄光を与えたまえ！」
と叫ばずにはいられないでしょう。そのようにいま
国王は全軍の将兵を見回っておられるのです。（『ヘンリー五世』4幕プロローグ28－33）

これに続く4幕1場は、シェイクスピアの名場面の一つで、人間ヘンリーの心の機微を描いた場面として大変魅力的である。弓兵隊長アーピンガムのマントを借りて変装したヘンリーに対して、王とは知らない兵士たちが本音をぶつけて話し合う。独白で王の責任の重さについて心情を吐露し、王の実態は儀礼、地位、階級、格式など空疎な約束事にすぎないと喝破する場面は、国王の地位と引き換えに心の安らぎすら失った人間ヘンリーの弱さを見事に描き出している。シェイクスピアの特徴は、悪人が良心の呵責に苛《さいな》まれたり、英雄が責任の重さに押しつぶされそうになる等、人間的な弱さを巧

みに表現することである。ヘンリー五世の弱さとは、放蕩無頼に明け暮れた青年時代のほか、この場面に見られるように、絶対権力者が実は孤独と不安に怯え、いまだに父による王位簒奪の罪に悔恨の涙を流し続けていることである。この場面は、英仏どちらの記録にも全く言及がなく、後のイギリスの年代記などにも載っていないので、すべてがシェイクスピアの創作であるとされ、まさに劇作家としての真骨頂を発揮した場面である。

ここで、史実に目を転じて決戦前夜のアジンコートを見てみよう。年代記の多くは、おおむねイングランド軍は静かに夜を過ごし、死を覚悟して過去の罪を告白して神に祈りを捧げていたが、フランス側は勝利を確信して陽気な歓声が外まで聞こえていた、と伝えている。一方、陽気さを強調しているのがモンストルレである。フランス軍は総員15万人の大軍であったが楽器をほとんど携行しておらず、陣屋は静まり返っていた。馬が全く鳴かないのが何か凶事の前触れのようであった。一方、イングランド陣営からはトランペットやその他の楽器の音色が朝まで絶えず、近隣の村もこれに呼応した。彼らは疲れ、寒さに震え、さまざまな苦悩に苛まれていたが、神に祈り、涙ながらに自らの罪を神に告白することを忘れなかったと記述している。(1) このように主張は矛盾しているが、『ヘンリー五世言行録』の作者は従軍司祭として実際同行し、前夜をともに過ごしているので、その記述を見てみよう。

ついに陽が落ちて両陣営は闇に包まれたが、我々はなお配置についたまま立ち尽くしていた。敵軍は宿営体制に入り、いつものように大声で仲間、召使い、戦友の名を呼んで点呼をとっているのが聞こえた（あまりの大軍で仲間が遠くにいるのであろう）。我々も宿営の準備にかかった。王の命令で全軍に沈黙が厳命された。この命令は罰則付きで、違反すると紳士以上の身分あるものは馬、ないし鞍を没収される。ヨーメンやそれより身分の低い者で王命に背いた者は右の耳を切り落とされることになっていた(2)。

ここに描かれているのは、シェイクスピアのように人間的な弱さをさらけ出した好人物ではなく、冷徹に全軍を統括する軍人ヘンリーである。騎兵にとって馬は命の次に大切なもので、鞍はその象徴だが、没収する財産を持たない下級の者は耳を切り落とすというのがいかにもヘンリーらしい。フランス、特にアルマニャック側の年代記作者が、ヘンリーを冷酷非情な侵略者と断ずる所以《ゆえん》である。ヘンリーの軍律の厳しさを示しているのは「この処罰は、いかなる理由があっても減刑や赦免は期待できないものであった(3)」という一文で、彼が一度命令を下したら頑としてそれを曲げることがなかったことを物語っている。

降りしきる雨の中、イングランド軍は果樹園や野原にテントを張って野営しなければならなかった。ずぶ濡れは免れたにしても、湿った体で寒さに耐えねばならなかった。身分の高い者は民家を割り当てられたが、眠れぬ夜を過ごしたのは彼らも同じであった。当時の戦いでは、身分が高く、身代金が見込めそうな者は捕虜になったが、価値がないと判断されるとその場で首を掻き切られるか、斧で頭をたたき割られた。敗戦を予感したイングランド軍の兵士は死を覚悟して、天国に行くために懺悔をしようとした。そのために告白を聞いてくれる従軍司祭のところには長い行列ができた(4)。

フランス軍は多少恵まれていた。彼らは、近隣の村から藁や干し草を集めて野営地に敷き、地面からの湿気を吸収させた。しかしながら、彼らの多くもこの2週間イングランド軍を追撃し、同じように疲労していた。彼らも食料は略奪に頼り、十分食べるわけにはいかなかった。また、あまりの大軍であったために、一部の兵士は軒下に立ったまま夜を過ごさねばならなかったという。

ヘンリー自身は、神に祈りを捧げて過ごしたことが多くの年代記に証言されている。年代記の中には、ヘンリーが、敵に捕えられるよりは死んだほうがましだ、といったことが伝えられている。彼自身は死を覚悟していたのである。『ヘンリー五世言行録』にはフランス軍のことも記録されている。「敵は我が軍の異常な沈黙と静寂に気づいたとき、我々があまりの兵力の差に怖気づき、恐怖に駆られて夜のうちに戦場を逃げ出すのではないかと考えた。そこで彼らは明々と松明を掲げ、野原と道路に多数の見張りを配置した。彼らは自信満々だったので、我が国王とその臣下をサイコロ博打の賭けの対象にしていたという」(5)。ここからわかるように、フランス軍は勝利を確信し、捕虜の数とその身代金の額について賭けをしていたのである。もちろん捕虜の中にはヘンリーも含まれ、パリまで晒しものにしながら連行するために派手に塗りたてた護送用の馬車まで用意していた。以上が決戦前夜のアジンコートの実態で、シェイクスピアの描いた名場面とは全く異なっていることがわかる。

運命を神に委ねた英軍——勝利の夢に酔いしれた仏軍

10月25日の朝、ヘンリーはまだ暗いうちに幹部を招集し、戦略について議論をし、斥候が戻ってくるのを待っていた。準備が整うと鎧兜を着用し、一夜を過ごしたメゾンセルの教会に行き、最初のミサに出席した。音楽好きなヘンリーは王室聖歌隊を戦場まで伴っていて、合わせて3曲の聖歌を聞いたといわれている。

このように心の準備が整うと、村に騎兵10名、弓兵20名を残して馬、馬車の警護をさせることにした。彼らは、身分の高い従卒や病人などの非戦闘員の警護も任された。イングランド軍は騎兵も馬をおいて徒歩で戦場に向かって出発したが、いつものように勇ましいトランペットの響きはなかった。フランス軍に動きを察せられないようにとの配慮であった。

戦場に着いてみると、わずかに4分の3マイル（1200メートル）ほど前方にはフランス軍が雲のように集結していた。当初フランス軍は、3部編制になるはずであった。すなわちブルボン公ジャン（1381〜1434）が率いる先陣、オルレアン公シャルルが率いる本隊、それにバール公エドワール（1377〜1415）が率いる後陣である。しかし、本体に入るはずであったブルターニュ公などが遅れたために、一部の編制を変えねばならなかった。既に述べたように、フランス側は勝利を確信し、関心は捕虜と身代金に集まっていた。先陣に入れば、真っ先に高貴な捕虜を捕えることができ、莫大な身代金を手に入れることができる。もしも国王を捕虜にすれば、名誉とともに莫大な金を手にすることができる。そのような心理から、多くが前へ前へと押し出し、事実上、5000名の騎兵からなる先陣、3000名の騎兵からなる本体、600名の騎兵がそれぞれ両翼に布陣するという形に落ち着いた。フランス軍には相当数の弓兵と、十字弓隊が同行していた。ところが捕虜の獲得を優先するために、弓兵を後陣に回し、騎兵と歩兵の間に配置した。また、当初先陣に配される予定であった4000名の十字弓隊も後陣に回されたとされる。年代記によって違うので詳細は不明だが、フランス側が弓や大砲などの飛び道具を準備していたにもかかわらず、それを活用しなかったことは明らかである。両側を林に挟まれた狭い戦場で、先陣に多くが集結したために、両翼は広く展開することができず、600名の騎兵はそれぞれ先陣の前に押し出されることになった。このような狭い戦場に、騎兵が密集した隊形が異常であることはすぐに気づくべきであったろうが、統率すべきオルレアン公は21歳の誕生日も迎えぬ若輩で、経験も浅かった。彼は本来ならば、本隊を率いて先陣の後方に陣取るべきであったのに、ブルターニュ公が遅れて、陣形が変更されたときに当初の予定を変更し、自らの部隊を先陣まで押し出していた。そのような状態の中で彼が全軍の配置を再編する余裕などあるはずがない。

モティマーはこのときのオルレアン公の心境を分析して、「彼にとって前線に位置することは、ブルゴーニュ公が参加しない戦闘で、アルマニャック派が主導権を握り、フランスの名誉を一身に受けるまたとないチャンスであった」(6)と述べている。彼が先陣に割り込んできたときに、これを阻止できる者はいなかった。そこには戦略はなく、政治だけがあった。このようにフランス軍には全軍を統帥する指揮官がいなかったのである。それを端的に示しているのが、開戦の命令すら出せなかったことである。この時点で、ブルターニュ公はまだ到着しておらず、ロンニーの領主や、アンジュー公、ブラバン公(1384~1415)もまだ到着していなかった。このために、早朝から展開した兵は、そのままずっと待つことを強いられたのである。

フランス側にとってもう一つの誤算は、戦場の選択であった。ここはイングランド軍がカレーに向かうのを阻止するには絶好の場所であった。両側を林に挟まれ、いやでも狭い中央部の畑を突破しな

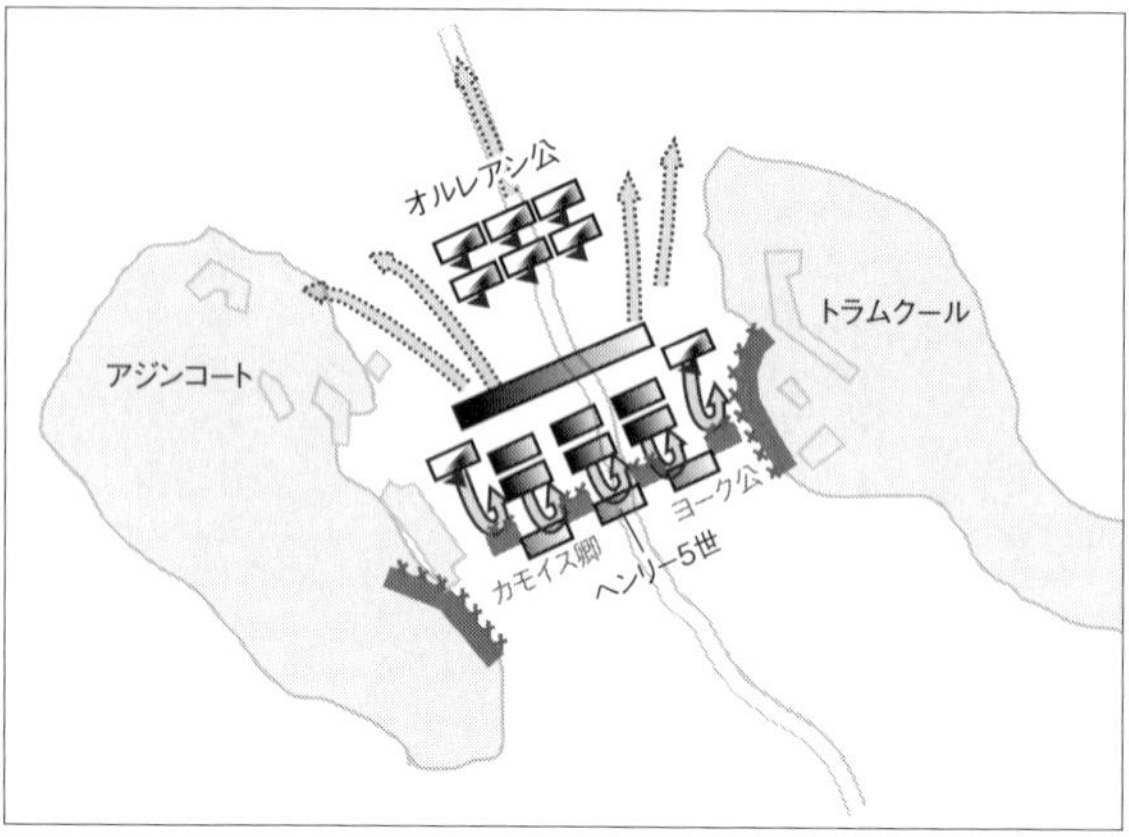

英仏両軍の配置図

ければならないからである。ここを大軍で封鎖すればイングランド軍は一歩も前進できない。しかし、誤算は雨であった。降り続いた雨で畑が水を吸い、極端に軟弱になっていた。しかも小麦を蒔いたばかりの畑に豪雨が降り続いたために、場所によっては膝まで泥につかった。フランス軍は膝まで覆う頑丈な鎧に身を固め、その下には鎖帷子《くさりかたびら》を着ていた。さらに馬には馬鎧を着せて完璧な防御を誇っていた。しかし、この重装備は途轍もない重さで、ぬかるんだ地面には全く不向きであった。馬の脚は泥にはまって動きを束縛され、下馬して戦うにはあまりに鎧が重かった。長槍の柄を短く切って白兵戦を予想していたものの、鎧は騎馬での突入を想定した重装備のままだったからである。

イングランド側は、先陣を担うヨーク公が右翼に布陣し、中央にヘンリー自らが率いる本隊、後陣のカモイス卿（c.１３５１〜１４２１）は左翼に陣を張った。弓兵はとがった杭を斜めに打ち込んで、先をとがらせた柵をめぐらし、敵の騎兵の突撃を食い止める手はずであった。両側は藪で騎兵が通ることはできないので、敵は中央を突破するほかはなかった。ヘンリーは敵の陣形を見て、一つの命令を下した。２００名の弓兵に藪を迂回して、右翼の林の中に身を隠すように命じた。次に一団をアジンコートに近い左翼の森の中に潜ませた。ヘンリーは、彼自身を捕虜にしようとフランス軍が中央に集中するだろうと予測していた。そこで彼は自分自身を囮にして敵を引きつけ、両側から挟み撃ちにしようとの作戦であった。

フランス側は、圧倒的な兵力を持っていたが、ブルターニュ公はじめ、多くの部隊がまだ戦場に到着していなかったために、時間を稼ぐ作戦に出た。こうして両軍は、約4時間にわたってにらみ合いを続けていた。フランス軍は何度か使者を出して交渉を試みたり、一騎打ちの申し込みをしたりした。これが時間稼ぎのための戦術であることは明白なので、ヘンリーは即座にこれを拒否した。

弓兵をもっとも有効に使うには、両翼に配置して、突撃してくる敵を横から攻撃することであった。この戦術で1333年、エドワード三世はハリドン・ヒルの戦いでスコットランド軍を撃破し、1346年のクレーシーの戦いでもフランス軍を打ち破っている。ヘンリーが両翼に弓兵を配したのはこの前例に倣ったものである。敵が中央を目指して突撃すれば、防護柵で食い止め、左右から集中砲火を浴びせる必勝の隊形であった。しかしながら、敵は一向に攻撃してくる様子はなかった。フランス軍の後陣では、新たに騎士に取り上げた人々を集め、のんびりと叙爵の式典を行っていた。

ヘンリーの賭け

敵が一向に進撃しないのを見たヘンリーは、ある決意を固めた。イングランド軍を前進させ、開戦に持ち込もうというのである。これは防護柵を捨てて、その前に押し出すということで、伝統の必勝の隊形を崩すことを意味した。ヘンリーは作戦には慎重を期する武将で、その手法はアルフルールの戦いでも証明されている。しかしながら、いたずらに時間を過ごせば、敵国に乗り込んだイングランド軍は補給もないままに、ますます多くの兵に取り囲まれ、事態がさらに悪化することは目に見えていた。そこで、乾坤一擲《けんこんいってき》の勝負を挑んだのである。長弓を有効に働かせるには200ヤード（約180メートル）以内まで近づかなければならないし、的を狙うには100ヤードまで接近しなければならなかった。しかし、騎兵はこの距離なら10秒ほどで駆け抜けることができる。長弓が優れているのは、1分間に12本もの矢を放つことができることであった。1000名の重騎兵の突進を食い止めるには、彼らを馬から落とさねばならなかった。勝敗は弓兵が馬鎧を着た馬を正確に狙えるまで接近できるか否かにかかっていた。

軍旗を前進させよとの命令が下ったときに、弓兵は驚愕した。柵から押し出すことは皮や布製のジャケットのような防具しか身に着けていない彼らにとっては、ほとんど無防備のままで敵の前に身をさらすことを意味したからである。このため一部の弓兵は杭を持って前進した。しかし、ヘンリーの命令はただ前進せよであった。多くの兵は死を覚悟し、大地の土を口に含んで最後の審判に備えて前進した。先頭には、弓兵指揮官のサー・トマス・アーピンガム（c.1355～1428）と馬から降りた側近の騎兵がいた。彼は戦列から進み出て、白い指揮杖を高く掲げ、〈進め〉と大号令をかけた。すると全イングランド軍が一斉に鬨の声を上げながら前進を開始した。軽装のイングランド弓兵は、ぬかるみの中でも素早く前進することができた。フランスの騎兵が突撃してくる前に、長弓の射程内まで走り、先制攻撃しなければならなかった。先頭をかける弓兵が見たのは、異変に気付いたフランス側の騎兵が慌てて騎乗したり、大声で叫びながら押っ取り刀で武器をとって走り回る姿であった。ヘンリーの決断は完全にフランス側の虚を突いたのである。この時点でフランス軍は、少数のイングランド軍が攻撃してくることなど夢想だにせず、暖を取るために戦列を離れたり、馬に飼葉を与えたりと、戦闘態勢に入っていなかったのだ。

例えば、トラムクール側の右翼を指揮していたクリネ・ド・ブラバンが、イングランド側の鬨の声を聞いたとき、600名の部下のうち配置についていたのはわずかに120名にすぎなかった。全員が揃うのを待ってはいられないので、ド・ブラバンは120名に突撃を命じた。そのときド・ブラバンはイングランド軍のトランペットを聞いた。それを合図に、弓兵は一斉に前進を止めて、ド・ブラバンとその騎兵隊に最初の一斉射撃を浴びせた。これで騎兵の多くが泥の中に落ちたり、馬が驚いて味方同士で衝突したりする事態となった。さらに、事態を悪化させたのは、騎手を失った馬が暴走し、自軍の兵士を蹴散らしたことであった。

左翼のアジンコート側でも同じような光景が見られた。600名の兵士のうち、300名が突撃したが、同じように矢玉の雨を浴びて退却した。ただし、フランス側にも勇者がいて、彼らは死を恐れず突撃し、至近距離で矢が鎧を貫いて戦死した。フランス軍にとって致命的であったのは、鋤で深く耕した畑に長雨が続いて、人馬合わせて500キロにも及ぶ重量を支えられないことであった。泥の中をのろのろ走る騎兵を見たイングランドの弓兵は、やすやす射程内まで走り込み、そこから騎兵の弱点である、馬の首や脚を狙って矢を射かけた。30ヤードまで近づき、四角の重い鏃《やじり》の矢を使えば鎧を射抜くことができた。馬が転んで騎手を放り出し、暴走して味方の兵士を蹴散らしたのは左翼と同じであった。

両翼の敗退を見て、先陣が攻撃を開始した。8000名の大軍が前進を開始すると、イングランド軍に恐怖が走った。しかしながら、彼らはアルフルールを出て以来連日厳しい試練にさらされ、死をかけて戦う心構えができていた。一方のフランス側は、いましがたまで数的な優位を過信し、手柄を立てたいという名誉心と捕虜を奪って金持ちになるという欲望に突き動かされていた。しかしながら、大混乱を起こして暴走する味方の騎兵を見ると動揺を隠しきれなかった。それでも、後ろの部隊に押されるような形で、雪崩《なだれ》のように前に押し出していった。

アジンコートの戦い

まずイングランド軍の右翼に目を向けると、そこを指揮していたのは高齢のヨーク公であった。フランス軍の作戦は、数の優位を生かして、一対一の白兵戦を挑み、その間に残りの兵が指揮官を集中的に攻めるというものであった。密集したフランス軍がヨーク公の陣に達する前に、右の森に潜んでいた200名の弓兵が一斉射撃を浴びせた。この攻撃がフランス軍の前進を止めると、今度は正面の部隊から弓兵隊が前線に押し出し、至近距離から一斉射撃を浴びせた。これは、馬を殺したばかりでなく、鎧を貫いて騎兵自身を殺傷した。このときフランス軍が浴びた矢の数を、モティマーは一秒間に1000本と推定している。まさに矢の雨である。ブルゴーニュの年代記作者で戦闘に加わったジャン・ド・ワヴラン（c.1398〜c.1474）は「まるで雨雲から降り注ぐ雨のように、凄まじい数の矢が浴びせられ、その数の多さで空は暗くなりさえした(7)」と述べている。

イングランド軍の後方では、聖職者たちが天に向かって祈っていた。ヘンリーは最初からこの戦いの勝敗は神が決めると公言していた。それだけに、彼らも命がけで戦場に留まって祈っていたのである。地面を揺るがすようなフランスの大軍が押し寄せてくるのを見た司祭らは地面に顔を伏せて神の加護を祈った。『ヘンリー五世言行録』の著者も、このような聖職者の一人であったが、彼は荷駄隊と一緒に後陣にいて、馬の上から戦況を目撃していた(8)。

死に物狂いの白兵戦

長弓の威力はすさまじく、フランス軍はバタバタと倒れた。死んだ人馬が折り重なり、槍2本分の高さに達した、といわれている。しかしながら、矢の数には限りがあり、矢戦《やいくさ》が終わると状況が変わった。白兵戦が始まったのである。フランス軍の攻撃がもっとも激しかったのは右翼であった。矢が尽きたのをみて、フランス軍がヨーク公めがけて殺到した。弓兵は、弓を捨てて様々な武器で戦った。槍、斧、なかには柵を作るための杭を振り回すものもいたが、多くが手にしたのはポールアックスと呼ばれる、槍と斧の機能を持つ戦斧であった。フランス側がほとんどスキのない鉄の鎧に身を固めていたのに対して、弓兵の鎧は革製で、白兵戦には不向きであった。イングランド軍にも甲冑に身を固めた騎兵——彼らは馬を後方において徒歩で戦っていた——がいたが、少数であった。このために、フランス軍はヨーク公の本陣まで到達した。ヨーク公自身は高齢でしかも太っていて、戦闘に参加することはできなかった。ヨーク公の家臣団は従卒を含めて、主人を守ろうとして必死に戦い、90名が戦死した。白兵戦で一対一の乱戦に持ち込み、その間に指揮官を集中的に攻めるというフランス軍の作戦が成功し、イングランドの前線の一角が崩れた。混戦の中で、国王の従兄でイングランド第一の名門ヨーク公は泥の中に倒れた。直前のサウサンプトン陰謀事件で弟のケンブリッジ伯が汚した名誉を払拭すべく、前線に踏みとどまった公爵の壮絶な戦死であった。戦死者の中には、最近伯位を継いだばかりの若い第3代サフォーク伯や何人かの騎士もいた。右翼は混戦を極めていたが、総崩れには至らなかった。それはヨーク公が倒れた後も副官がよく兵をまとめて踏みとどまったからである。

このような白兵戦はヘンリー自身が指揮する中央部の本体や、アジンコート側のカモイス卿が指揮する左翼でも同じであった。彼らは単に踏みとどまっていたばかりでなく、徐々にフランス軍を押し返し始めた。前線が退却を始めると今度はフランス側に混乱が起きた。最前線の様子がわからないままに、後ろの部隊は前進を続けたために、前線のフランス軍は、前のイングランド軍と味方の後続部隊に挟まれて、槍をふるうこともできないほどであった。身動きが取れなくなったフランス兵は、イングランド側のポールアックスの餌食になった。

アランソン公、ヘンリーの王冠を叩き落とす

ややあってフランス軍の前進が止まった。これは指揮官の命令によるものではなく、後陣の部隊が

退いたためであった。前線が引き始めると、ヘンリーは突撃を命じ、さらに激しい白兵戦が繰り広げられた。イングランド軍は、文字どおり死に物狂いで戦った。彼らにとって勝利以外に生きる道がなかったからであった。余裕のある戦いでは、身分ある者は捕虜にして、身代金の支払いを待つのだが、この時点のイングランド軍にはそのような余裕などあるはずがなく、とにかく敵を見れば殺しに殺しまくったのである。入り乱れた英仏両軍の兵士が、猛り狂って殺し合い、軍隊としての規律も統制もなかった。ヘンリー自身もこの混乱の渦中にいた。この乱戦の中で、フランスの勇将アランソン公（1385～1415）はイングランド王の姿を見つけ、血路を開いて襲撃してきた。ヘンリーのボディガードが次々に倒され、王弟のグロスター公ハンフリーが敵の刃に倒れた。これを見たヘンリーは弟をかばってその体をまたいで戦斧をふるって敵の攻撃を防ぎ続けた。イングランド王がすぐ近くにいるとわかるとフランス軍はヘンリーめがけて殺到し、王の警護の兵を蹴散らして襲いかかった。ヘンリー自身は戦斧をふるって防戦したが、ついに敵の斧がヘンリーの頭を捉えた。金の王冠が地面に叩き落された。この一撃を与えたのはアランソン公自身であったといわれている。(9) だが、これは急所をはずし、王冠を叩き落としただけで、ヘンリー自身の

アランソン公の攻撃から弟を守るヘンリー

戦闘力を奪うことはなかった。奮闘を続けるうちに、アランソン公は膝に一撃を受け、身動きが取れなくなった。敗北を認めた彼はヘルメットを脱いでヘンリーに降伏を申し出た。騎士道では降伏すれば捕虜として丁重に扱わねばならないのだが、乱戦の中でその余裕はなかった。急を知って駆けつけたイングランドの騎士の一人が彼の首を切り落としてしまった。こうしてイングランド軍は、間一髪で王と傷ついたハンフリーを救い出すことができた。

ブラバン公が戦場に到着したのは、フランス軍の敗色が濃厚になってきた時点であった。彼は一刻も早く味方の救援に駆けつけたかったが、部隊はまだ到着せず、馬を駆って急いだ少数の家臣が公爵の回りにいるだけであった。戦場を見たブラバン公は一刻も猶予はないと判断し、部下の鎧を借り、ラッパ手の陣羽織を切って旗を作り、それを槍の穂先につけて、自軍の目印とした。武具を積んだ荷車を待っている時間はなかったのである。戦場には、フランス軍の死傷者が累々と横たわり、自軍の劣勢は明らかであった。ブラバン公の家臣の一人が、後陣に馬を走らせると、この時点でまだ騎乗したままの騎兵が命令を待っていた。さらに、一旦退却した部隊も残っていたので、これらを再編して、攻撃に参加させようとした。しかしながら、この説得は失敗に終わり、ブラバン公はごく少数の家臣団のみを伴ってイングランド軍に切り込んだ。しかし奮戦むなしく、落馬したところを捕虜になった。

「ヘンリーの大虐殺」

午後1時ころになるとフランス軍は散り散りになり、当面の脅威は去った。そこでイングランド軍は、死体や負傷者の山をかき分けて、身代金が期待できる裕福な生存者を探し始めた。フランス軍は重武装をしていたために、怪我をして身動きは取れなくても、多くの者が生き残っていたのである。

こうして、フランス軍の司令官で勇猛をはせたブシコー元帥、ブルボン公ジャン、ウー伯シャルル（1394～1472）、ヴァンドーム伯ルイ（1376～1446）、オルレアン公、リシュモン伯アルテュール（1393～1458）といった名だたる貴族が捕虜になった。これらの貴族を筆頭に、騎士など多数が捕虜になり、その数は3000名に達したといわれている（この数字も、年代記によって異なり1400～1600、300～400としているものもある）。しかし、彼らは幸運であった。多くの「無価値」と判断された者は、その場でナイフで喉を掻き切られるか、斧で頭を叩き潰された。これが一般の兵士の運命であった。

歩ける負傷者は必死で戦場を逃れたが、彼らのうち何人が生き延びたかはわからない。というのは、農民や住民が追いはぎと化して、敗残兵を待ち伏せ、殺害して身ぐるみ剥いだからであった。ことにアルマニャック派は、この地で略奪や強姦をしたことがあり、住民の恨みをかっていたので、逃げ切るのは至難の業であった。

初戦は首尾よく勝ったものの、ヘンリーはフランス軍の後方には無傷の兵が多数残っていることを知っていた。実際フランス軍の後陣ではマルル伯ロベール（1390～1415）とフォコンベルグが部隊を再編して、ヘンリーの本陣に決死の攻撃を準備していた。

この少し前、村に残してきたイングランドの荷車隊を地元の住民が襲撃した。彼らを扇動したのは地元のアジンコートの領主の配下の3人の騎士であった。このときは首尾よく撃退したが、それは襲撃したのが荷車に積んだ財宝目当ての欲に目がくらんだ住民の集団で、宝石類を奪ったことに満足して撤退したからである。もし兵士であったら、騎兵10名、弓兵20名の守備隊では到底守り切れなかったであろう。しかも今度は、村には3000名の捕虜がいて、民家や納屋に閉じ込められていた。敵の後陣が攻めて来たときに、もしこれらの捕虜が蜂起でもすれば、既に疲れ切ったイングランド軍は背腹に敵を受け、ひとたまりもないであろう。

フランス軍の後陣のあわただしい動きを察知したヘンリーは、捕虜を殺害するという賭けに出た。この命令に何より驚いたのはほかならぬヘンリーの部下であった。彼らは死に物狂いで戦い、やっと勝利を勝ち取り、捕虜から莫大な身代金をとって大金持ちになる夢を見ていた。身分の低い兵士にとって、捕虜は自分の命の次に大事な宝物であった。彼らが命令に不服であったのは言うまでもない。そこでヘンリーは、命令に従わないものは縛り首にするとの厳命を下し、200名の弓兵に、王族に血のつながる貴族以外のすべての捕虜を殺害するように命じた。今日まで歴史家の間で論争が絶えない「ヘンリーの大虐殺」である。捕虜は喉を掻き切られ、頭を戦斧や大槌で叩き割られた。なかには小屋にとじこめられたまま焼き殺された者もいたという。この中で、捕虜になっていたブラバン公も喉を掻き切られた。彼は、部下の鎧を借りていたために、身分を証明するものがなく、あえない最期を遂げたといわれる。ブルゴーニュ公の弟であり、王室ともつながる高貴な公爵が、混乱の中で身分にそぐわない形で殺害された。しかし、ブラバン公の死については、少数の部下とともに突撃したときに、その場で戦死したとする年代記[10]もあり、詳細はわからない。ところで、ヘンリーがもっとも恐れた後陣の新たな攻撃はどうなったのであろうか。マルル伯とフォコンベルグのもとに集まったのは6

００名あまりの兵であった。彼らは、ヘンリーの本陣を目指したが、この時点では既に人馬の死体が山となり、彼らの突進を阻んでいた。しかも６００名では、数においてもイングランド軍とまともな戦いはできなかった。フランス軍は圧倒的なイングランド軍に包囲され、マルル伯とフォコンベルグの勇者も戦死した。

犯罪それとも英断

今日まで問題になっているのは、この捕虜殺害が戦争犯罪であるか否かである。もちろん１４１５年当時は戦争犯罪という概念はなかったが、捕虜の殺害は当時の道徳に反するものであったし、何よりヘンリーが尊んだ騎士道精神に反するものであった。騎士道では、捕虜を保護するのは捕えた者の義務であった。もちろん、捕虜殺害はキリスト教の教えにも反するものであった。彼らは、武器を捨て、降参した同じキリスト教徒なのだ。

このような人道的な非難に対して、当時の状況からして、ヘンリーの決断は英断であったと弁護する歴史家も多い。ヘンリーにとっては、戦いに勝利し、部下を守るのが最大の眼目であった。この時点でヘンリーは、捕虜を守るために後陣に余分な兵力を割くことができなかった。さらに、フランス軍の攻撃に呼応して、捕虜が一斉に蜂起する可能性があった。ヘンリーは切羽詰まった状況の中で、厳しい決断をし、部下を守らなければならなかったのである。多くのイギリスの歴史家はこのようにヘンリーを弁護するが、これはシェイクスピア以降に、その偉大なるヘンリー像に感化されていることも無視できない。

モティマーによれば、真実はこの二つの極論の間にあるという。しばらく彼の説に耳を傾けてみよう。最初に、ヘンリーが殺害命令を下したのは、メゾンセルに残しておいた荷車隊が襲撃されたからであるとの見解について考えてみる。この見解は、いくつかの15世紀の年代記に見られるものである。しかし、数百人の住民が荷車に積んである宝石などを略奪しようとして、守備隊を襲ったのは比較的に早い段階で、まだ主力部隊が激戦を繰り広げている最中であった。捕虜が村に連れてこられたのは、戦闘がひとまず収束した後であるから、この間には時間的な隔たりがあり、直接の原因にはなり得ない。これらの記録は、戦勝気分が高揚し、ヘンリーの名君としての評判が定着しつつある中で書かれたものである。愛国心が高まり、反フランス感情を追い風にして、虐殺の原因をフランス側の襲撃事件のせいにしようという巧妙なすり替えである。

なれば、ヘンリーが捕虜の殺害を命じたのは、もっと深刻な新しい脅威に直面したからに相違ない。これを裏付けるのは、トマス・エルマムの「……実際多くの兵が集まっていた。イングランド軍は後陣を守るために捕虜を殺した。神に誉あれ[11]」という記述や、ティト・リヴィオの「ヘンリーは直ちに、新たな敵――彼らは最初の敵と同じくらいの大軍であった――と戦う準備を整えた。イングランド軍があまりに長い、あまりに厳しい戦いで疲労困憊していることを考え、また、非常に多くの捕虜を抱えていることを考えた。実際、捕虜の数は自軍と同じくらいに多かったのだ。彼らは、新たな敵と戦い、なおかつ捕虜とも戦わなければならないことを恐れた。それで彼らは多くの捕虜を殺した[12]」との記述である。

しかしながら、新たな大軍という概念は、多くの年代記の証言と矛盾する。新たな軍といえば、ブラバン公が遅れて戦場に着き、孤軍奮闘の末、倒れたことは既に述べた。ブラバン公は1400名の騎兵と600名の弓兵を率いていたはずであるが、この本隊が遅れて戦場に到着したという可能性がある。最大限に見ても、ブラバン公の兵力は約2000名で、従卒を加えても3000名ぐらいにしかならない。この数では、残っていたイングランド軍が余裕をもって対応できるはずである。同じことはアンジュー伯についてもいえる。もしこの時点で、新たな大軍が戦場に到着したのであれば、多くの年代記が証言するはずであるが、その記述は見当たらない。

このように考えると、ヘンリーに殺害を命じさせた新たな脅威とは、フランス軍の後陣に集結した多数の兵であったことは間違いない。既に見てきたように、この時点でフランス軍の後陣にはまだ戦闘に参加していない兵が多数残っており、そこに敗れた先陣と本体の兵が多数撤退してきた。イングランド軍は、これらが集結しているのを見て、大規模な二次攻撃を仕掛けてくると思ったのである。『ヘンリー五世言行録』の作者も、フランス軍の後陣で兵の再編が行われているのを見て、捕虜が殺害されたとの見解をとっている[13]。フランス側の正式な年代記がサン・ドニの修道士によって書かれているが、そこにはこの記述を裏付けるような、「先陣で死に物狂いの戦いをしていた兵士たちの一隊が後陣に引き上げたが、これが虐殺の引き金になった[14]」という記述が見られる。既に見てきたように、フランス軍が引いた後、戦場で捕虜を捕え、後陣に連行して監禁し、殺害するまでには相当の時間が必要であったから、この証言をそのまま受け取るわけにはいかない。『リュイソーヴィル年代記』によれば、後陣でこのとき再編を指揮していたのは当初右翼を指揮していたクリネ・ド・ブラバンであっ

フランドルの騎士ラノワ

た。ブルゴーニュの2人の証人ル・フェーヴルとド・ワヴランは、「今までヘンリーの本隊と戦っていた後陣と本隊が再編され、戦闘隊形をとって前進した」[15]と述べている。この時点で、戦場には人馬の死体が累々として、またぬかるみを人馬がさらに踏み荒らしたために、騎兵での攻撃は不可能であった。とすればこのとき隊列を組んで前進してきたのは歩兵、すなわち、馬から降りた騎兵と若干の弓兵であったと思われる。問題は兵力であったが、この時点でのフランス軍は、死者や逃亡者を差し引いてもまだ2000ないし3000名の騎兵が残っていたはずである。イングランド側は死者が数百名と思われるが、主力の弓兵には矢が残っていなかった。もし3000名のフランス軍が隊列を組んで前進してくれば、捕虜をとって気のゆるんだイングランド軍は不覚を取るかもしれない。ヘンリーがこのように考えたのも不思議はない。実際、ヘンリーが捕虜の殺害を命じたときに、多くの将兵はこの命令に従わなかった。彼らは命がけで手に入れた自分の財産を失いたくなかったのである。またこれは、後陣にいた将兵には戦況が見えず、身に迫った危険を察知していなかったためとも思われる。これを知ったヘンリーは200名の弓兵を先陣から送って捕虜を殺害させたのである。しかし、200名の弓兵で、一部の年代記が言う3000名の捕虜を短時間で殺害することは不可能である。ギルベール・ド・ラノワ（1386～1462）

は捕虜になったものの運よく生き残った貴重な証人であるが、「自分や仲間の捕虜が閉じ込められた家に火がかけられ、仲間は生きたまま焼き殺された」[16]と証言している。彼の言葉は真実であろうが、他の記録と照合してみると、多くは一人一人短剣で喉を掻き切られたことは明らかである。また、大規模な二次攻撃がないとわかった時点で、ヘンリーが捕虜の殺害を中止させたとの記録もある。モティマーは、このような事情を総合的に判断して、メゾンセルで殺害された捕虜の数は最大限に見積もっても300〜400名であろうと推測している[17]。フランス側の死者は4000名ほどと思えるので、この数字は当を得たものであろう。

以上を時系列に整理してみよう。フランス軍の騎兵が前線から一斉に引き上げると、勝利したと思ったイングランド軍は捕虜を捕え始め、武装解除した騎兵をメゾンセルに連行した。この間の時間は30分あまりと推定される。ところがこのとき、フランス軍の後陣から武装した兵の一隊が隊列を組んで前進してくるのが見えた。これを見たイングランド側は、突然身の危険を感じた。彼らの前進に呼応するように、新たなフランスの救援部隊が接近していると思ったからである。一度荷車隊を襲撃されたヘンリーは後陣の脆弱さを知っていたので、直ちにトランペットを吹いて兵士を戦闘隊形に戻し、捕虜の殺害を命じた。しかし、この命令が守られなかったので、矢のなくなった弓兵200名を村に送って捕虜を始末させた。一方、前進してくるフランス軍に使者を送って、捕虜は既に殺害したと伝えた。当時の騎士の信条として、仲間を助けることは騎士の義務であると信じていたので、助けるべき仲間が既に死んでいれば、彼らが命を懸ける大義がなくなるからである。フランスの騎兵は馬をおりて徒歩で、人馬の死体の山を迂回しながら進んできたので、奇襲の効果は薄れ、イングランド軍は迎撃の準備を整えていた。また、フランス軍にはヘンリーが恐れていた救援隊の当てもなかった。また3000名のフランス軍では数のうえでもイングランド側に劣るので、使者の説得に応じて兵を引いたものと思われる。

結局、ヘンリーの捕虜殺害命令は、フランス軍の進撃に驚いたヘンリーが、捕虜の蜂起によって挟撃されることを恐れると同時に、戦勝気分に浮かれている味方をもう一度戦闘隊形に戻すために行われたのである。以上がモティマーの説明するアジンコートの戦いの真相である。ところで、この殺害は戦争犯罪か英断かとの問題に対して、モティマーは、「以上のような状況の中ではやむを得ない措置であったにせよ、虐殺はあわただしい中で行われたことは事実であり、彼の経歴の永遠の汚点である。捕虜を殺したことを告げて無駄な戦闘を避けたという戦略的な利点があったにせよ、相手を引かせるためなら、『戦うなら捕虜を殺す』との脅しだけでも充分であったはずである。当時のどのような基準に照らしてみても、捕虜殺害は神を恐れぬ行為であり、これから自分が国王として支配する国の国民から愛され、尊敬されるわけにはいかない所業であった(18)」と結んでいる。

戦い済んで陽が落ちて

モンストルレによれば、戦いが終わったあと部下が戦場で価値ある武具などを集めている間にヘンリーは英仏の使者たちを呼び集めて、今日の戦いの勝者はいずれかと問うた。両国の使者はともにイングランド軍の勝利であると認めたのでヘンリーは神に感謝の祈りを捧げ、フランスの使者モントジョイに近くの城の名前を尋ねた。(19)この場面はシェイクスピアに継承されて世界中に知れ渡っている。

王　すぐそこに見える城は何と呼ばれている？
モントジョイ　アジンコートと呼ばれています。
王　では、今日の戦を、聖クリスピヌスの日に戦われた
　アジンコートの戦いと名付けることにしよう。(『ヘンリー五世』4幕7場87－90)

しかしながら、この場面は後から文学的に装飾されたものらしい。使者の一人ル・フェーヴルの証言には、フランスやイングランドの使者についての言及はなく、ヘンリーが側近の貴族たちに城の名前を聞き、それにちなんでアジンコートの戦いと命名した、とある。しかし、この証言についても、ヘンリーはこの城のことを知っていたはずであるとの主張がある。すなわち、英仏の総力戦が行われる地域のもっとも重要な敵の軍事拠点である城について、十分な情報がないままヘンリーが決戦に臨むなどありえないというのである。

戦闘についてさらに詳しく検証してみよう。まず、実際の戦闘時間はどれくらいであったのか？これも年代記によって証言が食い違っているが、おおむね戦闘時間の短さを強調している。『リュイソーヴィル年代記』は30分ですべてが終わったと述べている。これは極端であるが、リシュモンの記録でも1時間もかからなかったことが示唆されている。『ヘンリー五世言行録』の作者は、イングランド軍の背後から戦闘のすべてを目撃していたはずであるが、彼はイングランド軍が敵の先陣を敗走

させるまでにそれほど長い時間はかからなかったと述べている。ヘンリーが全軍に進撃を命じたのが、10時ごろとすれば、昼から1時ごろには勝敗が決していたことになる。ブラバン公が30マイルの道のりを、馬を飛ばして戦場に駆けつけたのが正午あたりと推定されるので、それから間もなくフランス軍が敗走し、イングランド軍が捕虜を捕らえ、フランス軍の後陣で兵が再編されて進軍してきたことを考えると、捕虜の虐殺は早くても1時ごろではなかったかと思われる。

フランス軍が引き揚げた後もヘンリーは、戦闘隊形を維持していた。雨が降る中、空腹の兵士にとっては辛いことであったと思われるが、それは単に敵の逆襲に備えるばかりでなく、静かに1日を振り返るための時間を与えるためであった。ヘンリーは兵士を前に何度か演説し、まず兵士たちの勇敢さを讃え、この勝利は彼の大義を神が認めた証であることを強調した。少数の兵で大軍に勝利し、フランスの貴族の傲慢を叩き潰した功績のすべては神のものであると繰り返した。

午後4時ごろになって、ヘンリーはやっとメゾンセルに戻って食事をとることができた。

イングランド軍の犠牲者の主な貴族はヨーク公とサフォーク伯であった。彼らの遺体はその夜のうちに、茹でて骨のみを取り出し、埋葬のために故国に運ばれることになった。しかし残った数百名のイングランド兵は、埋葬することができず、納屋や家に集められ、家ごと火葬せざるを得なかった。

メゾンセルに引き上げるとヘンリーは軍に解散を命じた。兵士たちは、戦場に戻って戦利品を集めた。甲冑や兜は貴重品で、兵士たちの貴重な余禄であった。しかし、兵士も予想しなかったのは、非常に多くのフランス騎兵が生きたままで見つかったことであった。ある者は泥にはまり、甲冑の重みで身動きが取れず、ある者は死体や馬の下敷きになっていた。けがをしたものも多かったが、多くが丈夫な甲冑のおかげで致命傷を免れていた。このようにして、６００～７００名の身分のあるフランス兵が新たに捕虜となった。これは、先に捕虜の殺害命令が出て、貴重な身代金を失ったイングランド兵にとって、その損失を補ってあまりあるボーナスであった。

兵士たちが死体の甲冑を脱がしていくうちに、泥だらけの鎧の下の服やシャツから、身分ある貴族もたくさんいることがわかった。こうして身分がわかった死体の中には、バール公、その弟のジャン、アランソン公、ルシー伯、マルル伯など多数がいた。このようにして、甲冑をはがされた者４０００名、そのうち１４００～１５００名が、貴族、騎士、郷士であった。この日戦場で戦闘に参加した騎兵のうち、約半数が捕虜になるか戦死したものと思われる。

勝利は神の審判

その日の夕食に、ヘンリーは捕虜になったフランスの貴族たちを招いた。その席でヘンリーは改めて貴族たちに、今日の戦いの勝利者は誰かと尋ねた。貴族たちがイングランドが勝利者だと認めると、ヘンリーはそれを遮って次のように語った。それはイングランドの勝利ではなく、フランス人が犯した数々の罪ゆえに、神と聖母マリア、それにセント・ジョージのなせる業である。なんとなればフランス人は、おごり高ぶって戦場に赴き、道々で既婚女性であろうと未婚の少女であろうと凌辱し、村民を略奪し、教会から略奪した。我が軍の兵を見てみよ！　彼らは決して女子に狼藉せず、人民から強奪せず、教会から略奪しなかった。[20] このヘンリーの演説をオルレアン公やブルボン公はどんな思いで聞いていたのであろうか。彼らはこの戦いを待ちに待っていたはずである。昨日までは、フランスまで攻め込んで、不当な根拠に基づく無理難題を押し付けるヘンリーを捕虜にして、その悪逆を白日のもとに晒そうと思っていた。ことに若いオルレアン公は、総指揮官という名誉を担い、イングランド軍を壊滅させて、目の上の瘤であったブルゴーニュ派の鼻を明かすつもりであった。ところが現実は、雪崩のように突撃したフランス軍はイングランド軍に行く手を阻まれて立ち往生し、後続の部隊は先陣で何が起きたかわからないままに押し出して、将棋倒しに前線の兵の上に折り重なった。馬を失った騎兵は死力を尽くしてイングランド軍と渡り合ったが、重い甲冑と泥に身動きを封じられ、やがて敗走を余儀なくされた。部下や友人や仲間たちが次々とイングランド軍に殺害されていった。そしていま、悪逆非道なはずのヘンリーは勝ち誇って、このフランスの屈辱的な敗北は神の裁きであると宣言し、自らはその証人となる運命に置かれている。フランスの大義が踏みにじられたこの戦いに、国王や王太子は何をしていたのであろうか？　ブルゴーニュ公やブルターニュ公はどこにいたのであろうか？　彼らは意図的に戦いを避けたのではないか。ブルゴーニュ公はこの敗戦のすべてはアルマニャック派の責任と非難するであろう。イングランドの侵略を招いたのも、もとはといえば先代のブルゴーニュ公、つまり不怖公ジャンが、オルレアン公の父を暗殺したからではないか。その張本人であるはずのブルゴーニュ派は、アルマニャック派の総帥である自分を糾弾し、その自分はイングランド軍の捕虜として、今ヘンリーのいう大義、すなわち正統なフランス王にしてイングランド王という勝手な言い分を認めざるを得ない立場に置かれている。

この夜、オルレアン公は自分の運命を呪ったであろう。しかし、それはほんの序章にすぎなかった。

イングランドに送られた彼は24年という歳月を、人質としてイングランドで暮らすことになるのである。

死んだ者と生き残った者

イングランド軍が勝利の余韻に酔いしれているところに敗走したフランス軍からの使者がヘンリーの陣屋を訪れた。口上は、死亡した主人や友人の遺体を捜すために戦場に立ち入ることを許してほしいというものであった。シェイクスピアでは、ヘンリーがこれを承諾したことになっているが、〈今夜は遅いから明日にしてほしいと返答した〉が史実である。

翌朝早くヘンリーは戦場をくまなく見て回った。その中にはさらに生存者も見つかった。身代金の払えそうな者は捕虜にし、その他は短剣で喉笛を掻き切って後始末をした。現代人から見れば残酷極まりないが、これが中世の戦の掟であった。イングランド兵が驚いたのは、多くの死骸が丸裸であったことである。地元の住民が、甲冑ばかりでなく服から下着に至るまで文字どおり身ぐるみ剝がしたのであった。雨の中、暗闇の中をものともせず、村人たちは略奪に血道をあげた。貴族など身分のある者は、〈まるで泥の中から生まれたばかりのごとく〉丸裸にされていた。その中から、運よく悪夢の夜を生き抜いた者たちだけが、新たな捕虜となった。(21)

ル・フェーヴルによれば、戦利品が多すぎて、とてもカレーまで運びきれなかったために、ヘンリーは、各人は必要以上の物を持たないこととの命令を下したという。このために弓兵や馬を失った騎兵の多くが戦利品を放棄せざるを得なくなった。残った鎧や服などは、村の納屋に集められ、イングランド兵の遺体とともに焼かれた。フランス兵が、主人や友人の遺体を捜すために戦場に入ることを許されたのはその後であった。

このようにして戦場の後始末が終わると、イングランド軍はカレーに向かって行軍を開始した。イングランド軍の馬は、戦闘には使用されなかったものの、多くが住民に略奪されていた。このために多くの兵士はカレーまでを徒歩で行かねばならなかった。身分のさほど高くない捕虜も歩かされたために、たったの45マイルを行くのに3日もかかったという。

カレーに着いたヘンリーは熱狂的な市民から熱烈な歓迎を受けた。人々は町の外まで迎えに出、女や子供は通りに人垣を作り、その背後では聖歌隊が合唱した。ヘンリーは捕虜にしたフランスの貴族を従えて堂々と市門をくぐった。

だが、イングランド軍のすべてがこのような熱い歓迎を受けたわけではなかった。市民は弓兵など下級の兵が市内に入ることを拒否したのである。彼らの多くは十分な食べ物もなく、しかも配給は捕えた捕虜にも分配しなければならなかった。市民は、彼らを街に入れれば、食事代を踏み倒すであろうし、混乱が起これればそれに乗じて略奪されることを恐れていた。兵士の多くは、必死の思いで運んできた武具などを売り払って食べ物を買わねばならなかった。しかも、貪欲なカレーの商人に足元を見られて、二足三文で買いたたかれた。カレーの商人は、捕虜も買い取った。身代金をとるまで捕虜に食事や寝るところを提供せねばならない手間を考えると、安くても捕虜を手放したほうがましという兵士が多かったのである。ヘンリーの大義のために命をかけ、勝利に絶大な貢献をした兵たちは、中身の伴わない栄誉だけを土産に故国に帰らねばならなかった。

彼らよりももっと悲惨だったのは、カレーの商人に買い取られた捕虜であった。身代金をすぐに払ってくれる家族や友人のいる者は自由の身になったが、金額が不足したり払えなかった捕虜は、カレーの商人によって奴隷や召使いとして売り払われた。つい先日まで地元の名士として豊かな生活を送っていた者たちにとっては、これは地獄に他ならなかった。泥の中に丸裸で放置された死者と、生涯自由を失って生きる宿命を負った生存者の、いずれがよかったのかは誰にもわからない。

コラム4◉幽囚の詩人、オルレアン公シャルル

オルレアン公シャルルは、アジンコートの戦いでフランス軍を指揮したが、大敗を喫して捕虜になった。味方の怪我人や死体の下敷きになって、身動きがとれなくなったところをイングランド兵によって拘束されたのである。きらびやかな甲冑のおかげですぐに身分がわかり、鎧の卓抜な防御性能のおかげで怪我もなかった。ここから彼の捕虜としての生活が始まった。王侯貴族の捕虜は、本国と同じ身分が保証されたので、牢屋に監禁されるようなことはなかったが、シャルルの場合は身代金を積んでもなかなか釈放にはいたらなかった。フランスで国王にもっとも近い王族であり、有能なシャルルを釈放することは、虎を野に放つのと同じくらいイングランドにとって危険なことであるとして、ヘンリー五世が遺言で彼の釈放を禁じていたからである。このために、彼の幽囚生活は24年の長きに至った。

シャルルの父ルイは、1407年にブルゴーニュ公によって暗殺された。彼は母とともに王とイザボー王妃に訴えたが、王は〈魔法によって国民を苦しめていた暴虐者を排除しただけである〉とのブルゴーニュ公の弁明を受け入れ、処分しなかった。というよりも、当時圧倒的な軍事力を持っていたブルゴーニュ公を処分できなかったのである。

しかし、最初の妻イザベル――イングランド王リチャード二世の未亡人――が、1409年に死亡すると、翌年アルマニャック伯ベルナール七世の娘ボンヌと再婚し、義父の後援を受けて反ブルゴーニュの貴族を巻き込んで勢力を拡大すると、反ブルゴーニュの戦いに突入した。彼の味方がアルマニャック派と称されるのは義父のアルマニャック伯が中核を占めていたからである。内戦は、戦争や和睦、またイングランドを巻き込んでの同盟、離反などの紆余曲折を経て、1415年、

ロンドン塔のオルレアン公

アジンコートの戦いに至るわけである。
　イングランドに送られたシャルルは、ロンドン塔をはじめ各地の城を転々とした。捕虜とはいえ、その待遇は悪くなく、ロンドン市内に出ることも自由だったといわれている。手紙を書くことも自由で、オルレアンに残された家来とも頻繁に手紙を交換した。興味深いのは有名なオルレアンの包囲戦（1428年10月〜1429年5月）の最中にも、この交流は続いていたことである。包囲戦はジャンヌ・ダルクの救援と、異母弟のデュノワ伯等の奮戦で、囲みを破ることができた。これを喜んだシャルルは、二人に褒美を与えた。デュノワ伯には領地と爵位、ジャンヌには盛装一式が贈られた。
　シャルルは幽囚生活の苦悩を紛らわすために多くの詩を書いた。その数は500篇を超えるといわれている。フランス語の詩ばかりではではなく、英語の詩も書いていることが注目される。かつては、誰かが翻訳したとも考えられたが、今日ではすべて自分で書いたとされている。25年近いイングランド暮らしで、英語もすっかり習得して詩を書くほどの腕前になっていたのである。詩のほか、小説を含む散文の文学作品もあり、彼の多彩な才能に驚かされる。英文学史における彼の作品の評価はさほど高いとはいえない。彼の詩は修辞に満ち、言葉遊び、地口、かけ言葉などがふんだんで、当時のイングランドの時流に合わなかったせいだといわれている。しかし今日では、その中の一つ「美しく行きたまいしか?」(Is she not passing fair?) は英訳されて、エドワード・エルガーによって曲がつけられた。また、何曲かはシャンソンの歌詞として歌われる等、徐々に見直しの機運がある。

シャルルの釈放は、その後も英仏間の外交の大きな課題として残ったが、1440年9月、やっと交渉が妥結してフランスに帰国することができた。この時期には、ブルゴーニュ派とアルマニャック派の対立は氷解し、またイングランドでも、強硬派のグロスター公に代わってボーフォート枢機卿など、和平派が実権を握っていたからである。最大の功労者はブルゴーニュ公婦人イザベルであった。彼女は夫に懇願してシャルルの身代金を出すよう説得したといわれている。帰国したシャルルは、ブルゴーニュ公と正式に和解し、公の姪マリー・ド・クレーヴと結婚した。2番目の妻ボンヌは幽閉中に死亡したので、シャルルにとっては3度目の結婚であった。二人は一男二女に恵まれた。唯一の男子ルイ(1462~1515)が生まれたのは、シャルルが67歳のときであった。彼は1394年に70歳でこの世を去ったが、息子のルイはシャルル八世亡き後、ルイ一二世として王位に上ることになる。

第10章　ノルマンディーの占領

アルフルールの孤立

〈軍事的に圧倒的に優位にあったフランス軍を打ち破ったことは神の加護によるものである。神がヘンリーの大義を認めたのだ〉。このようなスローガンを掲げて帰国したヘンリーとその兵士たちは国中で大歓迎を受けた。もはや、ヘンリー五世がイングランドの王位にあることに異議を唱える者はなく、彼がフランスの王位を求めることについても咎めだてする者はいなかった。

このようにヘンリーの大義は認められたが、政治的にも多くの経験を積んだ王は現実を冷静に見つめていた。確かに、戦いには勝利したが、フランスから何らかの譲歩を引き出したわけではなく、領土を獲得したわけでもなかった。ただセーヌ河口の町を一つ手に入れただけであった。しかもアルフルールは、イングランド軍が引き上げると孤立し、食料の確保さえ難しくなっていた。窮地に陥ったアルフルールを救援するためにヘンリーは弟のベッドフォード公を救援に向かわせることにした。艦隊を率いてフランスに渡ったベッドフォード公は1416年8月6日、セーヌの河口でフランス海軍と激突した。フランス軍はジェノアから歴戦の武勇を誇る艦隊を調達し、万全の準備で待ち受けていた。イングランド艦隊は数こそ多かったが、コグやバリンジャーと呼ばれる小型の船ばかりであった。一方ジェノアの艦隊にはキャラックと呼ばれる大型戦艦8艘のほか、2本マストの大型帆船、ガレー船など戦闘用の船を揃えていたために、イングランド軍は大苦戦を強いられた。しかし、ヘンリーの下で鍛え上げられたイングランド軍は士気が高く、巧みな操船技術で小型船を自在に操って6時間に

ベッドフォード公ジョン（左）

及ぶ激戦の末、やっとフランス艦隊を駆逐した。この勝利でアルフルールは包囲から解放され、ひとまず危機を乗り越えた。ベッドフォード公の勝利は、ヘンリー五世のアジンコートの勝利の陰に隠れてあまり知られていないが、中世のイングランド海戦史に特筆される勝利であった。この勝利がなければ、ノルマンディーの占領もなかったであろう。

一方ヘンリーは、外交に注力してヨーロッパにおけるイングランドの地位の向上を目指していた。ハンガリー国王兼神聖ローマ皇帝ジギスムントと友好関係を結び、フランス問題を優位に運ぶことを目指した。二人は親密な関係になり、ブルゴーニュ公を巻き込んでカレーで秘密会議を持つことに成功した。しかし、ブルゴーニュ公は、言い逃れと曖昧さ、言行不一致など老獪な手段を駆使して約束を守らなかったために、外交的な成果は乏しかった。

再びフランスへ

改めて軍事力に勝る良策はないとの思いを新たにしたヘンリーは、着々とフランス侵攻の準備を進めた。セーヌの海戦で大型戦艦の重要さを改めて認識したために、大型のキャラック船を中心に船舶の建造を急がせた。一方、戦費を集めるためにあらゆる努力を惜しまなかった。

こうして1417年の3月にはフランス侵攻の準備がほぼ完了した。ヘンリー自身は4月の末になってサウサンプトンに向かった。そこには1500艘の船が集結していた。騎兵、弓兵などの兵士は1万2000人、戦闘員以外の随行員は3万人に及んだ。ヘンリーの目的はノルマンディーの侵略ではなく占領だったからである。

ヘンリーは戦術家としてもすぐれた素質の持ち主であった。この度の遠征でヘンリーがもっとも力を入れたのが大砲であった。アルフルール攻略においてウエールズで使った大砲が城壁を崩すのに有効だったのを見て、巨砲をたくさん持ち込んだのである。百年戦争を通じてもっとも進化したのが砲術であった。エドワード三世がフランスを攻めたころの砲弾は3ポンド（約1・4キロ）の石弾を飛ばすのがやっとであった。しかし、このころになると800ポンドの砲弾を飛ばせるようになっていた。これだけの重量の石弾が直撃すれば城壁はひとたまりもないであろう。イングランド兵の長弓部隊は既に黒太子のころから勇名をはせていた。しかし、今回フランス人を驚愕させるのは大砲であるとヘンリーは考えていた。

1500艘のイングランド軍は、この前と同じように行く先を知らされていなかった。フランスではイングランド軍が前回と同じくアルフルールに上陸するものと予想していた。しかし、ヘンリーが上陸地点に選んだのはトウック川の河口の小さな村であった。上陸するとすぐに、王弟クラレンス公を司令官に任じ、ハンティンドン伯（1395〜1447）とソールズベリー伯（1388〜1428）に命じてボンヌヴィルとオヴィエの二つの城を攻撃させた。二つの城は直ちに降伏した。ヘンリーの目的はノルマンディー南部の占領で、目標はカーンであった。クラレンス公の部隊はトウック川に沿って進軍したが、イングランド軍上陸の報を聞いて住民は皆逃げ出し、全く抵抗を受けることなくカーンの郊外を占領した。

カーンの包囲戦

カーンはノルマンディー第二の都市で、当時の人口は4万人ほどとされ、繊維産業で富を築き、セーヌ河の河川港を通じて交易も盛んであった。教会の街といわれ、40に及ぶ教会が林立する信仰の街でもあった。周囲を川と城壁で囲まれ、その上には要塞が置かれていた。周辺には深い堀がめぐらされ、逆茂木が打ち込まれ、落とし穴もいたるところにあった。城壁は新たに補強され、市民はここにいれば安全と信頼を寄せていた。

ヘンリーは8月18日になって先遣隊のクラレンス公の部隊に合流した。クラレンス公の部隊は途中で何の抵抗も受けなかったために、予定よりも2週間早くカーン郊外に到着して、重要な戦略上の拠点を敵が破壊する前に確保することができた。アベイ・オ・オム、アベイ・オ・ダムという街に隣接する二つの修道院がそれであった。前者はイングランド王朝の始祖であるウィリアム征服王が建てたもので、彼自身の墓もここにある。後者は征服王の妻マティルダが建てたものである。クラレンス公が先祖の建てた修道院を無事確保したことに安堵していると、一人の修道士が駆けつけてきて修道院が破壊されていると訴えてきた。街を見下ろす修道院は防衛側には危険な建物だったのである。修道士はそのような戦略的なことよりも、修道院を守りたい一心で敵のクラレンス公に命がけの通報をしたのである。イングランド軍は直ちに梯子をかけて修道院の内側に入り、破壊者を撃退した。この二つの修道院の確保がイングランド軍には幸運、カーン市民には不運をもたらすことになることがこの時点ではわからなかった。

遅れてやってきたヘンリーは、多くの将兵を率いていたばかりでなく最新の巨砲も持ち込んでいた。彼は修道院の塔や屋根にこの巨砲を据えつけたのである。そこからは街を見下ろすことができ、新しい城壁や城塞もやすやす石弾の餌食になった。サン・ドニの修道士によれば、大砲は「巨大な石を雷のような音と恐ろしい黒雲とともに発射したので、人々はあたかも地獄から吐き出されたと思ったに違いない」(1)と述べている。巨砲の威力はすさまじかったが、思わぬ被害もあった。つまり、発射の爆風で巨砲を据えつけた先祖ゆかりの修道院の窓ガラスまで粉砕してしまったからである。砲撃は新市街に的が絞られた。反撃する市民の大砲は城壁の上に据えつけられていたが、射程が短く攻撃側に打撃を与えることはできなかった。イングランド側は、石弾に加えて火のついた糸くずを金属で覆った火炎弾を街に打ち込んだ。これは木造住宅に火災を発生させ、町に大混乱をもたらした。一方、鉱夫たちは城壁の下にトンネルを掘って襲撃しようとしたが、これは市民に知られ、トンネルに水を流し込まれて敗退した。9月初めにマーチ伯の増援部隊が到着したので、ヘンリーは総攻撃を決意した。

ヘンリー、皆殺しを命じる

9月4日、ヘンリーは3回の礼拝を済ませた後に総攻撃を命じた。最初の攻撃は、城壁の上から落とされる石や、瓦礫、それに火のついた油や、十字弓による一斉射撃で撃退された。しかし、この間に街の反対側の壊れた城壁を突破してクラレンス公の兵士が突入し、激しい肉弾戦の後に市街に進撃した。これによりヘンリーの部隊も市内に突入して、共同して街の掃討作戦を行った。[2] フランス側の年代記を信じるならば、見つけ出された住民は兵士、市民、女、子供、老人の区別なく町の広場に集められた。そこでヘンリーは皆殺しを命じた。広場はたちまち阿鼻叫喚の地獄と化し、血の海となった広場からあふれた血が道路にまで流れた。ヘンリーが停止命令を出したときには、2000名が死んでいたという。非情な王が殺害を止めさせたのは、首を切られた女性が赤子を離さず、その子がまだ乳房をくわえているのを見たからだという。[3] アジンコートで死んだ兵士の数が約4000名といわれるが、ここではその半分が、しかも女や子供や老人を含む無抵抗な市民が無差別に殺戮されたのである。年代記は〈広場から流れた血が道路まで流れた〉と事実を冷静に記しているだけだが、その凄惨さは目を覆うばかりであったろう。ヘンリーが残酷王《クルエル・キング》といわれ、血も涙もない武王といわれる一つの実例がここにある。

殺害は終わったが、市民にとってそれが終わりではなかった。ヘンリーが略奪を命じたからである。兵士たちは口々に略奪の合図のかけ声である「ハヴォック」と叫びながら、手当たり次第に金品を奪い、女性を犯した。これはいわば中世の戦いにおける勝者の特権で、兵士にとっては何よりの楽しみであった。もっとも略奪品は全部が個人のものになるわけではなく、その後事務的な手続きをへて集められ、貴重品などは没収され、改めて配分されることになる。

王太子シャルル、後のシャルル七世

あらかじめ慈悲を与える意思はないことを示す赤い旗《オリフラム》を掲げてはいたとはいえ、そのとおりに実行できる武将は稀である。有言実行がヘンリーの流儀であった。

こうして町の半分が陥落すると、より堅固な旧市街も急に戦闘意欲をなくした。難攻不落のはずの城壁がヘンリーによっていとも簡単に破られてしまったからである。旧市街には街を見下ろす形で強固な城塞があり、ここにこもれば数か月は籠城できたはずであったが、目の前でヘンリーの非情さを見せつけられた住民にもはや戦意は残っていなかった。当てにしていた王太子シャルル（1403～61、王太子ジャンが4月5日に死亡して弟のシャルルが後継者となっていた）は近くのルーアンにいるはずなのに、救援隊を出してはくれなかった。彼はアルマニャック派の中で信頼を勝ち取り、人々は彼らを王太子派《ドーファニスト》と呼ぶほどになっていたために、人々が期待を膨らませたのも理解できる。

後でわかったことだが、王太子は危険を察してパリに向かって逃亡していたのである。力をつけていたとはいえ、まだ軍を率いてヘンリーに敵対できるほどの実力は備えていなかったのである。

ほどなく旧市街も降伏したが、このときのヘンリーは打って変わって慈悲深さを見せた。男性は武器を持ったまま、金貨で２０００クラウンという破格の金を所持し、女性は宝石類を持ったままで街を出ることを許したのである。

カーンの陥落の情報は瞬く間にフランスに広まった。とりわけノルマンディーではこのニュースが恐怖をもって伝えられた。イタリアのヴェニスのアントニオ・モロシーニなる人物が受け取った手紙には、「王は配下の諸侯、騎士、すべての兵に、見つけた者は、12歳以上ならば、だれかれ構わず殺戮するように命じた……今までこのような恥知らずな行為を聞いたことがない[4]」と書かれている。もっと重要なことは、ヘンリーが意図的にこの殺戮を命じたという点である。サン・ドニの修道士が言うように、「カーンの街を奪ったことにより、イングランド王はノルマン人の間に恐怖心を吹き込んだので彼らは皆勇気を失ってしまった[5]」。恐怖心を植え付けて反抗心の芽を摘むのはいつの時代にも戦いの定石であったとはいえ、無抵抗の人々を平気で殺せるのは並の神経ではできないことである。ヘンリーの裏の顔である。

イングランドの年代記は、総じてヘンリーの功業に焦点を当てている。例えば『英語初版ヘンリー五世伝』は、ひとたび支配権を握ると王は、「イングランド王に服従して、彼とその後継者の忠実なる配下になると誓言をなした者は、元の家に戻り、土地を所有し、かつての権利と身分を認める」との布告を出した。この布告が出されると、間もなく多くのフランス人が、貴族、市民、ブルジョア、平民を問わず、全土から戻って王に忠誠を誓った……このような王の善意によって、人々は以前にもまして豊かに、平和に暮らし、繁栄した、と記録している。(6)

いろいろな記録を総合すると相当数の住民がカーンを出ていったことがわかる。退去した家は中を整理して鍵がかけられ、その鍵は王からクラレンス公に渡された。占領する際に最初に突入したのがクラレンス公の部隊であったからである。こうして出ていったブルジョア層は2000名にのぼるとシワードは推定している。(7)このほかにもヘンリーが気に入った家は、王家が没収した。街を見下ろす城塞は4層から成る方形の白い建物で、ロンドン塔を思わせる堅固な造りであったゆえに、ヘンリーはここを自らの居館とした。

このような一連のヘンリーの行動から、彼はノルマンディーを着実に領土化しようとしていたことがわかる。

一般にこの時代の戦争は冬になれば休戦というのが常識であった。ところがヘンリーは冬の到来にもかかわらず、ノルマンディーを占領し続けた。小さな村はすぐに降参したし、重要な城も次々と攻略した。カーンでの非情な殺戮によって、フランス側がおびえているのは確かであった。12月になってもヘンリーの攻勢は続いた。カーンの南にあるファレーズは始祖ウィリアム征服王の生地であり、強固な牙城であった。ここを攻略することはヘンリーにとって政治的にも歴史的にも大きな意味があった。しかしながら、ここを守るのはオリヴィエ・ド・モニというフランス屈指の軍人であった。彼はシャルル六世の軍旗を守り、フランスの戦闘旗の旗手でもあった。ファレーズを包囲したものの、守りは固く、寒さをしのぐためにテントの代わりににわか作りの小屋を建てて包囲を続けねばならなかった。カーンのときと同じく、攻撃の主力は巨砲であった。この巨砲の威力はすさまじく、直径2フィートの石弾を飛ばすことができた。集中砲火の挙げ句、ついに城壁に穴が開き、1418年の1月2日に町は降伏した。しかし、ファレーズの城塞にこもった敵は投降を拒否し、ここまでは巨砲も届かなかった。ヘンリーは城壁の上からの攻撃を防ぐためのシェルターを構築し、その中で石工や鉱夫などを総動員して城壁の破壊作業を続けた。石造りの堅牢な城壁も土台を破壊されるともろくも崩れ、2月16日、城塞にこもった敵もついに降参した。

1418年の春までにノルマンディーの低地地方をほぼ制圧したヘンリーは、夏になると高地地方へ向かった。最終的には首都のルーアンが目標だが、その前に立はだかるいくつかの難関があった。6月1日にカーンを出たヘンリーはルーアンの南にあるルヴィエという小さな町に着いた。ここは小さいながら三重の城壁に囲まれた要衝で、城壁の上には大小様々な大砲が据えつけられていた。ヘンリーはこの町を包囲し、三重の城壁の下にトンネルを掘り始めた。もちろん巨砲による攻撃はいつものとおりであった。ヘンリーは包囲が長引くと見て、ソールズベリー伯のテントで作戦を練っていた。その会談の最中、一発の砲弾がテントの柱に当たった。当時の弾丸のほとんどは石弾であったために直撃されなければ被害はないが、すんでのところで命を落とすところであった。イングランド軍は敵の大砲の威力を見くびっていたのである。この砲撃に怒ったヘンリーは一層激しく攻め立て、2週間でルヴィエを陥落させた。ヘンリーの怒りは自分を狙った砲手に向けられ、彼らは見せしめのうえ、絞首され、そのまま晒された。

ブルゴーニュ派のパリ占拠

ヘンリーが高地地方の切り崩しを続けている間に、パリでは思わぬ事件が起こっていた。ブルゴーニュ派がパリを占拠したのである。ブルゴーニュ公はヘンリーとの秘密協定の後も、ヘンリーに直接手を貸すことはなく、独自に自分の戦略を進めていたが、5月29日、味方の商人の手引きで、夜中にこっそりとサン・ジェルマンの門を開けさせ、部隊を送り込むことに成功した。彼らは守備隊員を捕らえて牢に監禁し、事実上の支配権を握った。しかし、市民の中にはアルマニャック派が多く、不安定な状態が続いた。そこでブルゴーニュ派が打った次なる手は、味方の民衆をあおって暴動を起こさせることであった。彼らは思惑どおり、アルマニャック派の守備隊員が監禁されている牢獄を襲撃し、なぶり殺しにした。守備隊長のベルナール伯は哀れにも裸にされ、手足を切断されて、溝に3日間も放置されるという屈辱的な死を与えられた。この混乱の中、王太子はかろうじて脱出して死を免れた。このようにしてブルゴーニュ公は、捕虜虐殺という汚名を自分が負うことなく、パリを自分の支配下に置いた。

パリを支配したブルゴーニュ公は、国王を支配下に置き、フランスの統治者として進撃してくるイングランド軍からパリを守らねばならなかった。これは明らかにヘンリーとの密約を裏切るものであったが、ブルゴーニュ公は相変わらずの裏表の使い分けで、着々と自分の戦略を実行していった。彼は、自らの兵を送って、セーヌ河にかかるポン・ド・ラルシュという橋の要塞を補強した。セーヌ河は大河で、浅瀬を馬で渡ることはできなかった。このために橋は軍事的にきわめて重要な拠点だったのである。ルーアンからパリに進撃しようとすればこの橋が唯一の渡河地点であった。その南岸、すなわちパリ側を押さえられればイングランド軍は身動きが取れなくなる。もちろん巨砲といえども対岸までは届かない。しかもブルゴーニュ派は両岸のボートをすべて破壊してしまった。イングランド側は、潜水の上手な兵に命じて沈められた船を引き揚げようとしたが、うまくいかなかった。そこでイングランド軍は、箱舟を作って仮橋を作ることにした。長いことウエールズで戦ったヘンリーは、ウエールズ人が常用していた「コラクル」からヒントを得たのであろう。コラクルは柳の枝を編んで大きな笊《ざる》のような枠を作り、そこに革を張って作る携帯用のボートである。幸い、セーヌ河には中洲のある個所がいくつかあり、そこを繋いで箱舟を浮かべて浮橋をかけるという作戦であった。最初にサー・ジョン・コーンウオールが率いる60名の兵が、革張りの船で対岸に渡って橋頭堡を築き、そのあとで本格的な浮橋を完成させた。クラレンス公は５０００名のイングランド兵を率いて対岸に渡り、ポン・ド・ラルシュを攻撃した。背後から攻められた要塞は弱く、7月20日に陥落した。すぐにイングランド軍は強力な守備隊をポン・ド・ラルシュに配し、セーヌ河の航行を事実上支配してしまった。

ルーアンの攻防

次にヘンリーが目指したのは、ノルマンディー第一の都市ルーアンであった。ここはブルゴーニュ派に属する町であったが、ヘンリーの目的は父祖の地ノルマンディーの回復であったから、ブルゴーニュ派の拠点を攻めることに躊躇はなかった。ここを落とせば、パリとノルマンディーは分断され、政治的な効果は抜群だったからである。ブルゴーニュ派のパリ占拠によってアルマニャック派が一層反発を強めており、ヘンリーにとっては支配地域を拡大する好機であった。ルーアンはセーヌ河の航行権をイングランドに奪われ、救援や物資の補給の望みを絶たれて、全くの孤立状態に置かれた。しかしながらここには5000名の騎兵と1万5000名の民兵がおり、民兵の中には十字弓の熟練者も多かった。さらに、大砲も豊富にそなえられ、熟練した指揮官の下に2000名の砲兵を擁していた。市は高くて頑丈な城壁に囲まれ、しかも最近補強されたばかりであった。城壁の上には60の塔があり、五つの城門は強固な五つの要塞によって守られていた。塔にはそれぞれ3門の大砲が据えられ三方をにらんでいた。塔と塔の間には一定の間隔で大型の大砲が据えつけられ、その間には何種類もの小型の大砲が城壁の外を見下ろしていた。水は市内に豊富にあり、食料の備蓄も万全であった。彼らはブルゴーニュ公から、必ず救出するとの密約も得ており、士気も盛んであった。

この鉄壁な守りを見てヘンリーの作戦は実に単純であった。すなわち、持久戦による根競べである。人口7万を擁するこの町は、兵士によってさらに膨れ上がっていた。イングランド軍は小規模な攻撃を仕掛けたが、ことごとく撃退され、ときには名のある騎士の死体を返還してもらうのに身代金を払うこともあった。包囲戦の中で、イングランド軍は市の水源となる川の流れを変えて、水を止めるなど様々な作戦を実行しつつ包囲を強化していった。8月半ばになると食料が不足し始め、暑さで疫病も発生した。しかしながら、籠城側は救援を信じて降伏の話には耳を貸さなかった。11月になって、厳重な囲みをすり抜けて、使者がパリに着いた。彼は年老いた僧侶であったが、国王の前でブルゴーニュ公に直接窮状を訴えた。フランスの統治者として国王に代わって国土を守る義務を持つと公言しているブルゴーニュ公にとって、イングランド軍に包囲されている自陣営の有力都市さえ救援することができないとなれば、その権威が失墜することは明らかであった。苦境に追い込まれたブルゴーニュ公であったが、ついに意を決して、救援に行くと約束をした。ルーアンの市内には、クリスマスの4日後に強力な救援部隊が到着するとの報が伝えられ、住民は街中の鐘を鳴らして歓喜した。

ブルゴーニュ公は大軍を率いてパリを発ったが、途中のポントワーズで突如進軍を止めてしまった。彼の部隊と王太子の部隊が口論を始めて、収拾がつかなくなってしまったのである。ポントワーズはパリからわずかに20マイルしか離れていなかった。救援軍は食料も調達せねばならず、北のボーヴェに寄ったが、そこでも口論はやまず、軍は散開してしまった。ブルゴーニュ公は国王の前での約束さえも破り、ただアルマニャック派をなじるだけであった。権謀術策にたけたブルゴーニュ公は最初からこのような結末を見越していたのかもしれない。

セーヌ河の港湾都市ルーアン

クリスマスが過ぎると、籠城側の食料事情はさらに悪化し、馬の肉、犬の肉、さらには猫やネズミの肉さえ食べた。野菜の皮はもとより、植物の根まで食べた。ヘンリーは救援軍を迎え撃つために、堀を作り、柵を構築することに余念がなかった。

ここでルーアンの守備隊は恐ろしい行動に出た。この時点でルーアンには約4万人がいたと思われるが、その中の1万2000人の非戦闘員、すなわち、老人、女性、子供などを口減らしのために城門から追い出してしまったのである。彼らは、ヘンリーに慈悲深い顔もあることを知っていて、助けてくれるかもしれないと考えたのである。しかしながら、この非道なやり口はかえってヘンリーの怒りを買い、哀れな人々は両軍の間の溝に留められた。おりしも冬の冷たい雨が降り続き、飢えて体力のなくなった者から次々に死を迎えた。この様子をジョン・ペイジという詩人が次のように記している。「あちこちに2~3歳の子供がパンを求めてさ迷っている。父も母もない子らであった。哀れな人々は濡れた地べたに座って、食料を求めて泣いていた。死ぬ者、目さえ開けられぬ者、息をするのがやっとな者、その手足は小枝のように痩せ細っていた。死んで冷たくなった赤子を抱いた女がいた。死んだ女の膝で、乳房をしゃぶる乳飲み子もいた(8)」。

このような事態を招いたのは、指揮官としてのヘンリーに正しい倫理観がなかったためであるとフランス側の歴史家は糾弾するが、ルーアン周辺を焦土化してイングランド側に必要な補給物資を与えない作戦をとったのはフランス側であり、現地調達ができないイングランド側が本国からの輸送に頼っていた状況を考えると、ヘンリーに慈悲を与える余裕がなかったことも事実である。また、守備隊の目の前で難民の窮状を見せつけるというヘンリーの冷酷な読みもあったであろう。

ルーアンの陥落

クリスマスの日、信心深いヘンリーはこの祝日を停戦で祝うことにした。早速彼は2人の僧と3人の召使いに食料を持たせて、飢えた人々に届けた。一方、ルーアンの守備隊長ギイ・ル・ブテイエにも使者を送って、〈食料の足りない者には食料を与えるし、食事のためにイングランド側の前線に来る者には食べ物を振る舞う〉と申し出た。しかしながらブテイエはこの温情を理解せず、申し出を拒否した。ジョン・ペイジの言葉を信じるならば、堀の人々からは「ヘンリーが彼の権利を勝ち取るように」、「イングランド人は優しい心を持っている」との声が聞かれたという。[9] 大晦日の夜、フランス軍の騎士が、ノルマンの由緒ある者と話をしたいと橋塔の上から叫んでいるのが聞こえた。これに先祖がウィリアム征服王と轡《くつわ》を並べたというギルバート・アンフラヴィル（1390~1421）が応えると、騎士は名を名乗って、ともにノルマン人であることを神に感謝し、使者を受け入れてくれるように依頼した。翌1月1日、アンフラヴィルの斡旋で、ルーアンの使者はヘンリーと面会することができた。

敬虔なヘンリーはゆっくりと礼拝をすませ、しぶしぶといった表情で交渉団と面会した。その中で一人が何気なく、〈ルーアンは決して品性のない（mean）都市ではありません〉というと、ヘンリーは血相を変えて、〈あれはわたしのものだ（mine）、私が手に入れる〉と怒鳴ったという。一見すれば mean と mine の駄洒落の応酬みたいに見えるが、ここにはヘンリーの気持ちが込められている。ヘン

Castle and Fortifications erected by Henry V. in Rouen.—From Millin's Antiquités Nationales.

城とヘンリーが作った要塞

リーにしてみれば、〈ノルマンディーはもともと始祖ウィリアム征服王の本拠地で、しかも自分は血筋からもフランス王の後継者であり、その大義は戦いにおける奇蹟的な勝利によって神も認めている。自分は当然の権利として自分の都市を奪還しようとしているにすぎない〉と言いたいのである。話が堀で動きが取れなくなっている女子供に及ぶと、〈誰が彼らを追い出したのだ！〉と冷静に返答した。これを機に、本格的な降伏についての交渉が始まることになった。翌日からグロスター公の陣営の二つのテントで、細かい条件について議論された。ここでも、口減らしのために追い出された女子供に話が及ぶと、ヘンリーは〈誰が彼らを追い出したのだ！〉と同じ答えを返した。交渉が決裂すると、住民の中の貧しい人々は金持ちを〈人殺し、裏切者〉などと口を極めて罵ったという。これに負けて交渉団はもう一度イングランド側との交渉に戻った。それからは、昼夜を徹して交渉が行われ、最後はカンタベリー大司教とルーアンの聖職者の調停によって、降伏が決定した。〈8日以内、すなわち1月19日の正午までに救援隊が来なかったら降伏し、金貨で30万クラウンを支払う〉という内容であった。[10] この合意を担保するために、騎士、郷士など80人が人質になることになった。ルーアンの司教代理と十字弓部隊の隊長が、ヘンリーを侮辱したとしてイングランド側に引き渡された。司教代理は鎖につながれ、隊長は直ちに処刑された。

19日の午後、ヘンリーはルーアンに入り、エクセター公を市の司令官に任命した。様々な儀式の後、大聖堂に入って感謝の礼拝に参加した。この様子を見守っていた市民はみな痩せ細り、皮膚はたるみ、骨が突き出し、まるで死人のようであった。通りには埋葬されないままの死体が転がり、病人も多かった。ヘンリーは食料を届けさせたが、それでも人々は死に続け、この状態は数日に及んだという。

守備隊員は市を出ることが許されたが、門まではイングランド兵が引率し、入口の橋で解放された。そこで彼らは持ち物すべてを没収され、2スーというわずかな金を与えられた。紳士たちは立派なガウンをはぎ取られ、代わりにみすぼらしい上着が与えられた。この様子を後ろの方で見ていた者の中には、没収されるよりはましと、金、銀、宝石の入った財布をこっそりとセーヌ河に投げ込む者がいた。またある者はズボンの腰ベルトの内側に財布を隠した[11]。没収された金は国庫に納められた。

一方、ここに残ることを決めた市民には、様々な自由が認められた。彼らは家を建てることも、大きな館すら建てることができた。市民の中には、ヘンリーの態度を見ていて好意を抱いている者も多かった。そのような市民にはヘンリーは精一杯の厚意を示した[12]。例えば、ルーアンの知事であったサー・ガイ・ブテイエは部下とともにイングランドに忠誠を誓ったために、新しく知事となったグロスター公の下で副知事に登用された[13]。

ルーアン陥落のニュースが伝わると、ノルマンディー各地の抵抗はめっきり少なくなり、1419年の春までにはノルマンディーのほとんどがヘンリーの支配下に入った。ヘンリーはノルマンディーをフランス王領とは切り離した公国として支配しようとした。行政組織を置き、奪った領地を配下の貴族に分配した。ロチェスター司教のケンプが行政組織の長である長官に、ウィリアム・アリントンが財務官に、父と兄をフランス遠征で失った第4代サフォーク伯が海軍長官に任命された。8人の郡長はすべてイングランド人が占めたが、フランス人でも忠誠を誓った者には以前の所領を安堵した。ヘンリーはこの地を末永く自分の領地として支配し、また再度フランス王位を請求するにあたって、できるだけ住民の歓心を得ようとしていたのである。

しかしながら、貴族の多くはアルマニャック派やブルゴーニュ派が支配する地域に脱出した。上流階級の中には、森の中に身を潜めて山賊になる者もいた。19世紀のフランスの歴史家たちは、イングランドがノルマンディーを支配していた時代に、この地で追剝ぎや略奪を繰り返した無法者を、祖国のために抵抗した英雄として讃えたために、フランス人の多くは現代でもそのような見解を持っている。一方、人口の大部分を占める農民は土地を離れることはできず、イングランドの支配に甘んずる他はなかった。

和平交渉

幾多の難問を抱えていたにもかかわらず、ヘンリーはノルマンディーを自分の領地として確保し、アルマニャック、ブルゴーニュと肩を並べる領邦君主となった。ヘンリーの次なる目標はパリを押さえることであった。しかし、ノルマンディーで消耗したうえに、占領地には守備隊を残さねばならない現状では、武力でパリを占領する余力は残っていなかった。残る手段は外交である。1419年3

月、王太子シャルルとエヴルーで会談する約束を結んだが、王太子は姿を見せなかった。ブルゴーニュ派と2か月間の休戦を結んで、後顧の憂いをなくし、さらに交渉を重ねた結果、5月29日、やっと三者がムラン近郊で会談することになった。シャルル六世は病気で任に堪えられなかったために、王太子のほかイザボー王妃とキャサリン王女が出席した。これにブルゴーニュ公とヘンリーが加わり、5週間の長きにわたって、8回の会談が持たれた。

この会談は結局合意には至らなかったが、おおよそ次のようなことが議題であった。ヘンリーの要求は明確であった。すなわち、これまでに占領した地域のほか、1360年のブレテニーの和約でイングランドに与えられた地域の割譲／王女キャサリンとの結婚とヘンリーをフランス王位継承者として認めること／持参金80万クラウンの支払い／以上を受け入れれば、当面フランス王位請求は求めないこと、であった。

彼女との結婚話は、かなり前から何度も話題にはなっていたのだが、直接会うのはこれが初めてであった。年代記作者によれば、ヘンリーは王女キャサリンに会ったとたんに一目惚れしてしまったという。例えばモンストルレは、「ヘンリー王は直ちに彼女と結婚したいと思ったが、それも無理からぬことであった。彼女は大変な美貌で、生まれもよく、その態度は人を惹きつけてやまなかったからである」[14]と述べている。

『英語初版ヘンリー五世伝』の作者も、彼女を一目見たときに「この武王の胸に恋の炎が燃え上がった」[15]と述べている。キャサリン王女の印象は強烈であったらしく、ヘンリーは改めて彼女との結婚を明確に要求している。

キャサリン・オヴ・ヴァロア

これらの要求に対してフランス側は一旦持ち帰ったものの、その後王妃からヘンリーに親書が届き、正式に断ってきた。主な理由は、結婚そのものではなく、王太子を廃嫡することにあった。たとえ王太子から王位継承権を奪ってヘンリーに譲っても、王太子を支持する諸侯は激しく抵抗し、その結果、戦争はますます激しくなるであろう、というものであった。これを受けて、三者は元の鼎立《ていりつ》状態に戻った。

この中でヘンリーの動きは迅速であった。パリとルーアンの中間にある要衝ポントワーズを攻略したのである。これに驚いたフランス王は、宮廷を急遽トロワに遷さざるを得なかった[16]。イギリス軍の攻勢で混乱したフランス側は、急遽ブルゴーニュ公と王太子の間で話し合いが持たれた。両者の間で休戦協定が結ばれ、互いの敵対をやめると同時に、イングランドとの同盟を破棄することなどが盛り込まれた。しかしながら、このような曖昧な協定では長年の対立は解消せず、さらに突き詰めた交渉が必要であった。王太子とブルゴーニュ公は、セーヌ河とヨンヌ河が合流するモントローで、会見することになった。

ブルゴーニュ公ジャンの暗殺

1419年9月10日、両者はセーヌ河をまたぐモントローの橋の上で出会った。橋の両側にはバリケードが築かれ、誰一人立ち入ることはできないようになっていた。このために、ブルゴーニュ公の死に関する真相はいまだに不明である。一説によれば、ブルゴーニュ公が橋の上で跪いて王太子に敬意を払っているとき、王太子の随員が突然殺害したという。剣を抜こうとしたために、やむを得ず切り殺したというのがその弁明であった。また、別の説では、まず両者の家来の間で激しい言葉の応酬があり、やがて激高した王太子の家来がブルゴーニュ公の頭蓋骨をたたき割ったとされる。シワードは次のように推測している。オルレアン公の二人の臣下が突然小さな戦斧でブルゴーニュ公に襲いかかり、顎の先端を切り落とした。もう一人が倒れた公爵の鎧を脱がし、剣で腹部を刺して息の根を止めた。すべてはアルマニャック派による入念な計画ではないか。その証拠に、事件後も王太子は暗殺者を処罰するどころか、後に栄誉を与えているからである[17]。これが有名なモントロー暗殺事件である。十字軍に参加し、その勇猛さから無怖公《サン・プール》と恐れられたばかりでなく、二重結婚、裏切り、暗殺など権謀術策を弄した実力者はあっけない死を迎えた。これは自らがオルレアン公ルイを暗殺したことへの報復であった。復讐が復讐を呼ぶ権力闘争の当然の帰結ともいえる事件であった。

この話には後日談がある。事件からおよそ1世紀が過ぎた1521年のこと、一人のカルトジア派の修道士が、ときのフランス王フランソワ一世にブルゴーニュ公の頭蓋骨を見せ、「陛下、この穴か

ブルゴーニュ公暗殺

らイングランド人がフランスに入り込んだのです」といって、頭部の割れ目を指さした。この証言からすれば、頭蓋骨をたたき割られたとの説が正しいかもしれない。

それはさておき、この事件はときの政治情勢を一変させた。ブルゴーニュ公位は、息子のフィリップ（1396～1467）に継承されたが、アルマニャック派の勢力圏にいる王太子に復讐することはかなわなかった。そこでフィリップが選んだのは、イングランドと同盟することによって王太子に復讐することであった。

10月末に、新ブルゴーニュ公の送った使者がヘンリーのもとを訪れた。ヘンリーは父親の復讐を果たそうとする若い公爵の勇気を讃え、アルマニャック派への敵意をあおった。一方で、彼がヘンリーと同盟して本気で王太子と戦う気があるか否かを2週間以内に決断せよと迫った。もし、父親のジャンのように曖昧な態度をとるならば、ヘンリーは躊躇なく征服戦争を継続すると釘をさすことも忘れなかった。ここでは、後にトロワ条約として具体化されるはずのヘンリーの意図も詳しく説明されている。すなわち――ヘンリーはシャルル六世の王女キャサリンと結婚するが、その際持参金は要求しない／シャルル六世と王妃は生涯にわたってその地位を保持するが、死後はヘンリー五世とその子孫がフランス王位を継承する／フランス王は病気なので、ヘンリーが摂政を務める[18]。このような厳しい条件の後で、もしブルゴーニュ公がこれを受け入れれば、ヘンリーはモントロー事件の犯人とその責任者の処罰に全力を尽くし、ブルゴーニュ公の娘とヘンリーの弟の結婚を進める、と約束することも忘れなかった。

トロワ条約の締結とヘンリーの結婚

状況がイングランドに有利に展開する中、1420年4月9日、トロワの宮殿でヘンリーの使節が、フランス王に面会し、ブルゴーニュ派の使節も同席して一つの文書がまとめられた。フランス政府はブルゴーニュ派が掌握しており、また王太子派がブルゴーニュ公ジャンを暗殺するという事件の後では、王室も王太子の弁護ができるような状況にはなかった。この文書ではヘンリーの要求が全面的に認められたほか、いくつかの実務的な条項も付け加えられた。これをもとに5月19日、シャルル六世、ヘンリー五世、ブルゴーニュ公のそれぞれの評議会の合同会議で、その承認が行われ、それを受けてシャルル六世の書簡の形で、いわゆるトロワ条約は公式のものとして発布された[19]。ヘンリーにとっては、ブルゴーニュ公ジャンの死は天祐であった。彼は何の苦労もせずに、王妃ばかりかフランス王の後継者という地位を手に入れた。フランス内部の泥沼の復讐合戦が、イングランドに漁夫の利を与えたのである。

シェイクスピアの『ヘンリー五世』はこのトロワ条約が合意される場面で幕が下りる。そこではイザボー王妃が次のように語っている。

すべての結婚の良き結び手であられる神が、
二人の心を一つに、二つの領土も一つに結びたもうたように！
夫と妻は、からだは二つでも、愛する心は一つです、
あなたがたの二つの王国もその夫婦のようでありますように。

（『ヘンリー五世』５幕２場３５６−３５９）

シェイクスピアは、トロワ条約の締結により多年にわたる戦争が終結し、英仏が二重王国体制に移行したことを謳いあげて終わっている。確かに英仏両国は、ランカスター家の君主のもとに同君連合として結ばれることになったが、これですべてが片付いたわけではなく、まだ課題は山積していた。シェイクスピアが描いていないその後の経緯を追ってみよう。

外交交渉が片付いた6月2日、トロワの聖ヨハネ教会でヘンリーは19歳のキャサリンと結婚式を挙げた。王の希望で結婚式はすべてフランス風に執り行われた。王は聖書の上に13枚のノーブル金貨を乗せ、パンと葡萄酒を奉献する聖体祭儀の際には全員が3枚のノーブル金貨を捧げた。王はこれとは別に金貨２００枚を聖ヨハネ教会に寄進した。そのあと、慣例に従ってワインで宴会が開かれ、新婚の臥所《ふしど》が祝福された。その装飾の華麗さと荘厳さは、モンストルレによれば、「あたかもヘンリーが全世界の王のごとくであった」[20]という。

トロワ条約において、ヘンリーは、フランス王位を獲得するというプランタジネット家の大義を降ろして、シャルル六世を正式のフランス王として認め、自分はその死後に王位を継承するという道を

選んだ。これは一見回りくどい方法に見えるが、病床にあるシャルル六世と32歳という若さの絶頂にあるヘンリーの年齢を考えれば、もっとも利の多い条約であった。この時点ではすべての人が、ヘンリーが老王より先に死ぬなど夢想だにしなかった。

ところで、フランス侵攻は、当初は国内の不満を外に向けて、ランカスター王朝を安定させることが主眼であったが、アジンコートの大勝以降、フランスの王位請求というエドワード三世以来の悲願の達成も見えるようになった。ヘンリーはこの目標に向かって、ほぼ4年間、フランスで戦いに明け暮れた。ヘンリーが不在だった間も、反乱や貴族の間で陰謀が巡らされることがなかったのも幸いであった。この時点で、ヘンリーは求めていたもののほとんどを手に入れることに成功した。

ヘンリーの結婚式

ところで、フランスではトロワ条約はどのように受け止められていたのであろう。この条約はフランスには屈辱的なものであったにもかかわらず、庶民は何より平和の到来を喜んでいた。ブルゴーニュ派の支持者はもとより、パリ市民もこの体制を受け入れることによって平穏な生活が取り戻せることに安堵していた。パリ市当局は、ヘンリーに書簡を送って平和の到来を喜び、平和をもたらした人々に感謝をささげ、ヘンリーの命令に服することを約束した。

王侯貴族の権力闘争に明け暮れたフランスでは、庶民は平和さえ保証してくれれば王が誰であろうと気にならなかったのである。

唯一不満と不安を抱えていたのは王太子の支持勢力であった。ヘンリーは、シャルル六世が病気であるために摂政となったが、その最初の義務は王命に従わない王太子支配下の領土を解放することであった。南部の大半は依然として王太子に忠誠を誓っていたうえ、パリ周辺でもムラン、モントロー、サンスなどの要塞都市は公然と政府に敵対していた。この時点のフランスは、大まかにいうと、イングランド・ブルゴーニュ派の支配する北部と、王太子のアルマニャック派が支配する南部に二分されていた。

王太子派の要塞都市を攻撃

新婚のヘンリーは、休む間もなくパリ周辺の要塞都市の攻略に取りかかった。サンスと、ブルゴーニュ公ジャンの暗殺の舞台となったモントローは、イングランド軍とブルゴーニュ公の2万の大軍に取り囲まれた。知事と守備隊は近くの城に逃げ込んだが、逃げ遅れた12名の守備隊員がイングランド軍の捕虜になった。ヘンリーは、厳重な警護の下に彼らを城から声が届くところまで連れて行き、知事らに降伏するよう説得させた。「もし、守備隊が降伏すれば王は彼らの命を助けるが、拒絶すれば即座に処刑されるであろう」[21]と訴えた。しかし、知事は降伏を拒否したために、捕虜らは死を覚悟して、最後に妻子、親戚、友人に別れの言葉をかけさせてほしいと嘆願し、涙ながらに別れを告げた。

説得工作が失敗すると、言明どおり王は城から見えるところに処刑台を作り、捕虜を絞首した。[22]

ヘンリーはこのような冷酷さを持った王であったが、この厳格さは味方の兵士にも等しく適用された。あるとき、王の従者の一人が、喧嘩をして騎士を殺してしまった。

彼は王が外出するときにいつも馬の轡をとる側近中の側近であったが、軍律どおりの処刑を命じた。ムラン攻略の際にも、北フランス出身の兵士が、友人のアルマニャック派の守備隊員を逃亡させた罪で告発された。彼はヘンリーの忠実な部下でアジンコートの戦いでもともに戦った古い家来であったので、クラレンス公も助命を嘆願した。しかし王は、「弟よ、そなたが余の立場であれば、セント・ジョージにかけて、同様の措置を取らせたことであろう」といって即座に処刑を命じた。[23] 既に述べたようにシェイクスピアでは赤鼻のバードルフが教会の聖画を盗んで処刑されるが、史実のヘンリーも、敵味方の区別なく正義を適用した。

モントローは1週間ほどの籠城の後、7月1日に降伏した。しかし、鉄壁の要塞都市ムランは、包囲にもかかわらず抵抗を続けた。包囲戦のさなかにロンドン市民の寄進による新しい大砲が到着した。その名も「ロンドン」と名付けられた巨砲は、ムランの城内を瓦礫の山にするはずであった。ところが威力を増そうと火薬をたくさん詰め込んだために砲身が爆発し、敵どころか味方を吹き飛ばしてしまった。城攻めの王道であるトンネルによる攻撃も、セーヌ河に近いムランでは浸水によって、思うような成果が得られなかった。敵方も、迎撃のためにトンネルを掘ったので、暗闇で戦闘になることもあった。あるとき、王自身がトンネルに入ったときに、暗闇で敵に遭遇して剣を交えるという事件があった。相手は、敵の司令官シール・ド・バルバザンであった。

QUEEN KATHARINE.—From an old carved oak chest at York.

キャサリンと侍女

ヘンリーは前線に立って戦っていたが、時折陣地を抜け出して新妻キャサリンのもとを訪れた。多くの現代の歴史家は、ヘンリーがキャサリンと結婚したのはフランス王位のためで、愛情はなかったと説明している。確かに、ヘンリーの新婚生活は戦いに明け暮れて、新妻と蜜月を楽しむことはできなかったが、このような戦線離脱はかつての武王ヘンリーには見られない優しさであった。また、彼はイングランドからハープを取り寄せて新妻にプレゼントしたことが知られている。パリのキャサリンの宮殿にはヘンリーのお気に入りの楽師が滞在し、キャサリンが目覚めるとともに音楽を奏でるように命じられていた。キャサリンの世話はイングランドの王室に委ねられ、フランス人は側仕えの3名の貴婦人と2名の侍女に限定されていた。そんなキャサリンを何とか慰めようというヘンリーの気配りがこの音楽隊であった。武王ヘンリーのもう一つの顔である。

さて、10月になると、場内の食料不足は深刻にになった。彼らは、もう1か月もパンを食べてはいなかった。口にしていたのは、戦いには不可欠なはずの、馬の肉であった。このような状態の中で、守備隊も開城に同意せざるを得なかった。守備隊の命は助け、身代金、罰金の類は一切なしという寛大な条件が王から出されたからである。この温情が受けられない唯一の例外は、ブルゴーニュ公ジャンの暗殺にかかわった者であった。こうして、11月18日、ムランは降伏した。[24] これにより、ひとまず、パリに対する脅威はなくなった。

パリ入城

12月1日、ヘンリーはシャルル六世、ブルゴーニュ公とともにパリに入城した。ノートルダム大聖堂ではミサが催され、街中に群衆があふれた。きらびやかな法衣に身を包んだ聖職者の行列が祈りの言葉をささげながら行進した。匿名のパリ市民は、今までこれほど喜びにあふれた歓迎を受けた王侯はいなかったと述べて、市民の喜びを伝えている。

その後迎えたクリスマスにおいて、シャルル六世とヘンリー五世の宮廷はともに解放されて、人々の祝賀を受けた。だが、フランス王の下には身分の低い者や、元からの召使いなど少数の者が訪れただけだった。一方、フランス王国の政府と行政を一手に引き受けたヘンリーと、王妃キャサリンの下には、フランス中の公国の家臣が祝いに駆けつけた。

このような状況を見て、生粋のフランス人の間には眉をひそめる者も少なくなかった。パリは古来フランス王の御座所であるが、ヘンリー五世と多くのイングランド人が、名前も状態も変えてしまった。すなわち、彼らの立ち居振る舞いや粗野で傲慢な態度、それに彼らの話す言葉によって、パリは今や新ロンドンになってしまった。彼らは、今やこの街の主人として、牡鹿のように頭をもたげて街を闊歩し、あたりを睥睨《へいげい》するのである。その自慢は、アジンコートやいたるところでおびただしい血を流したフランス人の恥辱と不幸の上に立っているのだ。彼らの財産のほとんどは、フランス人から暴君によって奪い取られたものなのだ(25)。

ヘンリーはパリに宮廷を置き、フランスの本格的な統治に順風満帆の船出を見せた。しかしながら、思わぬところから不安の材料がもたらされた。それは本国イングランドからであった。12月にウエストミンスターで開かれた議会において、同君連合の宮廷がパリに置かれたのを見た人々は、イングランドがフランスの後塵を拝するのではないかと懸念したのである。エドワード三世は、イングランドおよびイングランド人は、決してフランス王の後継者としての自分の臣下ではなく、また従属の義務もないと約束したではないか。王もまた同じ約束をすべきであると、留守を預かるグロスター公に迫り、彼もそれを受け合ったのである。それは、シャルル六世の摂政でありその後継者となった王に、もはやイングランドが戦費を払う必要はないとのメッセージでもあったが、国民の間には、3年半もの間国を留守にしている王に、そろそろ本国に戻ってきてほしいという感情がみなぎっていた。

コラム5◉発見されたヘンリー五世の軍船

本書の執筆の最中にイギリスから大きなニュースが飛び込んできた。アジンコートの戦いから600年が過ぎ、10月25日にはそれを記念して盛大な催しが行われると聞いていたので、てっきりその話と思っていたら、何とヘンリー五世の軍船が発見されたとのニュースであった。ハンプシャーのハンブル河畔で、古い木造の大型船の残骸が発見され、それが調査の結果ヘンリー五世の大型キャラック船のうちの一つであるとわかったというのである。

船の名前は「ホリゴースト号」と言い、三位一体を信仰するヘンリー五世が〈聖霊《ホリィ・ゴースト》〉にちなんで名付けたといわれている。この船は、1416年のセーヌ河の戦いでベッドフォード公が旗艦として使った船で、200名の水夫と240名の兵士が乗り込み、7門の大砲を装備していた。当時の海戦は、船と船をぶつけて、互いに相手の船に乗り込んで白兵戦を繰り広げるのが一般的であった。フランスに徴用されたジェノアの海軍などはガレー船による白兵戦を得意としていたが、イングランド軍は接近して飛び道具で攻撃し、相手が反撃すると逃げるという戦法を得意としていた。武器は、射程の長い長弓のほかガッドと呼ばれた投げ槍であった。この槍は船橋から投げ下ろせば相手の甲冑を射抜く強力な投げ槍で、海戦の飛び道具として効果的であった。

ホリゴースト号はもともとはスペインのカステーリア海軍の所有で、サンタ・クララ号といわれていたが、1413年イングランドの艦隊に拿捕され、大幅な改装工事を行った後、アジンコートの戦いの直後にイングランド海軍に編入された。セーヌ河口の戦いは激戦を極めたために、ホリゴースト号も大破して、修繕に時間がかかったために1417年のシェフ・ド・コー沖の海戦まで戦いに参加することはなかった。次にこの船が記録に登場するのは1423年で、このときはディヴィー・オウエンという潜水夫が水中から修繕に当たった。これはイングランドにおける最初の潜水夫修繕として歴史に残っている。

ヘンリー五世は4艘のキャラック船を持っていたが、ホリゴースト号は二番目に大きい船であった。一番大きかったのはヘンリー自身の旗艦で「グレイス・デュー号」と言い、今回ホリゴースト号が発見されたハンプシャーの現場近くで、既に1930年代に発掘されている。発見した海洋考古学者のイアン・フリエル博士も、グレイス・デュー号の発掘からヒントを得て今回の発見に至ったという。

イングランド海軍のキャラック船は軍船というよりは、その威容によって敵を威圧し、王の権威を見せつけることに主眼が置かれたようで、グレイス・デュー号の復元図などを見ればその美しさに圧倒される。ホリゴースト号も現役時代は立派な艤《ぎ》装をほどこされていたものと思われ、その舳先には「一人にしてかけがえなし」というヘンリーのモットーがフランス語で掲げられていたという。ヘンリー一人が絶対的な統治者で、他に代わるものはいないという彼の信念を表したものとされる。残念ながら現在残っているのは躯体の一部で、わずかに干潮時に泥の中から見えるだけである。これは、ヘンリー五世亡きあと、ホリゴースト号がハンブル川の特別なドックに曳航されて保存された折に、船室などを含めて主な艤装が取り払われ、最後はたった一人の男が毎日水をかきだす仕事をしていたというが、やがて木造船ゆえに腐敗が進行し、浸水してそのまま600年間の眠りについたためであろう。

コラム6◉悪女イザボー

〈フランスは女によって破滅し、娘によって救われた〉という有名な言葉がある。女はシャルル六世妃のイザボー王妃を指し、娘はジャンヌ・ダルクのことをいっているのだが、このようにイザボー王妃は悪女の典型として歴史に名を残している。

シャルル六世は狂気の発作を繰り返す精神病であったが、それはイザボーの魔法のせいであるとの有名な話がある。当時精神病は、神の怒りに触れるか、誰かに呪いの魔法をかけられることによって発症すると考えられていた。魔法は聖職者による奇蹟とは違って、闇の力による超自然現象としてカトリック教会によって禁止されていた。例えば、1397年にはオルレアン公の妻ヴァレンティナ・ヴィスコンティは、魔法を使ったとの嫌疑をかけられ、パリ追放処分にあっている。シャルル六世に呪いをかけた人々のリストには、オルレアン公ルイとイザボーの名前が入っていた。

悪名の最大の理由は、彼女が恋多き女で王が病気であるのをいいことに、多くの貴族と浮名を流したことである。有名な愛人としてはオルレアン公ルイがいる。彼は王の弟であるから、義理の間柄とはいえ姉弟であり、神を恐れぬ近親相姦であった。そのほかにアルマニャック伯ベルナール、またオルレアン公とは不倶戴天の敵であるブルゴーニュ公ジャンの名前さえ上がっている。このような母親の無軌道ぶりから、王太子シャルルは自分が誰の子供かといつも悩むありさまであったという。彼が優柔不断であったのは、自分の血筋に自信がなかったからであるとの噂まで流れた。彼は母を呪い、ヘンリー六世が死亡すると母親の愛人と噂された男を捕えて拷問し、セーヌ河に流して溺死させたとの伝説がある。

もう一つの悪名は国政を壟断《ろうだん》したというレッテルである。シャルル六世は狂気の発作が起きる

イザボー王妃

と全く政務が執れなくなった。国内は二つの勢力が対立し、全く収拾がつかない状態であったために、王にもっとも身近な存在であった王妃イザボーが次第に実権を握り、摂政として政務を司るようになっていった。後世の歴史家が糾弾するのは、イングランドとトロワ条約を結んで、王太子シャルルを廃嫡し、その王位継承権を剝奪したことであった。しかもそれは、ノルマンディーなどをイングランド領として認め、娘婿のヘンリー五世を摂政とし、その子供が次期フランス王となることを認めるというフランスにとってはまさに国辱的な条約であった。

　厳しい歴史家は、王妃の務めは王家の存続を保証し、王を補佐して側に仕えることであるが、イザボーはその両方においてその資格がないうえに、贅沢をし、宝飾品を買いあさり、異様な髪形を好み、政治的な野心を持ち、強欲で、倫理観は微塵も持ち合わせていなかった、と追及の手を緩めない。

　このようにして稀代の悪女としてのイザボーの評価が定着したが、その背景にフランス革命を機に王族など特権階級を糾弾する時流があったことを無視できない。しかし20世紀になって、このような歴史の常識に懐疑的な学者が現れ、丹念に当時の資料を洗うと、そこからは全く別の事実が浮かび上がってきた。すなわち、オルレアン公との近親相姦は、当時増税を主導したオルレアン公とイザボーを攻撃したデマがきっかけで、それを敵対するブルゴーニュ派があおり、不倫を暗示するバラッドによって全国に流布したことがわかった。

当時のフランスは、アルマニャック派とブルゴーニュ派にイングランドを加えた三つ巴の権力闘争で、イザボーは王と12人の子供を守るために、そのつど政治的な立ち位置を変えつつ、政局を泳ぎ渡らねばならなかった。ブルゴーニュ派がオルレアン公との不倫をあおったように、ブルゴーニュ公が実権を握ると今度はアルマニャック派がブルゴーニュ公との不倫の噂を流した。一旦淫乱の烙印を押されると、後はイングランドを含めて各派が勝手に噂をまき散らしたのである。贅沢、浪費、髪形など私生活全般にわたる攻撃は、マリー・アントワネットの場合と同じで、特権階級に対する反感から生まれたものである。トロワ条約への署名はたまたま王の病気が重く、署名式に出席できなかったために代理で署名したことも判明した。今日でのイザボーに対する評価は、かつてとは正反対で、病弱な国王を守ってけなげに王室を守り抜いた聡明かつ行動力のある女性とされている。

第11章　ヘンリー五世の死

イングランドへの帰国

新年をルーアンで過ごしたヘンリーとキャサリンは、カレーに3週間滞在して、市民の祝福を受けた後に、イングランドに向かった。フランスで目的をほぼ達成したヘンリーは、新妻をイングランド王妃としてウエストミンスター寺院で戴冠させる必要があると考えていた。ロンドンに着いた国王夫妻を迎えたのは3万人以上という未曽有の大群衆で、アジンコートの戦勝祝賀の再現であった。市長やオルダーマンと呼ばれる参事会員などが正装してブラックヒースまで出迎え、そこから行列を組んでロンドンに入った。

王妃の戴冠式は2月23日にウエストミンスター寺院で行われた。真っ白な衣装を身にまとったキャサリンに、カンタベリー大司教の手で聖油が塗布され、きらめく冠がかぶせられた。「あまりに荘厳に執り行われたので、アーサー王の時代以来これに比類する戴冠式は見たことがない」[1]というモンストルレの言葉は誇張だとしても、それが前例のないほど華やかなものであったことは、当時の年代記が晩餐会の具体的なメニューまで記録して、その豪華さを強調していることからもわかる。

ヘンリーの次なる行動は、フランスでの戦勝を神に感謝するために、聖地に詣でることであった。ブリストルからお気に入りのケニルワース城に入った。ここは、シェイクスピアの劇で有名になった場面、つまり王太子が彼を侮辱するためにテニス・ボールを送りつけ、フランス侵攻のきっかけを作ったとされる城である。そこからコヴェントリーをへて、レスターで王妃キャサリンの到着を待った。

そこでイースターの盛大な晩餐会が催された。夫妻の行脚はノッティンガム、ポンテクラフト城、ヨーク、リンカンなどの諸都市に及んだが、それはヘンリーの目的がこれらの都市にある大聖堂に詣でるばかりでなく、新妻に母国を紹介するためとされた。しかし、ヘンリーの本音は、裕福な諸都市を回って戦費を調達し、若くて優秀な兵士を補充することであった。行く先々で熱狂的な歓迎を受けながら、彼は人々に、フランスにおける事業を完成させるには二つの要素、すなわち、兵と資金が必要であると説いて回った。ジョン・ストリーチによれば、「王と王妃は市民や町の高位聖職者から金、銀の高価な贈り物を得た、さらに、もっと有力な商人、司教、修道院長などからは巨額の借金をすることができた」(2)という。モンストルレはその様子を「ヘンリー王は行く先々で、自分がフランスでいかに勇気を持って戦ったかを語った。しかし、この王国の征服という仕事はいまだに達成されてはいない。すなわち、ヴィエンヌの王太子、フランス王の息子にして我が妃の弟は、フランス王位の継承者、摂政であると勝手に名乗って、王国の広範な地域を支配している。この征服を成し遂げるためには二つのことが必要だ。すなわち、資金と兵である。この願いは寛大に受け取られ、資金はすぐに集まった。その額は今まで見たこともなかったほど巨額で、数えられないほどであった。兵に関しても、国のもっとも優秀な若者や、弓の名手を兵として集めることができた。彼らはすぐに、貴族、騎士、郷士の下に配属されたがその数は3万人に及んだ」(3)と述べている。この文章は、当時の熱狂と国民の雰囲気をよく伝えているが、数字は明らかに誇張である。現代の歴史家によれば、その資金の実態はウィンチェスター司教ヘンリー・ボーフォートなどからの巨額の借入金で、新たな兵力は4000人ほどにすぎないとされる(4)。

フランスからの悲報

ヨークシャーのビヴァリーは、今回の巡幸でも、重要な目的地であった。ここはビヴァリーの聖ヨハネの聖地である。アジンコートの戦いの日は聖クリスピヌスの祝日であったが、聖ヨハネの祝日にも当たっており、イングランド軍が奇蹟的な勝利を収めたのは聖ヨハネの加護の賜物である。これが当時の人々の認識であり、ヘンリーも受け入れていた考えであった。ヘンリーが勝利を自分の能力の故とせず、神の加護であると強調したのは、自らの大義――ランカスター家は正統な王家であり、フランス王位継承は当然の権利であること――を神が是認した証拠と捉えたかったからである。

イースターの礼拝の後に、王夫妻は貧しき者たちに下賜金を配って、ともにキリストの復活を祝した。このとき王妃は既に妊娠しており、王は幸福の真っただ中にあった。ところがその幸福の絶頂で、王はフランスから耳を疑うような悲報を受け取った。フランスにおける王の後任として、すべてを託していた弟のクラレンス公トマスが戦死したのである。

クラレンス公は王太子派の大軍がアンジェ付近のボジェという村に集結しているとの報告を受け、出陣した。ボジェ付近に布陣したクラレンス公は先手必勝の格言どおり、先制攻撃をかけることにした。勇敢ではあったが気の短いクラレンス公は、少数の重騎兵だけで突撃を敢行し、イングランド軍最強といえる弓兵を伴っていなかった。誤算は王太子軍にバカン伯ジョン・ステュアート（c.1381〜1424）指揮下のスコットランドの大軍が増援に駆けつけていたことであった。彼らは村の陰に隠れ、戦闘の後半になって突然攻撃に加わったので、不意を食らったクラレンス公の軍は混乱に陥り、司令官のクラレンス公が戦死し、多くのイングランド人貴族が捕虜になった。ソールズベリー伯率いる弓兵が駆けつけて全滅を免れ、クラレンス公の遺体を回収した。(5)しかしこれはイングランド軍には手痛い敗戦であった。それまで負けることのなかったイングランド軍の敗戦は、フランス人の間に広まっていた「不敗神話」を崩壊させてしまった。この時点で王太子がとった戦略とは、この噂をできるだけ早く国中に広めることであった。この作戦は予想以上の成果を上げ、国中に〈イングランド王が戦死した〉との噂が広まった。さらに輪をかけて、ジョン・ステュアート・オヴ・ダーンリーなる者に依頼された占星術師が、「シャルル六世とヘンリー五世がともにほどなくこの世を去るであろう」(6)との予言を出したとの噂が広まった。インターネットやテレビのない時代に、この種の噂は今では考えられないほどの力を持っていた。フランス人の間に、流れは変わったという機運が形成されたのである。

ボジェの戦い

ヘンリーにもこの敗戦は計り知れない打撃を与えた。クラレンスは、弓兵を最大限活用すべしとの王命に背いたばかりでなく、斥候を出して敵の兵力を確認するといった戦いの常識さえ無視して、無謀な突撃をした。報告を聞いたヘンリーは、「もしクラレンスが生きて逃げ帰っていたら、軍規違反で死刑にしていたであろう」(7)と語ったとされる。王にとってクラレンスの戦死がもたらしたのは、単に弟を失った悲しみばかりでなく、これによって彼の大義が崩壊する危機にあったからである。すなわち、〈自らの王位の正統性も、フランス王位継承も、神の意思である。イングランド軍が勝利するのは神の後ろ盾があるからである〉。このような、彼のこれまでの戦略が、この敗戦によって崩壊する恐れがあったのである。

パリ救援に

王太子軍は一気にパリを攻撃する方法もあったにもかかわらず、一旦兵を引いたのはイングランド軍には幸運であった。この間にヘンリーは軍を再編して、6月初旬にフランスに向かった。今回は、王弟のグロスター公のほかに、スコットランド王ジェイムズ・ステュアート（在位1406～37）も伴っていた。王太子軍にスコットランド兵が加わっていることを知ったヘンリーが、捕虜としてロンドンにいたジェイムズを同伴したのである。王をイングランドに置きながら、スコットランドの摂政マードック・ステュアートは密かにフランスに兵を送り込み、王太子軍には約5000名のスコットランド兵が加わっていた。

カレーに上陸したヘンリーが真っ先にやらねばならなかったことは、パリで孤立しているエクセター公に救援部隊を送ることであった。そこで、この件についてブルゴーニュ公と協議すると、そこでシャルトルのブルゴーニュ部隊が包囲されていて、より緊急性が高いことがわかった。そこで王は、兵の大半をシャルトルに向かわせ、自らは少数の兵とともにパリに向かうことにした。

スコットランド王ジェイムズ・ステュアート（ジェイムズ一世）

王がパリに入ったのは7月4日のことであった。エクセター公はパリを支配していたが、内にも外にも不安の材料が山積していたので、王の訪問は限りない喜びであった。ヘンリーが姿を見せたことで、それまで流布していた根拠のない噂は一掃され、人々は落ち着きを取り戻した。王はフランス王夫妻と会見し、ノートルダム大聖堂で礼拝を行うなど精力的に日程をこなし、わずか4日で首都を出て、かつての本拠地マントに向かった。シャルトル救援のために、再度ブルゴーニュ公と協議するためであった。しかし、町に入る前に、王太子がシャルトルでの包囲を解いて退却したことを知った。いろいろな理由はあるが、ヘンリーが救援に駆けつけるとの情報を得た王太子が、戦いのリスクを回避したというのが真相であろう。

このために王は行く先を変更して、ドルーに向かった。ここは王太子派がパリの近くに保持している最後の重要な拠点であった。7月18日、町は包囲され、包囲軍の指揮はグロスター公とスコットランド王にゆだねられた。守備隊は住民を巻き込んで勇敢に戦い、約1か月持ちこたえたが、8月20日ついに力尽きて降伏した。それと同時にシャルトル近郊の小さな砦も降伏し、この地域の脅威は払拭された。

次に王が向かったのはロワールであった。王太子がロワールの北岸のボージョンシーに大部隊を集結させているとの情報を得たからである。王はサフォーク伯に少数の兵を与えて、川を渡らせ、敵情を探らせるとともに、王太子をおびき出そうとした。しかし、王太子はこの誘いに乗ってこなかったので、近くのオルレアンに向かった。周囲の町を焼き払って王太子を挑発したが、王太子は今までの経験を教訓にして巧みに決戦を回避した。王が率いていた約３０００名の兵力では、オルレアンを包囲することも不可能であった。王はここで３日間、兵を休ませた後にジョワニーに向かった。ところが、ここで恐ろしい伝染病がイングランド軍を襲った。兵士に激しい下痢やおう吐を催させるこの疫病は、部隊に戦いにも増す打撃を与え、部隊が行軍する道筋には多くの遺体が残された。歩けなくなった兵士は、何人かずつ森に身を隠した。しかし、森には町を逃げ出した町民が潜んでいて、イングランド兵をなぶり殺しにしたうえに身ぐるみをはいだ。このような状態で、戦闘員以外にも多くの損害が出たので、馬や輸送用の荷車をひくラバを含めて、多くの物資が放棄された。遠征は王に多大な損害を与えたが、それでも彼はひるむことなく戦いを続けた。

大規模な戦闘はできなかったものの、9月18日、ヌムールを落とし、その４日後の22日にはヴィルヌーヴ・ル・ロワを落とした。そして休む間もなく、王太子派の強固な拠点ルージュモンを急襲した。不意を突かれた守備隊はほとんど抵抗する間もなく、陥落したが、混乱の中で一人のイングランド兵が殺された。これに怒ったヘンリーは砦に火をかけ、守備隊員全員をヨンヌ川に突き落として溺死させた。逃走した60名も、後で捕えて処刑した。

ヘンリーは厳しい指揮官で、敵対した者や裏切った者を決して許すことはなかった。シワードは、このような軍律の厳しさは、後の清教徒革命時にクロムウェルが率いた鉄騎兵の出現まで、イングランド軍に見られないものであったと述べている(8)。彼は軍事的な指揮官としては、卓越した指導者であった。戦いの準備にしても慎重で、斥候などを通じて情報を集めるほか、食料の補給体制を整え、価格まで指定して、購入予約をしていた。彼が負けて戻ってきた兵士に対して語ったとされる言葉がサン・ドニの修道士によって伝えられている。「そなたらも知ってのとおり、戦いの女神はうつろいやすい。確かな勝利を得たいと思うなら、何が起きようともいつも全く変わらぬ勇気を持ち続けねばならぬ」(9)。

次なる目標はモーであった。この町はマルヌ川とセーヌ河の合流点にあり、ここを陥落させればセーヌ河を制することができる。河川交通は、中世経済における大動脈であり、パリをはじめ流域の諸都市の命運を左右する重要な場所であった。

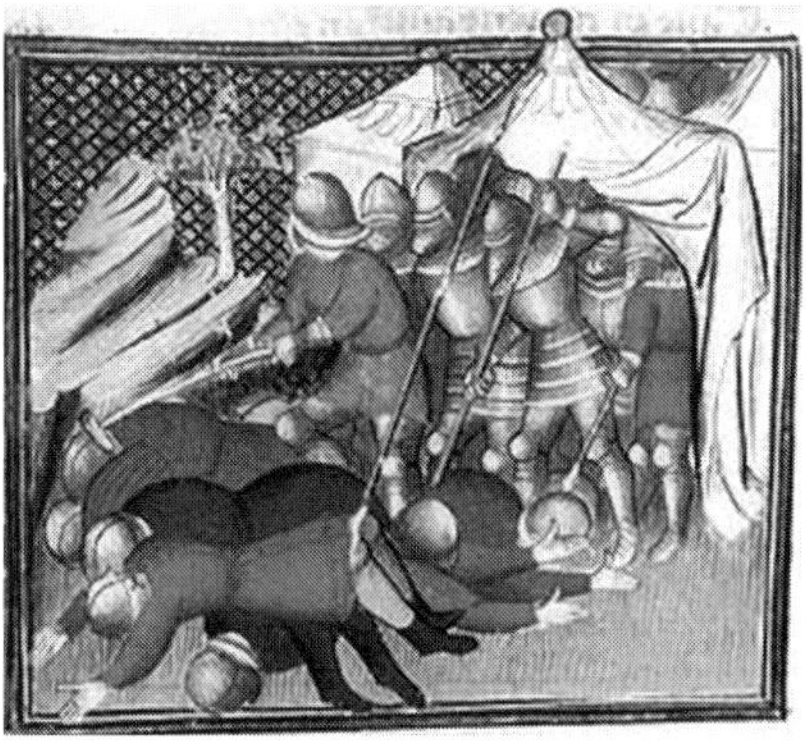
モーの戦い

モーは堅固な城砦に囲まれていたうえに、守備隊長は勇猛をもってなるギシャール・ド・シセであった。守備隊員の中にはスコットランド兵やイングランドの脱走兵も交じっており、彼らはヘンリー王の性格を知りぬいていて、一旦敵対したらいかなる慈悲もかけられないことを知っていた。そのために守備隊の結束は固かったが、それをさらに強固にしていたのは守備隊の中のバスタード・オヴ・ヴァールの異名を持つ人物であった。彼は山賊の親分みたいな人物であったが、残虐をもって知られていた。彼の手に捕えられたイングランド兵は、「ヴァールの木」と呼ばれる楡の木に吊るされた。あるとき彼は、一人の妊娠中の女性を懲らしめのために木に結わえつけたままで一晩放置した。夜の間に女性は出産したが、血の臭いを嗅ぎつけた狼の群れが母子ともに食い殺してしまったという[10]。

包囲軍は、王太子の騎兵隊の攻撃を受けて食料調達が困難であったうえに、冬の寒さが兵の士気をくじいた。唯一の吉報は、12月6日にロンドンから届いた王妃キャサリンが王子を出産したとの知らせであった。この冬は雨が多く、あちこちで堤防が決壊したり、包囲軍の浮橋を流したりした。兵の中には疫病で死ぬ者や戦線を離脱する者が続出した。王自身も病に侵され、側近は包囲戦を中止するように進言したが、彼の決意が揺らぐことはなかった。

一方守備隊も飢えに苦しんでいた。王太子は救援隊を送り込もうとしたが、それが失敗すると、守備隊の士気も低下した。しかしながら、守備隊は頑強に持ちこたえて春を迎えた。王は、守備隊が音を上げないのを見て、大砲を増強することにした。川の小さな島に大砲が据えけられ、浮橋の上に櫓を作って中を見下ろせるようにした。このような状況の下、4月の末に守備隊は降伏条件を話すための軍使を派遣した。

1422年5月10日、守備隊は7か月の籠城の後に降参した。中世の降伏の条件によくあるように、守備隊の命だけは保証するというものであった。だが、この慈悲から除外されるものが12名いた。彼らは降伏文書で助命を拒否されていた。その首魁は悪名高きバスタード・オヴ・ヴァールであった。彼は戦闘で右腕を失っていたが、モーの通りを引き回された後、首を刎ねられた。死体は彼自身が多くの人々を殺した楡の木に吊るされた。首は槍で突き刺されて、死体のそばに晒された。彼の軍旗が、嘲笑の象徴としてその上にかけられた。オラスというラッパ手は、イングランド王をあざけるような音色——放屁を連想させるような音色——で、侮辱したとして、公開処刑のためにパリに連行されることになった。[11] そのほか100名の裕福な捕虜が、イングランドに送られた。彼らは後に身代金と引き換えに釈放されることになる。だが、それほど裕福でない捕虜、およそ800名もロンドンに送られた。彼らの多くは、身代金を払ってもらうことができずに、そこで死亡した。裕福なものは、一旦全財産を没収されたのちに、国王からそれを買い戻す権利が与えられた。納められた現金、宝石、貴重な書籍、その他の貴重品、鎧、武器、それらすべては王の収入となった。

事後処理を終えると王はパリに向かった。そこには王妃キャサリンが出迎えていた。王妃は生まれたばかりの王子をイングランドに残して、凱旋を出迎えたのである。二人の宿舎となったのは、パリ郊外のボア・ド・ヴァンセンヌ城であった。そこでは豪華きわまる祝宴が開かれ、多くの貴族が祝福に現れた。パリっ子たちが失望したのは、彼らは御馳走にあずからなかったことであった。ヴァロア朝ではこのような祝宴の際、一部が市民にも振る舞われていたからである。王はオテル・ド・サン・ポルにシャルル六世を訪問し、一緒に観劇を楽しんだ。フランス王は今や完全にイングランドの保護下にあり、少数の臣下とともにひっそりと暮らしていた。このような状態をフランスの年代記作者は、まるで船の船首を飾る人形もどきで、実権は全く与えられておらず、シャルル六世が生きている間は現状を維持することを定めたトロワ条約にも違反すると憤慨している。パリ市民の中には、国王が全く傀儡であることに不満を抱き、王太子に心を寄せる者もいた。

パリの一人の武具職人と隣のパン屋は、ひそかに王太子派を市内に入れようとした廉で逮捕されるという事件があった。二人はパリ市当局の裁きで、有罪になり処刑されたが、パリの治安も手を緩めればすぐに、流動化する不安定なものであった。

病を押してブルゴーニュ救援に

1422年7月7日、パリで、フランスの王位継承者にして摂政たるヘンリー王の病気平癒を願う礼拝が行われた。この時点で王が病に侵されていることは既に市民にまで知れ渡っていた。当時パリでは天然痘が流行していたために、王も天然痘にかかったという噂が流れた。食べ物を飲み込むことができないというので、十二指腸潰瘍であるという噂もあった。王がモーを攻略したとき、サン・フィアクルの礼拝堂を荒らした、ないし、部下が荒らすのを許していたので、その祟りで十二指腸潰瘍にかかったというのである。実際には王の病は腸の炎症で赤痢の可能性がもっとも高かったのであるが、フランスの年代記作家の中にはハンセン病ではないかとの記述もみられる。

そのような折、ブルゴーニュ公の支配地域の一つコーヌが圧倒的兵力を持った王太子の軍隊に包囲され、8月12日までに救援軍が来なければ降伏するとの知らせが入った。ここが落ちればブルゴーニュの首都ディジョンが攻撃にさらされる。ブルゴーニュ公は直ちに救援部隊を編制するとともに、イングランド軍の弓兵部隊を派遣するように要請した。王はこれを受け入れたばかりでなく、王自ら出陣すると返答した。

王はコーヌに向かったが、体調は優れず、途中から馬を降りて輿でコルベイユまで行った。ここでついに床に伏してしまい、部隊の指揮権をベッドフォード公に委ねた。ここで2週間を過ごしたが、この間に救援部隊の来援を知った王太子派が包囲を解いたので、王はパリに帰ることにした。医者の助言を入れて船を使ったが、パリが近づくと馬に乗り換えると言い出した。しかし、王の体力では騎乗は無理で、再び船を使ってボワ・ド・ヴァンセンヌに向かった。王がこの町に入ったのは8月10日のことであった。

ヘンリー五世の死

さすがに気丈な王も、この時点で、死を覚悟したように思われた。主だった者が病室に呼び寄せられた。弟のベッドフォード公ジョン、叔父のエクセター公トマス、ウォーリック伯リチャード・ビーチャム、聴聞司祭のトマス・ネッターなどが枕辺に集合したが、不思議なことに王妃キャサリンはその中にいなかった。王妃はヴァンセンヌにいて、いつでも会える状態であった。研究者の間では、シェイクスピアが謳いあげたように王はキャサリンにぞっこんではなくて、「王妃とはただ世継ぎを生む道具にすぎないと考えていたのではないか(12)」との見解もあるが、弱り切った自分の姿を愛する者に見せたくないという武王としての矜持があったのではないかと思われる。

王妃が滞在していたヴァンセンヌ

弱り切ってはいたが王の意識はしっかりしており、集まった者たちに、遺言を託した。その要旨は、フランスに平和が到来するまで戦いを遂行すること、フランス侵攻は正当なもので、自分の個人的な欲望や野心からではない。自分はただ正当な権利を求めただけである。枕辺にベッドフォード公等を呼んで次のように語った。

「我が良き弟ジョン。お前に頼みたいことがある。お前が今まで私に示してきたのと同じ忠誠と愛情を我が子ヘンリー、すなわちお前の甥にも示してほしいのだ。お前が生きている限り、敵のシャルルと条約を結んで、彼を苦しめることがないように、また、いかなることがあってもノルマンディー公国は完全な形で彼に残してほしい。もしブルゴーニュ公がフランス王国の摂政の座を望むなら、これは私の助言だが、彼にその座を譲ってほしい。彼が辞退するならお前が自分で務めるがよい。

我が良き叔父上、エクセター。私はあなたをイングランドの摂政《リージェント》に任ずる。あなたほど統治に明るい者はいないからだ。どのような口実、どのような理由があってもフランスに戻ってはならない。あなたを遺児ヘンリーの後見役《ガーディアン》に昇格させる。私への愛に甘えてお願いするが、個人的に、頻繁に彼を訪ねて、顔を見てほしい。

親愛なる従兄ウォーリック、あなたにヘンリーの養育係《ガバナー》をお願いする。彼にその地位にふさわしいすべてのことを教えてやってほしい。あなたほどこの任に適した人はいないからだ。皆に心からお願いする。兄弟ブルゴーニュ公とのあらゆる諍い、争いを避けるように。特に注意してほしいのは、我が良き弟ハンフリーのことだ。もし彼と皆の間に冷たい風が吹くようなことがあれば、そのようなことは神も許さぬことだが、今は明るい王国の前途もたちまちにして崩れてしまうであろう。オルレアン公、ウー伯、ゴクール卿、サー・ギシャール・ド・シセなどの(捕虜)は、我が息子が適切な年齢に達するまで釈放しないように。そのほかのことは皆が一番良いと思ったようにするがよい[13]」。

なおこの遺言は、その後一部が修正され、グロスター公がイングランドの護国卿《ウォーデン》となり、ヘンリーの保護に当たることになった。これにより、フランスはベッドフォード公、イングランドはグロスター公が統治することとなった。しかし、名目上はベッドフォード公が上位となり、王国の統治に関しても、遺児ヘンリーの保護に関しても彼が正式な後見役であるとした。ヘンリーとしては有能なベッドフォード公を戦乱の続くフランスに置き、安全なイングランドでグロスター公にヘンリーの養育を委ねるという道を選んだのである。先の先までを見通したヘンリーらしい気配りであった。

中世の王の死は、慣例によって、衆目の監視下で看取られねばならなかった。宮廷人たちが寝室に集合し、彼らの好奇の目を覆い隠すのはただ一枚のカーテンのみであった。8月31日の夜、医者に自ら余命を問うと、彼は正直に「あと2時間ほどです」と答えた。王は聴聞司祭のネッターを呼び、「フランスに平和を取り戻したら、エルサレムに行って聖地の城壁を修復するのが自分の夢だった[14]」と述べた。祈りの言葉を唱え、ネッターに抱かれて賛美歌を唱えて静かに目を閉じた。まだ35歳になってはいなかった。もし、彼があと6週間長生きしていたなら、シャルル六世の後継者としてフランス王になっていたはずである。

王は死の直前まで、意識ははっきりとしており、自分の葬儀の詳細、例えば蠟燭の大きさや数に至るまで事細かに指示していた。王の几帳面さを示す逸話である。死体はイングランドに埋葬するために、防腐処理されて、内臓はヴァンセンヌのサン・モール・デ・フォッセの教会に埋葬された(15)。

遺骸は棺に納められ、4頭の馬にひかれてイングランドに旅立った。後にはベッドフォード公を筆頭にエクセター公、スコットランド王、ブルゴーニュ公、そして最後にキャサリン王妃が続いた。一行を、500名の黒馬に乗った黒装束の騎兵が、黒い槍を持って警護した。9月に出発した行列がロンドンに着いたのは11月5日であった。というのは、遺体はフランス王の埋葬地サン・ドニに向かい、そこで数日間安置されて葬儀が行われたほか、同じような儀式が、ルーアン、アブヴィル、モントルイユ、ブローニュ、カレー、ドーヴァー、カンタベリー、ロチェスター、ダートフォードなど、王のゆかりの地で次々と行われたからである(16)。

行列がセント・ポール大聖堂に近づくと、各家では松明を持った人々が戸口に立って、迎えた。ここに2日間安置された後に、埋葬地であるウエストミンスター寺院に運ばれた。葬儀は11月7日、厳粛に執り行われた。棺には漆黒のビロードがかけられ、あたりは喪失感と嘆きと悲しみに閉ざされたという。

これに先立つ10月11日、シャルル六世が死に、ここに一つの時代は終わった。イングランド王国とフランス王国は、生まれて1歳にも満たない赤子のヘンリー六世に継承されることになった。

第12章　ヘンリー五世像の変遷

百年戦争の終結

前章でヘンリー五世の死を書いたので、そこが終章であるべきであるが、どうしても敷衍しなければならない点がいくつか残っている。その一つはなぜシェイクスピアは『ヘンリー五世』をヘンリーとキャサリンの結婚で終わらせているかということである。芝居がどこで幕を引こうとも、大した問題ではないように思われるが、ここにはシェイクスピアの歴史観が表れていると思われるのでもう少し詳しく見てみたい。

ランカスター王朝時代の文化を一口でいうなら、国民全体がイングリッシュというアイデンティティを持ったことであろう。すなわち、学校では英語が教えられ、議会では英語が使われ、国王までが英語を話して、チョーサーは今まで下賤な言葉としてさげすまれていた英語で『カンタベリー物語』という文学さえ書いてみせた。それまでの、支配階級はフランス語、庶民は英語、学問など公文書はラテン語という状況が一変したのである。言葉に象徴されるように、イングランドでは文化的にも急速にイギリスらしさを求める動きが進み、それがアジンコートの奇蹟的な勝利で一気に加速化した。ヘンリー五世は不世出の英雄となり、愛国的な高揚感が国民を支配していた。

シェイクスピアの『ヘンリー五世』は、ヘンリーがフランス王女キャサリンと結婚することにより、〈イギリスとフランスは夫婦のように身体は二つでも愛する心は一つに結ばれる〉と、長かった英仏戦争の終結を謳いあげて終わっているが、史実ではその後も戦闘が続いたことは既に見てきたとおりである。トロワ条約の締結により、英仏両国は和平を結び、その証がキャサリンとの結婚であったわけで、別にシェイクスピアが間違っているわけではないが、『ヘンリー六世』3部作を読むと、シェイクスピアないしテューダー時代の歴史家は、トロワ条約の締結をもって英仏間の戦争の終結とみなしていることがわかる。既に見てきたように、ヘンリー五世は結婚後も精力的に活動を続け、パリ周辺から王太子派の重要拠点を一掃してからイングランドに戻った。クラレンス公の戦死という思わぬ事件で、再びフランスに渡り、病を得て客死するのであるが、その部分はシェイクスピアには一切触れられていない。トロワ条約の締結で終わって平和が回復したのに、またフランスに戻って戦病死しては話にならないからである。

現代の常識では、百年戦争とは1337年に始まり、1453年のボルドー陥落をもって終わるとされ、この見方でいえば1420年のトロワ条約締結は終わりの始まりにすぎない。この条約は、ヘンリー五世を摂政として事実上のフランスの統治者として認め、王太子シャルルは廃嫡して後継者への道を断つという、フランスにとってははなはだ屈辱的なものであった。このどん底からボルドーの陥落に至る道程こそフランス人にとってはもっとも重要な局面で、それはまさに近代国家フランスの誕生の物語であった。そこではジャンヌ・ダルクは神の啓示を受けた聖女であり、フランスを救った救世主であった。ノルマンディーで森に潜んでイングランドに抵抗した山賊は、英雄として長く人々に語り継がれ、イギリスのロビン・フッドを凌ぐ愛国者として文学の主人公になった。

トロワ条約の時代は、シャルル七世、ブルゴーニュ公、それにヘンリー五世の三者による鼎立状態であったが、やがてナショナリズムという意識が高まると、ブルゴーニュ派と王太子派はともに争うことの無意味さを悟り、1435年、アラス条約を結んで力を合わせて外敵イングランドを排斥することを誓った。翌年パリを奪還すると、1448年、メーヌに遠征し、ル・マンを占領した。その2年後フランス軍はフォルミニーの戦いで勝利し、ついでシェルブールを陥落させてノルマンディーを奪還した。1451年にはフランス軍がアキテーヌに遠征し、ボルドーを奪う。翌年トールボット率いるイングランド軍がボルドーを奪い返すも、1453年のカスティヨンの戦いでフランス軍が大勝し、間もなくボルドーを再奪還して、ここに百年戦争が終結する。すなわち、百年戦争はフランス側の勝利に終わるというのが今日の定説である。

ところが、シェイクスピアが描くようにトロワ条約の締結をもって百年戦争が終結すると考えると、百年戦争はイングランドの勝利で終わることになってしまう。この矛盾をシェイクスピアはどのように説明するのであろうか。

シェイクスピアの歴史観

シェイクスピアの歴史観を読み取る鍵は『ヘンリー六世』シリーズにある。この3部作はシェイクスピアが初めて執筆した劇で、『ヘンリー四世』シリーズ、『ヘンリー五世』に先立って書かれている。習作時代の作品で、劇的には未熟で粗削りな部分も多いが、それがかえって当時の歴史認識を読み取るには都合がよい。

第1部は、ヘンリー五世の死で始まり、アンジュー公女マーガレットとの婚約までの22年間を描いている。幼王ヘンリー六世はイングランドとフランスの王になるが、摂政となったグロスター公はウィンチェスター司教と対立し、政情不安となる。イングランドの内紛に乗じて、フランスではシャルル七世がジャンヌ・ダルクの助けを得てオルレアンの包囲を破る。勇敢なトールボットはすぐにこれを奪還するが、イングランド国内では赤バラのサマセット公と白バラのヨーク公、ウォーリック伯が対立し、そのために援軍を得られなかったトールボット父子は壮絶な戦死を遂げる。つまり、ヘンリー六世の時代は、イングランドの有力貴族が権力争いに血道を上げたために国内が乱れた不幸な時代であると考えるわけである。その象徴が、赤バラをとるか白バラをとるかに象徴されるバラ戦争である。第2部では、枢機卿となったヘンリー・ボーフォートなど対フランス和平派が、摂政グロスター公と対立し、彼を摂政の座から追い落とすのみか、ついには逮捕してしまう。その後まもなくグロスター公は急死する。内部対立はこれにとどまらず、今度はヨーク公がヘンリー六世と王妃マーガレットに反旗を翻す。ヨーク公の父はサウサンプトン陰謀事件でヘンリー五世に処刑されたケンブリッジ伯で、その因縁もあって第3部ではヨーク家対ランカスター家の本格的な内戦が克明に描かれる。

以上ざっと見ただけでも、シェイクスピアがヘンリー六世の時代を内政が極度に乱れた時代としてとらえていることがわかる。フランス問題も描かれてはいるが、それは国内問題の背景にすぎず、フランスからの撤退は王太子の戦略のせいでもなく、ジャンヌ・ダルクの活躍のせいでもなく、イングランド国内の争いの必然の結果ととらえられている。つまり、百年戦争はヘンリー五世の活躍で勝利したが、ヘンリー六世の時代になると国内が混乱したために、フランスからは一時的に撤退したと考えるわけである。これは百年戦争の前半に、黒太子の活躍でピレネー山脈の北まで支配権を広げたイングランドが、幼いリチャード二世の時代になると国内が乱れてフランスから手を引いたのと同じ図式である。

佐藤賢一氏はこのようなシェイクスピアの見方は歴史のすり替えであると手厳しい指摘をしている。「史実の歪曲というか、作品の脚色というか、いずれにせよ珍しくもない現象だが、それにしても限度というものがあるだろう。勝敗まで裏返してしまう段になると、さすがに目を瞑るわけにはいかないのである。いや、手際たくみに勝者と敗者をすり替える文豪の離れ業には、かっと目を見開いて、逆に瞠目すべきなのか」(1)。この見方は現代世界史の視点から見れば至極当然かもしれないが、このようにバッサリと切って捨てられてはシェイクスピアも浮かばれないであろう。

この問題を解く一つの鍵は、百年戦争という概念で歴史を区切ったのは19世紀になってからの話で、当時は百年戦争という言葉すら全くなかったという事実である。佐藤賢一氏もこの点は指摘しているが、もう少し詳しい説明が必要であろう。英仏間の長期にわたる抗争を一つの戦争としてとらえたのはアンリ・マルタンの『フランス史』（1855）で、彼は一連の戦争をイギリス人の戦争としてまとめて論じている。その後、いくつかの論文中に〈百年戦争〉の言葉が現れるようになり、1870年代になってフランスでこの表現が定着すると、イギリスでもジョン・リチャード・グリーンが『イギリス国民小史』（1874）でこの言葉を使った。1874年には『ブリタニカ百科事典』の一項目として「百年戦争」が項立てされている。

このように見ると、シェイクスピアは歴史を微視的にとらえ、現代の歴史家は巨視的にとらえているだけで、歴史のすり替えとは言えないことがわかる。

次に、国家に対する考え方が中世と今では違っている点に着目しなければならない。つまり、イギリス、フランス間の戦争といった考え方は近代的な見方であって、中世末期にはヴァロア家のシャルル七世、ヴァロア・ブルゴーニュ家のフィリップ三世、ランカスター家のヘンリー五世といった領邦君主が支配する地域が国家単位であった。それが崩れたのは第4代ブルゴーニュ公シャルルが早世してブルゴーニュ公国が解体し、ブルターニュ公国のアンヌがシャルル八世と結婚してブルターニュが併合されるなど、フランスにおいて大領邦が消滅したからである。このようにしてフランスでは王権が強化されたが、イングランドでは内戦が勃発して王室の権威は地に落ち、国内の権力闘争が激化するとフランスの問題は二の次になっていった。いち早く国内が団結したフランスは、イングランドの内戦に乗じてフランスから侵略者を追い出すことに成功した。その後イングランドはフランスに対する王権こそ放棄しなかったものの、要求は領土ではなくフランス王室が約束した年金の支払いの履行に移っていった。

もう一つ注目すべきはナショナリズムである。既に述べたように、フランスにとってジャンヌ・ダルクが救世主であったように、イングランドにとってヘンリー五世は不世出の英雄であった。だがこれはそれぞれのナショナリズムという眼鏡を通した見方である。ヘンリー五世については、万人に愛される英雄という側面のほか、冷酷な侵略者としての側面があることを見てきたが、ジャンヌ・ダルクはどうであろうか（コラム7参照）。

テューダー史観

歴史劇を通じてシェイクスピアの歴史観を読み取ることができるのは事実であるが、それは彼自身の歴史認識というよりはテューダー史観ともいうべきこの時代の共通認識であった。ヘンリー七世は幸運に恵まれて天下をとったが、父方の祖先はウエールズ人で、当時の階層からいえば、アングロ・サクソンやノルマン人に比べて蔑視された存在であった。その中で王室の権威を保ち、安定した政治をとるためにヘンリー七世がとった政策の一つが歴史の見直しであった。彼はブリトン人＝ウエールズ人の祖先はトロイの末裔のブルートであるとの神話を喧伝する一方、イタリアの人文学者ポリドール・ヴァージル（c.１４７０〜１５５５）に命じてイングランドの歴史を新たに書かせた。ヴァージルの『イギリス史』の大きな特徴は、歴史をそれぞれの国王ごとに区切って分割して扱ったことと、歴史の枠組みをとらえてその流れの中で解釈したことである。すなわち、歴史は因果応報によって動き、罪の連鎖の原因を作ったのはリチャード二世に対する忠誠という神聖な誓いを破ったヘンリー四世であった。彼の罪ゆえに孫のヘンリー六世は生まれながらにして重科を背負わねばならない。しかし、神に代わって懲罰を与える側も罪を免れ得ない。エドワード四世も同じように国王に対する忠誠を破ったために、自分の息子を殺されるという形でその報いを受ける。この罪の連鎖の次に来るリチャード三世はさらに極悪で、彼もまた当然の報いを受ける。ヘンリー七世は、ボズワースの戦いでリチャード三世を破ると、白バラのヨーク家のエリザベスと結婚して、平和を回復し、赤バラと白バラの双方の血を受け継いだヘンリー八世の治世になっておぞましい連鎖はやっと終止符が打たれた。

赤バラと白バラを統一して平和をもたらしたテューダー家こそ救世主であるという実に身勝手な解釈であるが、戦乱にうんざりしていた国民は平和のありがたさを実感していたので、ヴァージルの『イギリス史』は多くの共感を集めた。『イギリス史』が大人気を博すると、これに追随する歴史書が次々に現れた。エドワード・ホールの『名門ランカスター家とヨーク家の統一』（1548）、ジョン・ストウの『概説イングランド年代記』（1565）、『イングランド年代記』（1580）、ウィリアム・ボールドウィンの『王侯の鏡』（1559）、ラファエル・ホリンシェッドの『イングランド、スコットランド、アイルランド年代記』（1577）など枚挙にいとまがない。この中でもホリンシェッドの編纂した年代記はもっとも人気があり、シェイクスピアの歴史劇はほとんどこの本を典拠にして書かれている。

ほとんどの歴史書は、ポリドール・ヴァージルの示した大枠、すなわち、リチャード二世殺しに始まる災いの連鎖を断ち切ったのはテューダー王家であるという認識を継承し、さらに国王ごとに時代を区切ってゆくという方式を踏襲した。例えば、エドワード・ホールは各時代に次のような章題をつけている——「ヘンリー四世の不穏の時代」「ヘンリー五世の勝利」「ヘンリー六世の災難の時節」「エドワード四世の繁栄の時代」「リチャード三世の悲劇的な行為」「思慮分別あるヘンリー七世の統治」「ヘンリー八世の勝利の時代」。

国王ごとに時代を区切れば、誰が見てもヘンリー五世の時代が短期間ではあったが栄光の時代であり、ヘンリー六世の時代は長く混乱の続いたバラ戦争の時代となるであろう。

さらに、ヘンリー五世とヘンリー七世の特別な因縁についても言及する必要がある。ヘンリー七世は、ヘンリー五世の寡婦キャサリン・オヴ・ヴァロアが祖父のオウエン・テューダー（c.1400〜61）と結婚してテューダー家が勃興したことを神意によるものと考えていた。このためにテューダー王朝にとってヘンリー五世は特別な存在であった。ヘンリー五世を理想の王として半ば神格化したい王室の意向は歴史家によって輪をかけて忖度されて、空前の歴史書ブームに乗って字の読める中産階級に広がり、やがて演劇によってあらゆる階層に浸透していったのである。

このような時代思潮の中で、シェイクスピアは〈悔い改めた放蕩息子〉という古典的な文学の手法を生かして、若いころはヤンチャの限りを尽くしながらも、ひとたび国王となれば名君に変身するという〈万人に愛される国王〉としてのヘンリー五世像を作り上げたのである。

ヘンリー五世解釈の変遷

現代のヘンリー五世の解釈は、中世の王としては類稀《たぐいまれ》なる行政的、軍事的な才能を持った人物であるが、その反面冷徹な支配者、残酷な占領者としての顔も併せ持った人物であるというのが最大公約数的見解であろう。それではどのようにして、シェイクスピアが謳いあげた理想の王が現代の〈人間ヘンリー五世〉になったのかを整理したい。

既に述べたように、ヘンリー五世の在世中の伝記としては『ヘンリー五世言行録』と『韻文ヘンリー五世伝』がある。前者はヘンリー五世の従軍司祭の手になるもので、もっとも信頼できる伝記である。

後者はトマス・エルマムが散文の原本を韻文に書き直したものとされるが、残念ながら散文版は残っていない。『ヘンリー五世の生涯』はヘンリーの死後間もなく、グロスター公ハンフリーの命令でティト・リヴィオが書いた伝記である。これらは、宮廷に近い立場から書かれた伝記であるが、一歩離れて国民の目線で書かれた伝記としては、トマス・ウォルシンガムの『イギリス史』や『アダム・オヴ・ウスクの年代記』などがある。いずれもヘンリーが優れた王であることを述べ、ことに軍事的には天才的な能力の持ち主であるとしている。

同時代のフランス人による資料としては、サン・ドニ修道院の氏名不詳の修道士によって書かれた資料が有名である。サン・ドニ修道院はフランス宮廷のお墨付きの、いわば公文書館のような働きをしていた。ここで、ヘンリーが反徒や敵には厳しいが公正な為政者として扱われていることに注目したい。中世末期のフランスを代表する学者はジャン・フロワサールであるが、ヘンリーを見習うべき王であると讃えている。フロワサールの学統を引き継いだアンゲラン・ド・モンストルレもヘンリーが正義漢で天才的な軍司令官であると認めている。二人ともブルゴーニュ派であり、当時ブルゴーニュ派がイングランドと同盟を結んでいたことを考慮すべきである。これに対してジャン・シャルティエ、アラン・シャルティエの兄弟はアルマニャック派でヴァロア朝に仕えた年代記作家であったために、ヘンリーは〈狡猾な占領者〉、〈下劣な犯罪者〉であると烙印を押している。他にもピエール・コションなどアルマニャック派の記録家は大小同異の見解を示している。15世紀フランスの年代記の特徴は、ブルゴーニュ派とアルマニャック派が争っていたことを反映して、ヘンリーに侵略者という烙印を押して脇に押しやり、主眼はお互いの失政や汚点を攻撃することに置かれていることである。

テューダー王朝に入ると、ヘンリー七世がポリドール・ヴァージルに命じてイングランドの歴史を見直させ、ここからテューダー史観に基づいた多くの歴史書が書かれ、一種の歴史書ブームが生まれた。その中で多くの年代記作者が歴史の中に様々な要素を持ち込み、理想的な君主像が形成された。その典型が、若いときに放蕩無頼を重ねたハルが、王位に就くとみごとに変身して理想の君主になるというシェイクスピアの解釈である。このヘンリー五世像は演劇という時流に乗って、瞬く間に国民に浸透していった。

17世紀の歴史家はほとんどシェイクスピアに見られるテューダー王朝時代の解釈を踏襲し、18世紀になってもこの傾向は変わらなかった。例えばトマス・ライマー（c.1643～1713）は大著『協約集』の中にヘンリー五世の時代を扱い、彼の偉業とアジンコートの勝利は永遠の名声とともにあると讃えているし、トマス・ゴドウィンも、彼が過度な危険を冒したことに警鐘を鳴らしつつも、その功績を讃えている。

18世紀の後半になると、テューダー史観をそのまま受け入れるのではなく、フランスの資料などと比較して、ヘンリーの成功が多分にフランスの混乱によって達成されたことを指摘する歴史家も現れた。この中で注目すべきはスコットランドの歴史家、デイヴィッド・ヒューム（1711～76）で、彼は戦いにおけるイングランド側の数字があまりに少ないことに着目し、多くの年代記に当たって妥当な数字を調べるなど地道な研究をした結果、ヘンリーは戦いの大勝利の結果を十分に生かしきれなかったとするなど、テューダー時代とは違った見解を示した。

19世紀になると、テューダー史観とは全く無縁の歴史書が登場するようになる。例えば、この時代を代表する文芸評論家ウィリアム・ハズリット（1778〜1830）は、ヘンリーの勝利を認めつつも、それは彼自身の命と多くの兵士の命を危険に晒した結果であるとし、王国をいかに統治するかを知らないままに隣国に戦争を仕掛けた王を愛するわけにはいかないし、尊敬するわけにもいかない、と厳しい評価を下している。同様に、サー・ハリス・ニコラス（1799〜1848）は『アジンコートの戦いの歴史』（1827）で、ヘンリーのフランス侵攻は不当な侵略であると断じている。『イギリス国民小史』（1874）を書いたジョン・リチャード・グリーン（1837〜83）も、対仏戦争はフランス王位に対する理不尽な要求であるとし、ヘンリー自身は勇気があり、偉大な征服者であるが、アジンコートではおぞましい大殺戮を行い、せっかくの勝利も十分活用できなかったとしている。貴族で歴史家として有名なサー・ジェイムズ・ラムゼイ（1832〜1925）は、ヘンリーの能力を認めながらも、強欲さ、不謹慎な行為も見られるとし、死の年には既にランカスター王朝の命運も決まっていたとしている。

しかし19世紀の歴史家がこぞってヘンリーを高く評価しなかったかというとそうではなく、例えばオクスフォード大学で長く歴史学を教えたウィリアム・スタッブス（1825〜1901）は、ヘンリーをイギリス史上稀に見る偉大にして純粋な国王の一人で、敬虔なキリスト教徒、正直で、尊敬でき、節度があり、偏見にとらわれず、慈悲深く、洗練され、何にもまして輝くばかりの戦士で、健全な外交家、指揮下にある全軍の有能な統率者であった、と手放しで激賞している。同様に、19世紀でもっとも権威ある歴史家といわれたチャールズ・レスブリッジ・キングスフォード（1862〜1926）も、ヘンリーをキリスト教騎士道の華、同時代でもっとも有徳な王侯などと絶賛している。

20世紀になると歴史家ばかりでなく、様々な人が自由にヘンリー五世について自分の主張を発表するようになった。顕著な例は、俳優で自ら映画監督も務めたサー・ロレンス・オリヴィエ（1907〜89）で、彼は1944年にシェイクスピアの『ヘンリー五世』を監督・主演で世に問うた。これは熱狂的な支持を受け、『ヘンリー四世』2部作の上演につながった。この作品は典型的な愛国劇で、戦争中という事情もあったために熱狂的な歓迎を受けた。この映画の大ヒットが、ヘンリー五世を国民のすべてに浸透させることになった。これはエリザベス朝にシェイクスピアが舞台で演じた効果に勝る影響力があった。ちなみに、1980年代になって『ヘンリー五世』を舞台や映画で演じたサー・ケネス・ブラナー（1960〜）の映画も理想的な君主として多くのイギリス人の共感を欲しいままにした。

しかし、学者の間ではあまりに愛国的なヘンリー五世像をそのまま受け入れることに警鐘を鳴らす人も多かった。例えば、E・M・W・ティリヤード（1889〜1962）教授や、筆者がケンブリッジ大学で講義を受けたL・C・ナイツ（1906〜97）教授などは、シェイクスピアの台詞を細かく吟味すれば、愛国心など表面的な事象の裏に深い意味があることを指摘した。1970年代からヘンリー五世を扱った本が次々と出版されるようになる。例えば、個性豊かなリチャード三世論で知られるチャールズ・ロス（1924〜86）は1974年に、ヘンリーは傑出して有能な支配者で、敬虔で、勇敢で、公正な王であるが、同時に、敵対者にとっては非情で、残酷で、不寛容であった。彼の時代で不幸だったのは、彼がそのありあまる才能を国内の再建に使うのではなく、彼の国家に大義が不明確な戦争をやらせたことである、と述べている。同じく、著名な中世学者A・J・ポラード（1941〜）

は、ヘンリーがカリスマ的な指導者で、人々に自信を与え、本当の意味で政治的な統一国家を創り上げることができたが、それと同時に、威圧的で、次第に批判に対して不寛容で、フランスにおける野望に振り回されて貪欲な支配者になっていった。彼の名声が傷つく前に死んだのは幸運であった、としている。マイケル・ヒックス（1948〜）は2002年に、ヘンリーは精力的で決断力に富み、有能な行政官で、正義の唱道者であり、とりわけ第一級の軍事司令官であった。だが、自分の選んだ目標を完遂するには強欲、非情、強圧的、厳格であった、と述べている。

20世紀のフランスの歴史家は、当然ながらヘンリーを高く評価することはない。エドワール・ペロワ（1901〜74）は、ヘンリーの軍事的な成功と栄光の真っただ中での急死によって後世に高い、いや高すぎるほどの名声を獲得したと、立派な軍人、健全な行政官、驚嘆すべき敵であることを認めながらも、彼が力を込めて書いているのは、当時のフランスが派閥抗争の極にありヨーロッパは傀儡に操られていたこと、またフランス王がノルマンディーを占領され、トロワ条約によって和解政策をとったことが事実上の恐怖時代をカムフラージュしてしまったことなどフランス側の失政についてである。アメリカ生まれのカナダ人マーガレット・ウェイド・ラバージ（1916〜2009）は、イギリス的愛国心やフランス的敵愾心とは無縁の立場から、次のように述べている。ヘンリーは部下の兵士に気を配ったが魅力的な面はほとんどなく、ユーモアのセンスは皆無で、神のしもべとしての自分の役目を果たすという驚嘆すべき信念を持っていた。短い治世の間イングランドに力と勇気を与え、立派に統治した。フランスでは、それまでの王に見られない地位を獲得した。

現代では、オクスフォード大学で中世史を教えたG・L・ハリス（1925〜2014）は、ヘンリー五世を人間的魅力にあふれた人物とし、精神的なスタミナと身体的なエネルギーを持ち合わせ、敬虔で、正統的で、純粋なうえに、飲食に関しても贅沢を慎み、寛大で立派な信仰の持ち主であったと激賞している。

デズモンド・シワード（1935〜）は、現代のイギリスでもっとも人気ある歴史家の一人で、フランスや中世イギリスに関する多くの本を出している。彼は、パリで生まれてイギリスで学んだという経歴のせいか、語学の天才で、フランス語、イタリア語のほか、中世英語、ノルマン・フランス語、ラテン語といった古語にも通じている。1988年に出版された『武王ヘンリー五世とフランス侵攻』は、イギリスの学者が見落としがちなフランスの資料を駆使した本で、ヘンリーに対して辛辣な見解を示している。筆者も、反ヘンリーの重要な資料として随所に引用しているが、その全体的な主張は現代におけるフランス的な見方の典型といえるであろう。彼によれば、ヘンリーが偉大なる軍人であることは認めるが、その軍歴は汚点に満ちており、アルフルールの包囲戦はフランス作戦の不吉なスタートである。これに続くカレーへの進撃は向こう見ずな冒険であり、アジンコートにおける捕虜の殺害、武装解除した貴族の殺害は嘆かわしい限りである。ノルマンディーの占領と統治、戦利品とフランス王位継承権の獲得は冷酷さと情に欠ける仕打ちであった。ヘンリーはフランスの3分の1を占領したが、その成功はもっぱら当時のフランスが二つの武装集団に分裂していたことによる。

アン・カリー（1954〜）は、サウサンプトン大学の教授で、百年戦争に関する著作も多い学者であるが、『ヘンリー五世――道楽王子から武王へ』（2015）は現代でもっとも多く読まれている本の一つである。彼女は、会計簿、出費記録、議事録など、ともすれば見落としがちな資料を有効に使って、ヘンリーの実像を明らかにしている。筆者も負うところが多いが、そのヘンリー解釈はおおむね以下のごとくである。すなわち、ヘンリーは中世の王に期待されるすべての特徴を兼ね備えた模範的な王で、知的、敬虔、精力的、勇敢で正義と立派な統治を唱道したことで有名である。人を適切に管理することができ、行政にも個人的に深く関与することができた。在世中から軍事的な英雄であり、軍事作戦を楽しんでいた。前線から情報を集めて自分の戦略を練り、ときに非情さを見せ、疲れることなく厳しい軍律を実行し続けた。彼は公平、公正で分け隔てをすることがなかったことも特筆されるべきである。

最後にキース・ドックレーは、中世イギリス史の著書を多くものにしている歴史家で、『ヘンリー五世』（2004）、『武王ヘンリー五世の生涯』（2006）は筆者もたびたび引用している本である。彼の手法は多くの資料、参考書などを偏見なく、幅広く紹介して、判断自体は読者に委ねるという方法である。彼はこれまでも中世のイングランド王の資料集を多く手掛け、なかでも『リチャード三世資料集』は研究者必携の名著である。その態度は正確な資料を正しく読み込めば真実はそこから如実に浮かび上がるというもので、この手法は『ヘンリー五世』にもいかんなく発揮されている。

コラム7◉ジャンヌ・ダルクは魔女？

シェイクスピアの描くジャンヌは魔女で、呪文を得意として、悪霊を操り、前兆によって未来を知ることができる。この悪霊は北方の魔王に仕える悪霊で、強大な地下の王国から選ばれてジャンヌに付き従っているのである。「今まではいつも私の血を吸わせてあげたけど、今日は手の一本ぐらい切り取ってあげるわよ、あとで改めてお礼をするその手付として、だから私の言うことを聞き、助けておくれ」（『ヘンリー六世・第1部』5幕3場14―17）。これはコンピエーニュの戦いの前の場面で、悪霊に見放されてジャンヌが魔力を失う場面である。このようにジャンヌは自らの血で〈使い魔《ファミリア》〉や悪霊を養って、自分の思うがままに操る魔女として描かれている。

シェイクスピアは、〈芝居であるからジャンヌを空想の魔女に仕立て上げたのであろう〉と考えるのは今日的常識であって、当時魔女は実在の存在であった。グロスター公ハンフリーが摂政の座を追われて急死したことは既に述べたが、彼の失脚のそもそもの原因は妻エリナー・コバム（c.1400～52）が、1441年に悪魔の力を借りた魔法で国王を呪ったとの嫌疑をかけられて告発されたことにある。これに手を貸したとされる占星術師は四つ裂き刑、自らが魔女であると自白させられた協力者は火あぶりにされた。エリナーは娼婦のような恰好をさせられて蠟燭をともしながら市中を引き回された後に終身刑を言い渡された。

ジャンヌを魔女としたのは決してシェイクスピアの想像力のなせる業《わざ》ではなかった。フランス人でも、ブルゴーニュ派のモンストルレは魔女という言葉こそ使わないが、天使や聖人を見ることができるといった嘘や、勝利の予言などの欺瞞によって「人々の心を真実からそらし、危険きわまる誤謬へと導いていった」と非難している。

また、ベッドフォード公はジャンヌを「魔女とまやかしをする〈乙女〉という名の悪魔の弟子にして、その一味」「女の形をした生き物」と呼んでいた。このようなベッドフォード公の認識は、女が率いるフランス軍にロワールから追われたことに我慢のならなかったイングランド軍には都合の良い弁明となり、やがて全体に広まっていったものと思われる。

ブルゴーニュ派から捕虜としてイングランド軍に引き渡されたジャンヌは、裁判で有罪となり、魔女や異端者の処刑法である火刑を宣告され、1431年5月30日、ルーアンで火あぶりにされた。

ジャンヌ・ダルク

彼女は戦場に立ったが、役目は旗を振って味方を励ますことであった。旗を持つのは、敵も味方も人を殺さぬためで、剣は持っているがそれは信仰する聖カタリナ教会で発見された剣だからである、というのが彼女の主張であった。モンストルレは、ジャンヌが身分をわきまえず王家の百合を描いた旗を持っていたことを非難しているが、彼女が高貴な旗や家来を持つことができたのは、背後に宮廷の影があり、黒幕はアンジュー公妃ヨランド・ダラゴンで、彼女が風変わりな田舎娘を聖女に仕立て上げたのだというまことしやかな説がある。真偽はともかく、彼女が一時的であるにせよシャルル七世を優勢な立場に押し上げたことは事実である。同時に、彼女が旗を振っても勝てなくなると、すなわち、利用価値がなくなると、ぼろ雑巾のように捨てられたのも事実である。その後ジャンヌは、オルレアンなどごく一部の地域を除いて、歴史上からも忘れ去られてしまった。

ジャンヌを再び歴史に復活させたのはナポレオンであった。彼は自分が皇帝になるときに、ジャンヌを救世主として自らになぞらえたのである。この戦略が的中し、ジャンヌ・ブームが到来すると、なんと彼女を異端として火あぶりにしたローマ教皇庁までが、1920年5月16日、ジャンヌを列聖したのである。男の身なりをした気がふれた小娘——当時は女性が男装するなどもってのほかで、それだけで魔女の嫌疑がかけられた——は、ナショナリズムという熱気の中で本物の「聖女」になった。ジャンヌ・ダルクがフランスの救世主であるという今日の常識は、19世紀以降のものである。

エピローグ

ヘンリー五世像を、テューダー時代から現代に至るまで通観して思い至るのは、歴史は変わるとの思いである。もちろん、史実は変わるべくもないが、後世の人々が自分の意図と利害を絡ませて自由に意味付けするからである。ヘンリー五世が夢半ばにして早逝すると、イングランドはバラ戦争の混沌に突入し、フランスの領土は奪還され、王位もヨーク家に奪われた。この内乱の時代に、ヘンリー五世の偉業は栄光のイングランドの残照の中で、既に美化されつつあった。長引く戦乱の中で有力な貴族を次々と失ったランカスター家は、唯一生き残ったヘンリー・テューダーを押し立てて政権を奪還した。テューダー王朝に入るとヘンリー七世は祖母キャサリンの最初の夫であるヘンリー五世を特別な存在として崇拝した。するとこのような王家の態度を忖度した歴史家たちは、テューダー史観によって歴史の見直しが進む中で、こぞってヘンリー五世を美化していった。このようにしてヘンリー五世は死後約200年を経て〈万人に愛される王〉として国民の間に定着した。

その後400年の歴史研究は概ねこのイメージから虚飾を剝ぎ取ることに費やされたといえる。もっとざっくりいえば、シェイクスピアが作り上げたフィクションの部分を剝ぎ取る作業に費やされたといっても過言ではない。裏を返せば、シェイクスピアの影響力がことほど左様に大きかったということになる。これにイギリスの資料にないフランスにおける冷酷非情な指揮官としての一面を付け加えれば、歴史上のヘンリー五世の素顔が見えてくる。

それでは、史実のヘンリーとはどのような人物であったろうか。一口にいえば、天才的な軍事司令官で、まさに後世の人のいう〈武王〉である。例えば、アジンコートの戦いで、何倍もの敵の眼前で馬防柵から押し出して先制攻撃を仕掛けることなど、並みの指揮官なら考えも及ばなかったであろう。信心深いヘンリーが勝敗を神に委ねて下した英断であった。この戦い以来、ヘンリーの天才的指揮官としての名声は天下にとどろき、以降フランス軍は極力野戦を避けるようになった。

指揮官としてのヘンリーの特徴は、苛烈とも思えるほど正義にこだわったことである。一旦約束をしたら敵にはそれを１００パーセント実行させた。また自らの軍に対しても厳格で、軍律に違反すると厳しく処罰した。騎兵は鞍など高価な品を没収し、財産のない下級な兵は戦闘に直接影響のない耳を切り落とした。敵方でも、降伏勧告を受け入れた者には寛大で、金や財産の持ち出しを認めた。一方カーンのように降伏勧告を無視して抵抗を続けた人々に対しては、女子供の区別なく皆殺しを命じるなど冷徹であった。この措置は確かに冷酷非情であったが、これを伝え聞いた他のノルマンディーの都市が次々に降伏するなど、効果はてき面であった。つまり、戦略としては間違っていなかったのである。このような冷酷非情さは戦乱に明け暮れた中世の王にとっては不可欠な資質で、ヘンリーを讃える者は、その一徹なほどのカトリック信仰を含めて〈不世出の名君〉と讃える。

シェイクスピアにあって、史実にないヘンリーの特質として挙げられるのは、ユーモア、人間的な弱さ、情や憐憫に流されることなど、ある種の欠点ともいえる部分である。シェイクスピアでは、フォールスタッフと丁々発止と地口や駄洒落を応酬したり、決戦前夜の陣屋巡りでは王位の実態は虚飾にすぎないとの心情を吐露したり、王の孤独について独白したりと、ヘンリーが人間的弱さも併せ持った身近な存在として描かれている。王冠持ち去り事件、テニス・ボール事件といったエピソードも人間らしさを強調するためにシェイクスピアが誇張した要素である。シェイクスピアは〈放蕩息子の神話〉という枠組みを使って、神は悔い改めた一人の方を愛するという文学の大枠に組み込むことによって、〈万人に愛される国王〉として魅力ある国王像を完成させている。文学における英雄とは、完璧な人間ではなく、弱さや悩みを抱えながらもそれを克服して立派な業績を残す人物である。歴史上のヘンリーが〈尊敬され、怖れられるが愛されることはない〉と評されるのは、人間的な弱さをさらけ出していないことによる。

史実から浮かんでくるヘンリー像で、唯一の〈怠惰な習慣〉は音楽であった。多くの楽器を収集し、自らも奏で、作曲したことが知られている。また、新妻のもとに楽師を送り込んで、目覚めとともに音楽を奏でさせるなど繊細な一面も併せ持っていた。中世の多くの王が愛人を持ち、私生児をもうけるのが当たり前の時代に、ヘンリーには全くこの種の噂がないことも注目すべきである。

宗教的には敬虔なカトリック教徒であったために、ロラード派に対しては厳しい態度をとり続けた。しかし、一時は熱い友情で結ばれたオールドカースルの処刑に関しては、温情から処刑を先延ばしにしたために、ロンドン塔からの逃亡を許し、後に禍根を残すことになった。信頼していた友人に裏切られた経験から、ヘンリーがさらにいっそう冷酷非情な指揮官となっていったことは想像に難くない。

〈ヘンリーを高く評価しない者は、対仏侵攻を〈大儀なき侵略戦争〉と決めつけるが、イングランドからすれば、ノルマンディーは始祖ウィリアム一世の領土であり、アキテーヌはヘンリー二世妃のエリナーの所領であったとの大義がある。フランス王位継承権については、フランス側から見れば理不尽な要求であるが、女系にも王位相続権はあると主張したエドワード三世の立場を継承し、その権利を守るというのがイングランドの主張であった。ヘンリーの本音が、内なる不満の矛先を対フランス戦争によって、外に向けようとしたことにあったとしても、この一事をもってイングランドの主張を不当と決めつけるわけにはいかないであろう。

歴史を振り返ると、イギリスが国難に直面するたびにヘンリー五世の人気が復活する。イギリスがヨーロッパ大陸とは一線を画して独自の道を歩もうとしている今、人々はヘンリー五世をどのように解釈するのであろうか。

あとがき

シェイクスピアの歴史劇を読み始めたのはずいぶん昔の話であるが、いつしか芝居の世界よりも歴史そのものに興味を持つようになった。歴史劇は悲劇や喜劇に比べて決して人気があるとはいえず、上演回数も多くはないが、歴史劇のヒストリーとストーリーの織り成す不思議な世界、すなわち歴史と文学の狭間には、一度はまったら抜け出しがたい魅力がある。

バラ戦争を背景にした『悪王リチャード三世の素顔』に続いて、百年戦争を背景にした『ヘンリー五世――万人に愛された王か、冷酷な侵略者か』を世に問うことができるのは筆者にとって無上の喜びである。長い間書斎で眠っていた原稿に陽の目を当ててくれたのは中央学院大学の市川仁教授で、厖大な原稿を整理して本としての体裁を整えていただいた。その作業の間に市川教授は学長という要職につかれたにもかかわらず、地道な作業を完成していただき、感謝に堪えない。

シェイクスピア作品の引用については、小田島雄志訳を使用したが、本文との統一のために一部の表記は変更させていただいた。なお、引用の行数は筆者が多年愛用している「新ケンブリッジ版」を利用している。

本書で使用している人名、地名などのカタカナ表記は、「バーガンディ」は「ブルゴーニュ」のように原則として現地読みを使っているが、「アジンコート」（仏「アザンクール」）や「ブラバン」（蘭「ブラバント」）のように現地読みよりも慣用的表現を優先している場合がある。本書では同一人物が歴史的人物としても、劇中人物としても登場し、厳密にいえば両者の呼称が異なる場合がある。例えば、ヨーク大司教リチャード・スクループは歴史的人物としてはリチャード・ル・スクロープであり、オウエン・グレンダワーはオワイン・グリンドールが正しいであろう。しかし、このような使い分けは複雑すぎてかえって混乱を招くので統一することにした。主なものは索引に明示しておいたので参照していただきたい。なお、生没年、在位期間などは歴史的人物として初出した部分に入れている。

最後に、本書の意義を理解され、出版の機会を与えてくれた明石書店と編集の労をお取りいただいた兼子千亜紀氏に心からお礼を申し上げる。

平成31年2月4日

石原孝哉

(22) *Ibid.*, p. 444.
(23) Seward. *op. cit.*, p. 151.
(24) Monstrelet. *op. cit.*, pp. 449-450.
(25) Dockray, Keith. *Henry V.* Stroud: Tempus, 2004. p. 195.

第 11 章　ヘンリー五世の死

(1) Monstrelet, Enguerrand de. *The Chronicles of Enguerrand de Monstrelet*. Vol. I. Trans. Thomas Johnes. London: Henry Bohn, 1853. p. 453.
(2) Dockray, Keith. *Henry V.* Stroud: Tempus, 2004. pp. 196-197.
(3) Monstrelet. *op. cit.*, p. 453.
(4) Cf. Dockray. *op. cit.*, p. 197.
(5) The Translator of Livious. *The First English Life of King Henry The Fifth*. Ed. Charles Lethbridge Kingsford. Oxford: Clarendon Press, 1911. p. 173.
(6) Seward, Desmond. *The Warrior King and the Invasion of France: Henry V, Agincourt, and the Campaign that Shaped Medieval England*. New York: Pegasus Books, 1988. p. 174.
(7) *Ibid.*
(8) *Ibid.*, p. 184.
(9) *Ibid.*, p. 185.
(10) *Ibid.*, p. 186.
(11) Royle, Trevor. *The Wars of the Roses England's First Civil War.* London: Abacus, 2010. 邦訳『薔薇戦争新史』陶山昇平訳、彩流社、2014 年、152 頁。
(12) Seward. *op. cit.*, p. 210.
(13) Monstrelet. *op. cit.*, p. 483.
(14) *Ibid.*
(15) Royle. *op. cit.*,『薔薇戦争新史』153 頁。
(16) The Translator of Livious. *The First English Life of King Henry The Fifth*. Ed. Charles Lethbridge Kingsford. Oxford: Clarendon Press, 1911. pp. 182-184.

第 12 章　ヘンリー五世像の変遷

(1) 佐藤賢一『英仏百年戦争』集英社新書、2003 年、15 頁。

(16) *Ibid.*, p. 451.
(17) *Ibid.*
(18) *Ibid.*, p. 453.
(19) Monstrelet. *op. cit.,* p. 343.
(20) Mortimer. *op. cit.*, p. 455. Cf. Monstrelet. *op. cit.*, p. 343.
(21) Monstrelet. *op. cit.*, p. 347.

第10章　ノルマンディーの占領

(1) Seward, Desmond. *The Warrior King and the Invasion of France: Henry V, Agincourt, and the Campaign that Shaped Medieval England.* New York: Pegasus Books, 1988. pp. 103-104. Cf. The Translator of Livious. *The First English Life of King Henry The Fifth.* Ed. Charles Lethbridge Kingsford. Oxford: Clarendon Press, 1911. p. 86.
(2) The Translator of Livious. *op. cit.*, pp. 89-90.
(3) Seward. *op. cit.*, pp. 104-105.
(4) *Ibid.*, p. 106.
(5) *Ibid.*
(6) The Translator of Livious. *op. cit.*, p. 96.
(7) Seward. *op. cit.,* p. 105.
(8) *Ibid.*, p. 117.
(9) *Ibid.*, p. 118.
(10) The Translator of Livious. *op. cit.*, p. 136.
(11) Monstrelet, Enguerrand de. *The Chronicles of Enguerrand de Monstrelet.* Vol. I. Trans. Thomas Johnes. London: Henry Bohn, 1853. p. 411.
(12) The Translator of Livious. *op. cit.,* p. 136.
(13) *Ibid.*, pp. 137-138.
(14) Monstrelet. *op. cit.,* p. 415.
(15) The Translator of Livious. *op. cit.*, p. 145.
(16) Monstrelet. *op. cit.,* p. 419.
(17) Seward. *op. cit.*, p. 136.
(18) The Translator of Livious. *op. cit.*, pp. 160-65.
(19) Monstrelet. *op. cit.*, pp. 439-42.
(20) *Ibid.*, p. 439.
(21) *Ibid.*, p. 443.

(13) Williams. *op. cit.*, p. 41.
(14)『ヘンリー５世』３幕６場 96-99。
(15) Williams. *op. cit.*, p. 42.
(16) Seward. *op. cit.*, p. 71. フェカンの修道院で女性に狼藉を働いたのは領主の部下のフランス兵であったとする説もある。Cf. Mortimer. *op. cit.*, p. 395.
(17) Seward. *op. cit.*,p. 73. Cf. Williams. *op. cit.*, pp. 44-45.
(18) *Gesta Henrici Quinti: The deeds of Henry the Fifth. op. cit.*, p. 77.
(19) *Ibid.*
(20) *Ibid.*, p. 79.

第９章　決戦アジンコート

(1) Monstrelet, Enguerrand de. *The Chronicles of Enguerrand de Monstrelet.* Vol. I. Trans. Thomas Johnes. London: Henry Bohn, 1853. p. 339.
(2) *Gesta Henrici Quinti: The deeds of Henry the Fifth.* Trans. Introd. and Notes. Frank Taylor and John S. Roskell. Oxford: Clarendon Press, 1975. p. 81.
(3) *Ibid.*
(4) Williams, Benjamin. *Henrici Quinti, Angliæ regis, gesta, cum Chronicâ Neustriæ, gallicè.* Londini: Sumptibus Societatis, 1850. p. 47.
(5) *Gesta Henrici Quinti: The deeds of Henry the Fifth. op. cit.*, p. 81.
(6) Mortimer, Ian. *1415: Henry V's Year of Glory.* London: Vintage Books, 2010. p. 430.
(7) Royle, Trevor. *The Wars of the Roses England's First Civil War.* London: Abacus, 2010. 邦訳『薔薇戦争新史』陶山昇平訳、彩流社、2014 年、134 頁。
(8) *Gesta Henrici Quinti: The deeds of Henry the Fifth. op. cit.*, p. 85.
(9) Monstrelet. *op. cit.*, p. 346.
(10) *Ibid.*, p. 342.
(11) Redman, Robert, Thomas of Elmham. "Liber Metricus de Henrico Quinto." *Memorials of Henry the Fifth, King of England.* Ed. C. A. Cole. London: Longman, Brown, Green, Longmans and Roberts, 1858. pp. 122-123.
(12) Williams. *op. cit.*, pp. 55-56.
(13) *Gesta Henrici Quinti: The deeds of Henry the Fifth. op. cit.*, pp. 91-93.
(14) Dockray, Keith. *Henry V.* Stroud: Tempus, 2004. p. 154.
(15) Mortimer. *op. cit.*, p. 450.

る資料として貴重である。

（2） *Ibid.*, pp. 10-11.

（3） *Chronicon Adae de Usk A.D. 1377-1421.* Ed. Trans. and Notes. Sir Edward Maunde Thompson. London: H. Frowde, 1904.

（4） *Ibid.*, p. 307.

（5） Monstrelet, Enguerrand de. *The Chronicles of Enguerrand de Monstrelet.* Vol. I. Trans. Thomas Johnes. London: Henry Bohn, 1853. p. 332.

（6） Mortimer, Ian. *1415: Henry V's Year of Glory.* London: Vintage Books, 2010. p. 310.

（7） *Ibid.*, p. 318.

第８章　百年戦争の再開

（1） Williams, Benjamin. *Henrici Quinti, Angliæ regis, gesta, cum Chronicâ Neustriæ, gallicè.* Londini: Sumptibus Societatis, 1850. p. 21.

（2） *Ibid.*, p. 27. Cf. Seward, Desmond. *The Warrior King and the Invasion of France: Henry V, Agincourt, and the Campaign that Shaped Medieval England.* New York: Pegasus Books, 1988. p. 64.

（3） Seward. *op. cit.*, p. 65.

（4） *Gesta Henrici Quinti: The deeds of Henry the Fifth.* Trans. Introd. and Notes. Frank Taylor and John S. Roskell. Oxford: Clarendon Press, 1975. p. 45.

（5） *Ibid.*

（6） *Ibid.*, p. 53.

（7） Monstrelet, Enguerrand de. *The Chronicles of Enguerrand de Monstrelet.* Vol. I. Trans. Thomas Johnes. London: Henry Bohn, 1853. p. 337.

（8） Mortimer, Ian. *1415: Henry V's Year of Glory.* London: Vintage Books, 2010. p. 374.

（9） Williams. *op. cit.*, p. 34. Cf. *Gesta Henrici Quinti: The deeds of Henry the Fifth.* Trans. Introd. and Notes. Frank Taylor and John S. Roskell. Oxford: Clarendon Press, 1975. p. 57.

（10） The Translator of Livious. *The First English Life of King Henry The Fifth.* Ed. Charles Lethbridge Kingsford. Oxford: Clarendon Press, 1911. p. 42.

（11） Dockray, Keith. *Henry V.* Stroud: Tempus, 2004. p. 144.

（12） Mortimer. *op. cit.*, p. 390.

(25) *Tarlton's Jests, and News out of purgatory.*

第6章　フランス侵攻計画

(1) Redman, Robert, Thomas of Elmham. "Liber Metricus de Henrico Quinto." *Memorials of Henry the Fifth, King of England.* Ed. C. A. Cole. London: Longman, Brown, Green, Longmans and Roberts, 1858. ラテン語で書かれたヘンリー五世の伝記でカンタベリーの修道士トマス・エルマムによって書かれた。散文で書かれた『ヘンリー五世伝』を韻文に書き直してヘンリー五世に献呈したとされるが、散文版は残っていない。
(2) *Brute Chronicles.* 作者不詳のアングロ・ノルマン語で書かれた年代記。後にラテン語、英語に翻訳された。トロイのブルータス（ブルート）から始まっているのでこの名がある。
(3) Dockray, Keith. Henry V. Stroud: Tempus, 2004. p. 133. Cf. Matheson, Lister M. *The Prose Brute: The Development of a Middle English Chronicle.* Tempe, Arizona: Medieval & Renaissance Texts & Studies, 1998. p. 21.
(4) *English historical documents. vol. 4. c. 1327-1485.* Ed. Alec Reginald Myers, David Charles Douglas. London: Routledge, 1969. p. 203.
(5) Dockray. *op. cit.*, pp. 134-135.
(6) Seward, Desmond. *The Warrior King and the Invasion of France: Henry V, Agincourt, and the Campaign that Shaped Medieval England.* New York: Pegasus Books, 1988. pp. 51-52.
(7)『ヘンリー五世』１幕１場 79–81。
(8) Seward. *op. cit.*, p. 54.
(9) *Ibid.*, pp. 55-56.

第7章　サウサンプトン陰謀事件

(1) Williams, Benjamin. *Henrici Quinti, Angliæ regis, gesta, cum Chronicâ Neustriæ, gallicè.* Londini: Sumptibus Societatis, 1850. イタリアの学者ティト・リヴィオによるラテン語の年代記で、ヘンリー五世の死後、1430 年代に執筆された。作者は王弟のグロスター公に仕え、幼いヘンリー六世の後見人になっていたグロスター公の依頼でこの年代記を書いた。作者自身はヘンリー五世と面識はなかったが、情報源がグロスター公であり、同時代の半ば公式の見解を知プレンとして国王に随伴していたといわれ、実際見聞したことを記録しているために直接的資料として貴重である。

（10）*Ibid.*, pp. 3-5.

（11）Lewis, John, A. M. Minister of Meregate. *The history of the life and sufferings of the Reverend and learned John Wicliffe, [electronic resource]: D. D. Warden of Canterbury Hall, and Publick Professor of Divinity in Oxford; and Rector of Lutterworth in Leicestershire, in the Reigns of K. Edward III. and K. Richard II. Together with a collection of papers relating to the said history, never before printed. To which is now prefix'd, an Advertisement in defence of the said history, and an Alphabetical explanation of the obsolete Words used in it.* London, 1720. pp. 203-204.

（12）Walshingham, *op. cit.*, pp. 297-298.

（13）*Chronicon Adae de Usk A.D. 1377-1421.* Ed. Trans. and Notes. Sir Edward Maunde Thompson. London: H. Frowde, 1904. p. 317.

（14）Dockray, Keith. *Henry V.* Stroud: Tempus, 2004. p. 108.

（15）Bale, John. *A Brief Chronicle concerning the Examination and Death of the Blessed Martyr of Christ, Sir John Oldcastle, the Lord Cobham. 1544. Cf. Bale, John, Henry Christmas. Select works of John Bale, D.D.: Bishop of Ossory, containing the examinations of Lord Cobham, William Thorpe, and Anne Askew, and the Image of both churches.* Cambridge: Cambridge University Press, 1849.

（16）Foxe, John. *The Acts and Monuments of John Foxe: A new and Complete Edition: with a preliminary dissertation by the Rev. George Townsend.* Ed. Rev. Stephen Reed Cattley. London: R. B. Seeley and W. Burnside, 1841.

（17）Act against Seditious Sectaries.

（18）太田一昭「『ヘンリー４世』とオールドカースル／フォールスタフ論争」*Studies in Languages and Cultures.* No.8. The Faculty of Languages and Cultures, Kyushu University, 1977. p. 61, p. 67.

（19）Wilson, Ian. *Shakespeare: The Evidence: Unlocking the Mysteries of the Man and His Work.* New York: St. Martin's Press, 1997. 邦訳『シェイクスピアの謎を解く』安西徹雄訳、河出書房新社、2000年、322 ～ 323頁。

（20）Schoenbaum, *op. cit.*『シェイクスピアの生涯』231頁。

（21）『ウィンザーの陽気な女房たち』２幕２場 140–141。

（22）Cf. Wilson, *op. cit.*『シェイクスピアの謎を解く』326頁。

（23）太田一昭、前掲、68頁。

（24）Schoenbaum. *op. cit.*『シェイクスピアの生涯』231頁。

五世は直接の関係はないが、当時の一般的な見方を知るうえで重要な資料である。

(6) Seward, Desmond. *The Warrior King and the Invasion of France: Henry V, Agincourt, and the Campaign that Shaped Medieval England*. New York: Pegasus Books, 1988. p. 37.

(7) *Ibid.*

(8) The Translator of Livious. *op. cit.*, p. 17.

(9) Seward. *op. cit.*, p. 40.

(10) The Translator of Livious. *op. cit.*, pp. 16-17.

(11) *Ibid.*, p. 17.

(12) Cf. Seward. *op. cit.*, p. 38.

(13) *Ibid.*

(14) *Ibid.*, pp. 39-40.

第５章　ロラード派との対立とフォールスタッフの誕生

(1) The Twelve Conclusions of the Lollards.

(2) De heretic comburendo.

(3) Walshingham, Thomæ, *Chronica Monasterii S. Albanni, Quondam Monachi S. Allani Historia Anglicana*. Ed. H. T. Riley, 2 vols, London. 1863-1864, ii, p. 282.

(4) Seward, Desmond. *The Warrior King and the Invasion of France: Henry V, Agincourt, and the Campaign that Shaped Medieval England*. New York: Pegasus Books, 1988. p. 41.

(5)『ヘンリー四世・第１部』５幕４場 117-120。

(6) 同上、５幕４場 104-105。

(7) *The First Part of The True and Honourable History of The Life of Sir John Oldcastle, The Good Lord Cobham*. London, 1600.

(8) Schoenbaum, Samuel. *William Shakespeare: A Documentary Life*. Oxford: Oxford University Press, 1975. 邦訳『シェイクスピアの生涯』小津次郎他訳、紀伊國屋書店、1982 年、232 頁。

(9) *Gesta Henrici Quinti: The deeds of Henry the Fifth*. Trans. Introd. and Notes. Frank Taylor and John S. Roskell. Oxford: Clarendon Press, 1975. p. 3. この年代記は、ヘンリー五世のもっとも古い伝記で、ラテン語で書かれ、内容的にも信頼できる資料とされる。扱っている時期は 1416 年から 17 年と短いが、作者はチャ

(11) The Translator of Livious. *The First English Life of King Henry The Fifth*. Ed. Charles Lethbridge Kingsford. Oxford: Clarendon Press, 1911. pp. 12-13. この本は 1514 年秋に完成した作者不詳のヘンリー五世伝である。内容はティト・リヴィオの『ヘンリー五世の生涯』を翻案したもの。

(12)『ヘンリー５世の名高き勝利』が出版登録されて１年半後の 1595 年の 11 月 18 日のヘンズロウの日記に、これによく似た劇があったことが言及されており、シェイクスピアはこの劇を参考にした可能性がある。現在この劇は全ては残っていないが、たまたまその一部だけが残っており、その部分は『ヘンリー五世の名高き勝利』とよく似ている。Cf. *The Sources of Shakespeare's Plays*. Ed. Kenneth Muir. London: Routledge, 1977, p. 103.

(13) Stow, John. *The Chronicles of England, from Brute to this presently years of Christ, 1580*. London: Henry Bynneman, 1580. pp. 582-583.

(14) ２幕４場 537–538。

(15) The Translator of Livious, *op. cit.*, p. 17.

(16) Hall, Edward. *The Union of Noble and Illustre Families of Lancaster and York, from Hall's chronicle; containing the history of England, during the reign of Henry the Fourth, and the succeeding monarchs, to the end of the reign of Henry the Eighth, in which are particularly described the manners and customs of those periods*. London, 1809. p. 46 of 825.

(17) 森護『英国王室史話』大修館書店、1986 年、202 頁。

(18) Cf. Seward, *op. cit.*, p. 33.

第４章　ヘンリー四世の死と嵐の船出

(1) *Chronicles and Memorials of Great Britain and Ireland*, (Capgrave's Chronicles of England), p. 291 of 482.

(2) *Ibid*., p. 302 of 482.

(3) The Translator of Livious. *The First English Life of King Henry The Fifth*. Ed. Charles Lethbridge Kingsford. Oxford: Clarendon Press, 1911. p. 14.

(4) Monstrelet, Enguerrand de. *The Chronicles of Enguerrand de Monstrelet*. Vol. I. Trans. Thomas Johnes. London: Henry G. Bohn, 1853. p. 240.

(5) *Chronicon Adae de Usk A.D. 1377-1421*. Ed. Trans. and Notes. Sir Edward Maunde Thompson. London: H. Frowde, 1904. p. 299. ウエールズの法律家アダム・オヴ・ウスクが 1377 年から 1421 年までの事象を記述した年代記。作者とヘンリー

(9) *Ibid.*, p. 9.

(10) *Vita et Gesta Henrici V.* 作者不詳のヘンリー五世伝。18 世紀にエルマムの著作といわれたが、今日ではエルマムの死後の 1430 年代に書かれたことがわかった。このためにエルマムの著書と区別するために、通称『偽エルマムヘンリー五世伝』と呼ばれているが、偽物という訳ではなく、エルマムの著作ではないという意味である。

(11) Dockray, Keith. *Henry V.* Stroud: Tempus, 2004. p. 85.

(12) ハルもバイザーを上げたときに矢に当たったといわれている。年代記等に記述は見当たらないが、矢が刺さった場所はバイザーが下がっていれば防げたはずなので、事実であったと思われる。Cf. Cole, Teresa. *Henry V: The Life of the Warrior King and the Battle of Agincourt 1415*. Stroud: Amberley Publishing, 2015. p. 45.

(13) Seward, Desmond. *The Warrior King and the Invasion of France: Henry V, Agincourt, and the Campaign that Shaped Medieval England*. New York: Pegasus Books, 1988. p. 21.

(14) *Ibid.*

(15) Dockray. *op. cit.*, p. 86.

第 3 章　皇太子ハルの放蕩の秘密

(1) Curry, Anne. *Henry V: From Playboy Prince to Warrior King*. London: Allen Lane, 2015. p. 22-23.

(2) Dockray, Keith. *Henry V.* Stroud: Tempus, 2004. p. 88.

(3) *Ibid.*, p. 89.

(4) *Incerti Scriptoris Chronicon Angliæ de Rgnis Trium Regun Lancastriensium*. Ed. J. A. Giles. London, 1848. p. 63.

(5) *Ibid.*

(6) Curry. *op. cit.*, pp. 26-27.

(7) Cf. Dockray. *op. cit.*, p. 90.

(8) Cf. Seward, Desmond. *The Warrior King and the Invasion of France: Henry V, Agincourt, and the Campaign that Shaped Medieval England.* New York: Pegasus Books, 1988. p. 32.

(9) Cf. Dockray. *op. cit.*, p. 91.

(10) Cf. Seward. *op. cit.*, p. 32.

◉注

第1章　少年時代と放蕩息子伝説

(1) 1380年はランカスター公が王から結婚の勅許を得た年で、結婚は1381年の2月であるとの説もある。Cf. Cole, Teresa. *Henry V: The Life of the Warrior King and the Battle of Agincourt 1415*. Stroud: Amberley Publishing, 2015. p. 13.
(2) Cf. Curry, Anne. *Henry V: From Playboy Prince to Warrior King*. London: Allen Lane, 2015. p. 3.
(3) 森護『英国王室史話』大修館書店、1986年、185頁。
(4) Dockray, *Keith. Henry V.* Stroud: Tempus, 2004. p. 80.
(5) *Ibid.*, pp. 80-81.
(6) Walsingham, Thomæ. *Historia Anglicana*. 2 vols. Ed. H. T. Riley. London, 1863-1864. ii, p. 233.
(7) ハルを迎えに行った経費がボリンブルックの家計費に13ポンドと記録されているので、事実であろう。Cf. Curry. *op. cit.*, p. 8.
(8) Cole. *op. cit.*, p. 32.
(9) Dockley. *op. cit.*, p. 81.

第2章　皇太子となったハル

(1) Holinshed, Raphael, et al. *The Chronicles of England, Scotland, and Ireland*. London, 1577. iii, pp. 520-521.
(2) *Ibid.*, iii, p. 520.
(3)『ヘンリー四世・第1部』3幕2場96−98。
(4) 同上、5幕2場94−96。
(5) 同上、4幕3場。
(6) 同上、5幕2場41。
(7) 同上、5幕4場77。
(8) The Translator of Livious. *The First English Life of King Henry The Fifth*. Ed. Charles Lethbridge Kingsford. Oxford: Clarendon Press, 1911. 1514年に完成した作者不詳の英語版ヘンリー五世伝で、ティト・リヴィオなどの年代記を資料にして書かれている。

筑摩書房、2004 年。
森護『英国王室史話』大修館書店、1986 年。
ロイル、トレヴァー／陶山昇平訳『薔薇戦争新史』彩流社、2014 年。

Good Lord Cobham. London, 1600.
The Sources of Shakespeare's Plays. Ed. Kenneth Muir. London: Routledge, 1977.
The Translator of Livious. *The First English Life of King Henry The Fifth*. Ed. Charles Lethbridge Kingsford. Oxford: Clarendon Press, 1911.
Vergil, Polydore. *Three Books of Polydor Vergil's Engish History, Comprising the Reigns of Henry VI., Edward IV., and Richard III.* ED. Henry Ellis. London: Printed for The Camden Society, 1844.
Vita et Gesta Henrici V.
Wagner, John, A. *Encyclopedia of the wars of the Roses.* Santa Barbara: ABC-CLIO, Inc., 2001.
Walshingham, Thomæ. *Chronica Monasterii S. Albanni, Quondam Monachi S. Allani Historia Anglicana,* Ed. H. T. Riley, 2vols. London, 1863-1864.
Williams, Benjamin. *Henrici Quinti, Angliæ regis, gesta, cum Chronicâ Neustriæ, gallicè.* Londini: Sumptibus Societatis, 1850.
Wilson, Ian. *Shakespeare: The Evidence: Unlocking the Mysteries of the Man and His Work.* New York: St. Martin's Press, 1997. 邦訳『シェイクスピアの謎を解く』。

青山信義編『イギリス史　先史　中世』山川出版社、1991 年。

朝治啓三、渡辺節夫、加藤玄編著『中世英仏関係史 1066–1500』創元社、2012 年。

井上准治『シェイクスピアの歴史劇　ばら戦争からチューダー朝成立まで』近代文芸社、2006 年。

ウィルソン、イアン／安西徹雄訳『シェイクスピアの謎を解く』河出書房新社、2000 年。

太田一昭「『ヘンリー 4 世』とオールドカースル／フォールスタフ論争」*Studies in Languages and Cultures.* No.8. The Faculty of Languages and Cultures, Kyushu University, 1977.

大野真弓編『イギリス史』山川出版社、1965 年。

城戸毅『百年戦争――中世末期の英仏関係』刀水書房、2010 年。

キング、エドマンド／吉武憲司訳『中世のイギリス』慶應義塾大学出版会、2006 年。

佐藤賢一『英仏百年戦争』集英社新書、2003 年。

シェイクスピア、ウィリアム／小田島雄志訳『シェイクスピア全集』白水社、1973 ～ 80 年。

ブリッグズ、エイザ／今井宏、中野春夫、中野香織訳『イングランド社会史』

Lander, J. R. *The Wars of the Roses*. Sutton Publishing, 1992.

Lewis, John, A. M. *Minister of Meregate. The history of the life and sufferings of the Reverend and learned John Wicliffe, [electronic resource] D. D. Warden of Canterbury Hall, and Publick Professor of Divinity in Oxford; and Rector of Lutterworth in Leicestershire, in the Reigns of K. Edward III. and K. Richard II. Together with a collection of papers relating to the said history, never before printed. To which is now prefix'd, an Advertisement in defence of the said history, and an Alphabetical explanation of the obsolete Words used in it*. London, 1720.

Luders, Alexander. *An Essay on the Character of the Henry the Fifth When Prince of Wales*. London: T. Cadell and W. Davies, 1813.

Monstrelet, Enguerrand de. *The Chronicles of Enguerrand de Monstrelet.* Vol. I. Trans. Thomas Johnes. London: Henry G. Bohn, 1853.

Mortimer, Ian. *1415: Henry V's Year of Glory*. London: Vintage Books, 2010.

Muir, Kenneth. *The Sources of Shakespeare's Plays*. London: Methuen,1977.

Neillands, Robin, *The Wars of the Roses*. London: Cassell plc, 1992.

Norwich, John Julius. *Shakespeare's Kings*. London: Viking, 1999.

Redman, Robert, Thomas of Elmham. *"Liber Metricus de Henrico Quinto." Memorials of Henry the Fifth, King of England.* Ed. C. A. Cole. London: Longman, Brown, Green, Longmans and Roberts, 1858.

Platt, Colin. *Medieval England.* London and New York: Routridge,1978.

Royle, Trevor. *The Wars of the Roses England's First Civil War*. London: Abacus, 2010. 邦訳『薔薇戦争新史』。

Schoenbaum, Samuel. *William Shakespeare: A Documentary Life*. Oxford: Oxford University Press, 1975. 邦訳『シェイクスピアの生涯』。

Seward, Desmond. *The Warrior King and the Invasion of France: Henry V, Agincourt, and the Campaign that Shaped Medieval England*. New York: Pegasus Books, 1988.

Shakespeare, William. *The Works of Shakespeare*. Ed. John Dover Wilson, Cambridge University Press, 1968.

Stow, John. *The Chronicles of England, from Brute to this presently years of Christ, 1580.* London: Henry Bynneman, 1580.

Tarlton's Jests, and News out of purgatory.

The Cambridge Companion to Shakespeare's History Plays. ED. Michael Hattaway. Cambridge: Cambridge University Press, 2002.

The First Part of The True and Honourable History of The Life of Sir John Oldcastle, The

参考文献

Bale, John. *A Brief Chronicle concerning the Examination and Death of the Blessed Martyr of Christ, Sir John Oldcastle, the Lord Cobham*. 1544.

Burne, A, H. *The Battle Fields of England*. Penguin Books,1950.

Chronicles and Memorials of Great Britain and Ireland, (Capgrave's Chronicles of England).

Chronicon Adae de Usk A.D. 1377-1421. Ed. Trans. and Notes. Sir Edward Maunde Thompson. London: H. Frowde, 1904.

Cole, Teresa. *Henry V: The Life of the Warrior King and the Battle of Agincourt 1415.* Stroud: Amberley Publishing, 2015.

Curry, Anne. *Henry V: From Playboy Prince to Warrior King*. London: Allen Lane, 2015.

Dockray, Keith. *Henry V.* Stroud: Tempus, 2004.

English historical documents. vol. 4. c. 1327-1485. Ed. Alec Reginald Myers, David Charles Douglas. London: Routledge, 1996.

Foxe, John. *The Acts and Monuments of John Foxe: A new and Complete Edition: with a preliminary dissertation by the Rev. George Townsend.* Ed. Rev. Stephen Reed Cattley. London: R. B. Seeley and W. Burnside, 1841.

Gesta Henrici Quinti: The deeds of Henry the Fifth. Trans. Introd. and Notes. Frank Taylor and John S. Roskell. Oxford: Clarendon Press, 1975.

Green, K. L. *Foreign Wars: A Retelling of William Shakespeare's History of King Henry V.* British Columbia: Rubeus Books, 2010.

Hall, Edward. *The Union of Noble and Illustre Families of Lancaster and York, from Hall's chronicle; containing the history of England, during the reign of Henry the Fourth, and the succeeding monarchs, to the end of the reign of Henry the Eighth, in which are particularly described the manners and customs of those periods*. London, 1809.

Holinshed, Raphael, et al. *The Chronicles of England, Scotland, and Ireland.* London, 1577.

Incerti Scriptoris Chronicon Angliæ de Rgnis Trium Regun Lancastriensium. Ed. J. A. Giles. London, 1848.

Jacob, E.F. *The Oxford History of England The Fifteenth Century 1399-1485.* Oxford: Clarendon Press, 1961.

p. 266　British Library
p. 275　Scottish National Portrait Gallery
p. 281　Monstrelet. *op. cit.*, p. 246.
p. 303　Musee Thomas Dobree, Nantes
※その他は Public domain による。

図版出典

p. 21　National Portrait Gallery, London
p. 24　NotFromUtrecht/ Wikimedia Commons
p. 26　M stone at English Wikipedia/Wikimedia Commons
p. 32　British Library
p. 38　Rhŷn Williams
p. 43　市川仁
p. 56　石原孝哉
p. 62　muba / Wikimedia Commons
p. 100　石原孝哉
p. 104　石原孝哉
p. 113　Monstrelet, Enguerrand de. *The Chronicles of Enguerrand de Monstrelet*. Vol. I. Trans. Thomas Johnes. London: Henry G. Bohn, 1853, p. 240.
p. 116　National Portrait Gallery, London
p. 131　Luke McKernan / Wikimedia Commons
p. 152　Scrivener–wiki/ Wikimedia Commons
p. 165　Matthew Folley/ Wikimedia Commons
p. 167　Jhsteel/ Wikimedia Commons
p. 171　Jhsteel/ Wikimedia Commons
p. 184　Monstrelet. *op. cit.*, p. 245.
p. 187　British Library
p. 211　Doyle, James William Edmund. *"Henry V" in A Chronicle of England: B.C. 55–A.D. 1485*, London: Longman, Green, Longman, Roberts & Green, 1864.
p. 229　British Library
p. 233　British Library
p. 238　Direction des Musées de France
p. 245　Monstrelet. *op. cit.*, p. 251.
p. 248　Monstrelet. *op. cit.*, p. 238.
p. 252　National Portrait Gallery, London
p. 260　Monstrelet. *op. cit.*, p. 237.

〈や行〉

〈ら行〉

〈わ行〉

〈ま行〉

〈さ行〉

◉人名

〈あ行〉

〈か行〉

〈ま行〉

〈や行〉

〈ら行〉

索　引

◉地名・事項

〈あ行〉

〈か行〉

〈著者紹介〉

石原孝哉（いしはら・こうさい）
駒澤大学名誉教授、日本ペンクラブ会員
著書：『悪王リチャード三世の素顔』（丸善）、『幽霊のいる英国史』（集英社）、『シェイクスピアと超自然』（南雲堂）
共編著書：『イギリス文学を旅する60章』、『ロンドンを旅する60章』（以上、明石書店）、『イギリス文学の旅』、『イギリス文学の旅Ⅱ』、『ミステリーの都ロンドン』、『ロンドン・パブ物語』、『イギリス大聖堂・歴史の旅』、『ロンドン歴史物語』、『イギリス田園物語』（以上、丸善）、『イギリスの四季』、『田園のイングランド――歴史と文学でめぐる四十八景』（以上、彩流社）、『イギリス検定』（南雲堂フェニックス）、『イギリス人の故郷』、『ロンドン歴史の横道』、『イギリスの田舎町』、『素顔のスペイン』（以上、三修社）
共著書：『イギリスの歴史を知るための60章』、『ケルトを知るための65章』（以上、明石書店）、『南スペイン・アンダルシアの風景』、『世界の古書店』（以上、丸善）、『ロンドン事典』（大修館）、『シェイクスピア大事典』（日本図書センター）、『亡霊のイギリス文学――豊饒なる空間』（国文社）、『栴檀の光』（金星堂）、『シェイクスピアの四季』（篠崎書林）
共訳書：『シェイクスピア喜劇の世界』、『ノースロップ・フライのシェイクスピア講義』（以上、三修社）、『同一性の寓話』（法政大学出版局）、『煉獄の火輪』（オセアニア出版）

世界歴史叢書
ヘンリー五世
——万人に愛された王か、冷酷な侵略者か

2019年5月31日　初版第1刷発行

著　者　石原孝哉
発行者　大江道雅
発行所　株式会社明石書店
〒101-0021 東京都千代田区外神田6-9-5
電話 03（5818）1171
FAX 03（5818）1174
振替　00100-7-24505
http://www.akashi.co.jp/
組版／装丁　明石書店デザイン室
印刷　株式会社文化カラー印刷
製本　本間製本株式会社

（定価はカバーに表示してあります）
ISBN978-4-7503-4825-4

●世界歴史叢書●

南アフリカの歴史【最新版】
レナード・トンプソン 著　宮本正興、吉國恒雄、峯陽一、鶴見直城 訳　◎8600円

韓国近現代史
1905年から現代まで
池明観 著　◎3500円

アラブ経済史
1810～2009年
山口直彦 著　◎5800円

新版 韓国文化史
池明観 著　◎7000円

新版 エジプト近現代史
ムハンマド・アリー朝成立からムバーラク政権崩壊まで
山口直彦 著　◎4800円

アルジェリアの歴史
フランス植民地支配・独立戦争・脱植民地化
バンジャマン・ストラ 著　小山田紀子、渡辺司 訳　◎8000円

インド現代史【上巻】
1947-2007
ラーマチャンドラ・グハ 著　佐藤宏 訳　◎8000円

インド現代史【下巻】
1947-2007
ラーマチャンドラ・グハ 著　佐藤宏 訳　◎8000円

肉声でつづる民衆のアメリカ史【上巻】
ハワード・ジン、アンソニー・アーノブ 編　寺島隆吉、寺島美紀子 訳　◎9300円

肉声でつづる民衆のアメリカ史【下巻】
ハワード・ジン、アンソニー・アーノブ 編　寺島隆吉、寺島美紀子 訳　◎9300円

現代朝鮮の興亡
ロシアから見た朝鮮半島現代史
A・V・トルクノフ、V・I・デニソフ、V・F・リ 著　下斗米伸夫 監訳　◎5000円

現代アフガニスタン史
国家建設の矛盾と可能性
嶋田晴行 著　◎3800円

マーシャル諸島の政治史
米軍基地・ビキニ環礁核実験・自由連合協定
黒崎岳大 著　◎5800円

中東経済ハブ盛衰史
19世紀のエジプトから現在のドバイ、トルコまで
山口直彦 著　◎4200円

ドイツに生きたユダヤ人の歴史
フリードリヒ大王の時代からナチズム勃興まで
アモス・エロン 著　滝川義人 訳　◎6800円

カナダ移民史
多民族社会の形成
ヴァレリー・ノールズ 著　細川道久 訳　◎4800円

バルト三国の歴史
エストニア・ラトヴィア・リトアニア
石器時代から現代まで
アンドレス・カセカンプ 著　小森宏美、重松尚 訳　◎3800円

朝鮮戦争論
忘れられたジェノサイド
ブルース・カミングス 著　栗原泉、山岡由美 訳　◎3800円

〈価格は本体価格です〉

●世界歴史叢書●

国連開発計画（UNDP）の歴史
国連は世界の不平等にどう立ち向かってきたか
クレイグ・N・マーフィー 著　峯陽一、小山田英治 監訳
内山智絵、石髙真吾、福田州平、坂田有弥、岡野英之、山田佳代 訳
◎8800円

大河が伝えたベンガルの歴史
「物語」から読む南アジア交易圏
鈴木喜久子 著
◎3800円

パキスタン政治史
民主国家への苦難の道
中野勝一 著
◎4800円

バングラデシュ建国の父 シェーク・ムジブル・ロホマン回想録
シェーク・ムジブル・ロホマン 著　渡辺一弘 訳
◎7200円

ガンディー 現代インド社会との対話
同時代人に見るその思想・運動の衝撃
内藤雅雄 著
◎4300円

黒海の歴史
ユーラシア地政学の要諦における文明世界
チャールズ・キング 著　前田弘毅 監訳
居阪僚子、仲田公輔、浜田華練、岩永尚子、保苅俊行、三上陽一 訳
◎4800円

米墨戦争前夜のアラモ砦事件とテキサス分離独立
アメリカ膨張主義の序幕とメキシコ
牛島万 著
◎3800円

テュルクの歴史
古代から近現代まで
カーター・V・フィンドリー 著
小松久男 監訳　佐々木紳 訳
◎5500円

バスク地方の歴史
先史時代から現代まで
マヌエル・モンテロ 著　萩尾生 訳
◎4200円

リトアニアの歴史
アルフォンサス・エイディンタス、アルフレダス・ブンブラウスカス、アンタナス・クラカウスカス、ミンダウガス・タモシャイティス 著
梶さやか、重松尚 訳
◎4800円

カナダ人権史
多文化共生社会はこうして築かれた
ドミニク・クレマン 著　細川道久 訳
◎3600円

ロシア正教古儀式派の歴史と文化
阪本秀昭・中澤敦夫 編著
◎5500円

ヘンリー五世
万人に愛された王か、冷酷な侵略者か
石原孝哉 著
◎3800円

——◆以下続刊

〈価格は本体価格です〉